MARLO MORGAN

Traumreisende

Buch

Beatrice Lake ist in einem Waisenhaus in Australien aufgewachsen. Bereits einen Tag nach ihrer Geburt war sie von ihrer Mutter getrennt worden, und so verbringt Beatrice ihre Kindheit und Jugend, ohne die uralte Kultur ihrer Vorfahren zu kennen. Denn Beatrice entstammt dem Volk der Aborigines. Doch je älter sie wird, desto mächtiger wird für sie das Verlangen, ihre Herkunft zu ergründen. Und so gehorcht sie eines Tages ihrer inneren Stimme: Sie geht in die Wüste, um sich einer Gruppe umherziehender Aborigines anzuschließen. Beatrice entdeckt, daß in der Kultur ihres Stammes eine innere Heimat für sie liegt, die ihrem Leben immer gefehlt hat. Beseelt von dieser Erfahrung beschließt sie, ihre doppelte Identität zu nutzen – und nun beginnt für sie eine wahrhafte Reise zwischen den Welten: Sie kehrt in die Zivilisation zurück und beginnt, für die Traditionen ihres bedrohten Volkes zu kämpfen. Als ihre Tätigkeit sie eines Tages auch nach Amerika führt, trifft sie auf Geoff, einen Angehörigen ihres Stammes. Und Geoffs dramatische Lebensgeschichte ist auf ganz besondere Weise mit ihrer eigenen verknüpft …
Ein kluges und fesselndes Buch über den Prozeß einer Selbstfindung – und ein Wegweiser zu den wundervollen Geheimnissen der Aborigines, von deren Überlieferung wir viel lernen können.

Autorin

Marlo Morgan studierte Medizin und engagierte sich besonders im Bereich der Gesundheitsvorsorge. Mit ihrem ersten Buch »Traumfänger« gelang ihr ein sensationeller Weltbestseller, der in 26 Sprachen übersetzt wurde. Marlo Morgan lebt in Missouri, USA.

Außerdem bei Goldmann erschienen:

Traumfänger (43740)

Marlo Morgan

Traumreisende

Deutsch von Elke vom Scheidt

GOLDMANN

Die amerikanische Originalausgabe erschien unter dem Titel
»Message from Forever«
bei HarperCollins Publishers, Inc., New York

Umwelthinweis:
Alle bedruckten Materialien dieses Taschenbuches
sind chlorfrei und umweltschonend.

Genehmigte Taschenbuchausgabe 12/2000
Copyright © der Originalausgabe 1998 by Marlo Morgan
All rights reserved
Published by arrangement with Linda Michaels Ltd.,
International Literary Agents
Copyright © der deutschsprachigen Ausgabe 1998
by Wilhelm Goldmann Verlag, München,
in der Verlagsgruppe Bertelsmann GmbH
Umschlaggestaltung: Design Team München
Umschlagfoto: The Stock Market
Druck: Elsnerdruck, Berlin
Verlagsnummer: 44879
CN · Herstellung: Heidrun Nawrot
Made in Germany
ISBN 3-442-44879-4
www.goldmann-verlag.de

3 5 7 9 10 8 6 4 2

Für Burnum Burnum,
den Ältesten des Wurundjeri-Stammes

1

Das braunhäutige Gesicht des achtzehnjährigen schwangeren Mädchens glänzte, während ihr der Schweiß übers Gesicht lief und von ihrem zitternden Kinn tropfte. Ihr nackter Körper kauerte rittlings über einem Bett aus schwelenden Kräutern, so daß sich der duftende Rauch um ihren Körper kräuselte und von dem sich weitenden Geburtskanal aufgenommen werden konnte. Mit beiden Händen umklammerte sie den kräftigen Stock aus Holz, den sie in den Boden gerammt hatte; ihre schmerzenden Arme umschlossen den vorstehenden Bauch. Der tiefe, keuchende Atem schien den Schmerz vorübergehend zu lindern. Sie gebar zum ersten Mal – ein Ereignis, das man eigentlich nicht allein erleben sollte.

Als sie aufblickte, sah sie wabernde Luftwellen, verursacht durch die drückende Hitze in der Wüste. Das Wellenmuster lief von der braunroten Erde in den braunblauen Himmel; beide gingen ohne klare Trennlinie ineinander über. Die Luft war noch nicht abgekühlt, obwohl die Sonne sich allmählich dem Horizont zuneigte. Schmerzen in Rücken und Unterleib hatten der jungen Frau den Gang zu dem geheiligten Ort mit jedem Schritt schwerer gemacht. Als sie den Geburtsbaum erreicht hatte, mußte sie eine schmerzliche Enttäuschung erleben. Der Baum, den sie suchte, war tot. Er hatte keine Blätter, warf keinen Schatten; kein Anzeichen von Leben zeigte sich mehr in dem hohen grauen Gerippe, das von hungrigen weißen Ameisen ausgehöhlt worden war. Nur riesige

Felsbrocken, die ein trockenes Bachbett säumten, boten einen schmalen Streifen Schatten zum Schutz vor der Sonne. Es war notwendig gewesen, einen einzelnen Ast tief in die Erde zu bohren. Die jungen Frauen brauchten immer etwas zum Festhalten, wenn sie ein Kind gebaren. Sie hielten die Hand einer anderen Frau oder streichelten einen Baumstamm, aber sie hatte keines von beiden. Der Anblick des leblosen Familienbaums mit der leeren Höhlung, wo einst sein Herz und sein Leben gewesen waren, bestätigte, daß es Schicksal war oder in den Händen der Göttlichen Einheit lag, daß sie in dem Augenblick, in dem sie Leben weitergeben sollte, allein war. Sie empfand es als ein Omen für einen großen Verlust, und ihr wurde die Trauer darüber, daß der Baumgeist fort war, bewußt. Ein Teil ihrer religiösen Überzeugung beruhte darauf, daß die Erde dazu geschaffen sei, Gefühle zu lehren. Ihr Volk verbarg oder verleugnete Gefühle niemals. Die Menschen waren dafür verantwortlich, wie und was sie empfanden, und lernten, alles begleitende Handeln zu kontrollieren. Die junge Frau verspürte Trauer, nicht nur wegen der verfallenden Hülle des einst stattlichen, Schatten und Sauerstoff spendenden Freundes, sondern auch wegen der anderen Tode, die er möglicherweise symbolisierte.

Die Wehen wurden jetzt sehr stark. Ihr Kind, dessen Totem Seltsames verhieß, widersetzte sich mit heftigen Bewegungen seiner Ankunft. Sie erhob sich von dem Kräuterrauch, über dem sie zusammengekauert saß, und grub eine kleine Vertiefung in den warmen Sand, wo sie sich erneut niederließ und den Rücken gegen einen Felsblock lehnte. Als sie zu pressen begann, dachte sie an die Zeit, Monate zuvor, als sie und ihr Mann sich darauf geeinigt hatten, die empfängnisverhütende Pflanze nicht mehr zu kauen, die alle Stammesmitglieder benutzten, bis sie bereit waren, die Verantwortung für die Reise eines Geistes zu tragen. Zusammen planten sie, die äußere

Hülle für einen Geist zur Verfügung zu stellen, indem sie ein Kind zeugten. Ihr Mann hatte von einem seltsamen verwundeten Vogel mit nur einer Schwinge geträumt, der nicht fliegen und kein Nest bauen konnte. Er flatterte so schnell auf dem Boden umher und schlug so hektisch mit den Flügeln, daß er zu einem doppelten Bild verschwamm. Es war ein verwirrender Traum gewesen.

Als seine Frau war sie allein in die trockene Wildnis gegangen und hatte nach einem Geistzeichen gesucht, um den Traum besser zu verstehen. Da kein besonderes Tier oder ein Reptil erschienen war, beriet sich das Paar mit älteren, weiseren Mitgliedern der Gemeinschaft und erfuhr, daß der Traum die Stimme eines Ewigen Geistes sei, der sie bat, seine Eltern zu werden. Wie üblich kündigte der ungeborene Geist zuerst sein Verlangen an; der Akt der Empfängnis folgte erst später. Ihr Stammesvolk richtete sich genau nach den Wünschen, Botschaften und Bewußtseinsebenen des noch Ungeborenen. Die junge Frau war an den geheiligten Ort ihrer Familie gekommen, weil es wichtig war, wo jemand geboren wurde. Die Überlegungen zum Geburtsort werden von den Schritten der Mutter bestimmt; das Ungeborene hat keinen Einfluß darauf, wo es zur Welt kommen wird. Das Kind spricht jedoch, indem es die erste Bewegung macht, die die Mutter nicht beeinflussen kann. Wo genau sie dieses erste Flattern spürt, ist das bedeutsamste Zeichen. Der Ort der ersten Lebensäußerung bestimmt über das Totem und die Zugehörigkeit zu den jeweiligen Gesangsgrenzen, den »songlines«. Diese »songlines« entstanden, indem die Aborigines durch Lieder mit bestimmten Details und vorgegebenen Rhythmen Entfernungen maßen und Grenzen bestimmten. Die Stellung der Sterne am Himmel wiederum sagt etwas über Charakter und Persönlichkeit des noch unsichtbaren Stammesmitglieds aus.

Die erste Bewegung dieses Kindes war kein sanfter

Schubs gewesen. Es hatte vor Monaten mit einem heftigen Stoß begonnen und sich von diesem Moment an immer in der gleichen Weise bemerkbar gemacht. Oft hatte sich der ganze Bauch der jungen Frau von einer Seite zur anderen bewegt und sich von oben bis unten gekräuselt, was von den anderen Frauen und den Heilern der Gruppe als ungewöhnlich betrachtet worden war. Die zukünftige Mutter war eine zierliche Person, und sie hatte einen unverhältnismäßig stark gewölbten Leib. Mehrere Beobachter hatten gemeint, die Kraft in ihrem Körper kämpfe ständig, entweder, um vor der Zeit herauszukommen, oder um mehr Raum zu fordern, als die Dehnung der Bauchdecke zuließ. In den vergangenen Monaten hatte die junge Mutter Rat und Anleitung gesucht. Sie war noch keine Meisterin darin, die Botschaften der Sterne zu verstehen, aber sie war dabei, es zu lernen. Oft wenn es in ihrem Körper am lebhaftesten zugegangen war, hatte sie zum Himmel aufgeblickt, um den Stand der Gestirne zu beobachten, aber davon war sie ganz benommen geworden. Sie konnte dann nicht mehr klar sehen, und alles verschwamm zu einer hellen, leuchtenden Masse anstatt klar definierter einzelner Punkte. Wenn sie den Kopf dann nicht gesenkt hatte, war ihr schwindlig geworden, und sie hatte das Gefühl gehabt, ohnmächtig zu werden. Alles an diesem Kind wirkte jäh und plötzlich, ständig verändert und verwirrend.

Das letzte Jahr war, soweit viele Generationen sich erinnern konnten, für ihr Volk physisch und spirituell das schwierigste gewesen. Nachrichtenstäbe, die von Läufern mehrere Jahre getragen worden waren, hatten von weißen, geisterhäutigen Leuten berichtet, die großen Schaden anrichteten, indem sie ganze Stämme töteten oder entführten. In diesem Jahr waren benachbarte Gruppen und kürzlich auch ihr eigenes Volk zusammengetrieben und hinter Zäunen und Mauern eingesperrt worden.

Wieder durchlief sie eine Welle heftigen Schmerzes. In ihrem Kampf, die Luft in kurzen Stößen auszuatmen, um die Wehen erträglich zu halten, konnte sie gerade noch denken: Willkommen, Kleines. Komm jetzt, heute ist ein guter Tag, um geboren zu werden. Noch ein paar keuchende Atemzüge, ein Ächzen aus tiefster Kehle, und da war sie: ein perfekt geformtes kleines Mädchen mit der typischen breiten Nase ihrer Vorfahren.

Die Mutter nahm das schleimbedeckte Neugeborene in die Arme. Sie hielt das Baby vor sich, schaute direkt in die glänzendschwarzen Augen des schweigenden Säuglings und sagte: »Du sollst wissen, daß du auf dieser Reise geliebt und unterstützt wirst! Ich spreche von dem, was hinter meinen Augen ist, aus meinem Ewigen Teil, zu dem, was hinter deinen Augen ist.«

Sie nahm das Kind auf den rechten Arm und hob mit der linken Hand warmen Sand auf, mit dem sie das Baby abzureiben begann. Als der Staub abfiel, war die Schicht aus blutigem Schleim verschwunden und enthüllte die zarte Haut des Neugeborenen. Das Kind begann sich zu rühren. Die Mutter musterte das neugeborene Wesen, während sie es weiter sanft abrieb. Zuerst merkte sie, daß der runde kahle Kopf groß genug war, um manches Wissen und einen friedlichen Geist zu beherbergen; dann sah sie, daß der kleine gewölbte Oberkörper und Bauch ein warmes Herz und einen gesunden Appetit verhießen. Die Kleine hatte lange Läuferbeine mit guten breiten Zehen und winzige Hände, die sich in der neuen Freiheit kräftig bewegten. Der Körper war vollkommen. Es gab keinen physischen Makel, der dieses Leben erschweren würde.

Die Mutter legte ihren Mund auf die winzigen Lippen und dachte dabei: Ich vermische meine Luft mit der Luft allen Lebens, damit sie in deinen Körper eindringt. Du bist niemals allein, du bist mit der ganzen Göttlichen Einheit verbunden.

Während sie das Kind sanft streichelte und die Geburtsrückstände rund um seine Augen und die Nase entfernte, sagte sie: »Heute nacht wirst du auf den Gräbern deiner Ahnen schlafen, und eines Tages wirst du darübergehen. Die Nahrung, die du essen wirst, wächst aus den Knochen und dem Blut der Großeltern unserer Großeltern.« Dann betrachtete sie die Genitalien ihres Babys und dachte: Ewiger Geist, du bist zu einer Mutter-Tochter-Erfahrung gekommen. Ich ehre deine Entscheidung, durch mich zu kommen.

Das Baby gab leise gurgelnde Geräusche von sich, als wolle es seine Stimmbänder erproben, während die Mutter fortfuhr, dieses winzige Stückchen Leben mit warmem Sand abzureiben, bis das Neugeborene ganz sauber war. Dann nahm sie eine kleine Holzschale mit geschwungenen Rändern, die sie in der Nähe abgestellt hatte, und bettete das Kind hinein. Sie stellte das Gefäß in eine Vertiefung im Boden und achtete darauf, daß der Kopf des Kindes tiefer lag als die Füße.

In diesem Moment wurde ihr bewußt, daß ihr Atem wieder stoßweise ging, da der restliche Inhalt ihres Schoßes ausgestoßen wurde. Doch statt des erwarteten Mutterkuchens erschienen ein Kopf, Arme und Beine: noch ein Kind, etwas größer, ein Junge. Sie dachte: Woher bist du gekommen? Aber laut, als geschehe es automatisch, wiederholte sie den uralten Gruß, der seit Beginn der Zeiten gesprochen wurde, die Formel, die alle Stammesmitglieder als erstes vernahmen: »Du sollst wissen, daß du auf dieser Reise geliebt und unterstützt wirst!« Sie atmete in den Mund des Neuankömmlings hinein und rieb auch ihn rasch mit Sand ab. Ihre Gedanken und ihr Gesichtsausdruck wechselten zwischen Lächeln und verblüfftem Staunen. Zwei Babys! Sie sind schön! Aber zwei Babys auf einmal – das ist nicht die Art des Menschen. Während die Mutter fortfuhr, das unerwartete Kind mit der warmen Erde abzureiben, hielt es mit außergewöhnlicher Kraft und Entschlossenheit den Kopf hoch. Auch sein Körper schien ohne physische Mängel zu sein. Das Mann-Kind streckte Arme und Beine aus, trat mit den Füßen und vollführte die gleichen abschließenden zeremoniellen Bewegungen wie eine Raupe, wenn sie zum Schmetterling wird. Er war froh, in seiner Bewegungsfreiheit nicht mehr eingeschränkt zu sein. Für die Unruhe in ihrem Bauch war offenbar dieser kleine Bursche verantwortlich gewesen, und nicht seine Schwester.

Die junge Mutter griff nach einem Beutel, den sie normalerweise um die Taille trug, der aber jetzt in der Nähe auf dem Boden lag, und nahm einen dünnen schwarzen Zopf aus Menschenhaar heraus. Nachdem sie mit den Zähnen das lebende Band durchtrennt hatte, schlang sie einen Knoten um die Nabelschnur des erstgeborenen Kindes; dabei ließ sie ein langes Stück daran, das eintrocknen, abfallen und zukünftig ein tauschbarer Gebrauchsgegenstand sein würde. »Das Haar des Volkes deines Vaters löst dich von der Schnur des Volkes deiner Mutter. Meine Tochter, du teilst Leben, Gemeinschaft und Daseinszweck mit unserem ganzen Stamm.«

Zu dem Sohn sagte sie: »Warum bist du erst ausgeschlüpft, nachdem ich mein Herz meiner Erstgeborenen geschenkt habe, nicht als Anführer, sondern als Nachfolgender, nicht auf deinem eigenen Weg und zu deiner eigenen Zeit, sondern einem anderen folgend? Das verstehe ich nicht. Warum hast du beschlossen, durch mich zu kommen? Ich ehre deine Entscheidung, aber ich verstehe sie nicht. Du bist der Größere, aber du kommst so, als bedeuteten Zeit, Ort und Umstände nichts, sondern nur die Ankunft. Du bewegst dich weiter, als bräuchtest du den Beweis, daß es tatsächlich geschehen ist. Ich habe nie gesehen, daß bei ein und derselben Geburt ein Baby dem anderen folgt. Ich bin nicht ausgestattet für deine

Zeremonie. Ich werde einen Teil meines Beutels dazu verwenden. Er besteht aus dem Haar vieler Menschen und aus tierischen Anteilen. Er ist größer, stärker, rauher. Vielleicht brauchst du das, um dich von meinem Bauch zu trennen und auf die Welt vorzubereiten. Es scheint, daß du vielleicht von allem im Leben mehr wünschst oder brauchst, da du auf so ungewöhnliche Weise hier eingetreten bist.«

Plötzlich dachte sie an das erste größere Problem, das sich aus dieser ungewöhnlichen Situation ergab – die Namen. Alle ihre Pläne waren durcheinandergeraten. Sie würde Rat brauchen, was da zu tun sei, aber es gab niemanden mehr, an den sie sich um Hilfe wenden könnte. Ihre Sorge und Unruhe traten aber erst einmal in den Hintergrund, da sie mit den Nachwirkungen der Geburt beschäftigt war.

Nachdem ihr Körper alles Restliche ausgestoßen hatte, begrub sie es, wie alle Muttertiere es ihr Volk gelehrt hatten. Zur Sicherheit des Neugeborenen mußten alle Spuren und Gerüche beseitigt werden. Dann legte sie sich mit ihren Kindern nieder. Sie schaute zu ihrem Jungen hinüber und dachte: Ich hoffe, du hast weise gewählt, dein Hiersein könnte sich für viele als ungelegen erweisen. Binnen Augenblicken war die erschöpfte Mutter eingeschlafen, und das Erstgeborene begann die lebensspendende Flüssigkeit aus ihr zu saugen. Die Sonne ging unter, der Himmel wurde dunkel. Diese Nacht war die erste, letzte und einzige, die diese Mutter und ihre Kinder zusammen verbringen würden.

Am Morgen, als sich beim ersten Licht die Farbe des Himmels veränderte, nahm die Mutter die Babys auf, wandte sich nach Osten und sagte: »Heute gehen wir, um das, was dort draußen existiert, für seinen Daseinszweck zu ehren. Was zum höchsten Wohl allen Lebens überall dient, sind wir bereit zu erfahren.« Nachdem sie ihr Morgenritual beendet hatte, machte sie sich auf den Rückweg zu dem Ort, dem sie gerade erst entflohen war. Es gab keinen anderen Platz, zu dem sie hätte gehen können. Ihr Stamm war vernichtet worden, ihr Mann getötet, und nun hatte sie zwei Kinder. Im Gehen spürte sie, wie ihre Brüste sich füllten, und nacheinander legte sie die Babys an, um sie zu stillen.

Sie ging Stunde um Stunde; zuerst trug sie ein Kind in der hölzernen Schale und das andere in einer Schlinge, die sie aus einem Lumpen gemacht hatte. Dann legte sie beide in die Schale. Es stimmt, dachte sie, die Menschen sind nicht dazu bestimmt, zwei Babys zu bekommen.

Als die Hitze am glühendsten war, rastete sie und drapierte den Lumpen über ihren Kopf, um sie alle drei vor der Sonne zu schützen. Sie ließ die beiden Babys zusammen in der Schale liegen, weil der Sand zu heiß war.

Gegen Mittag schlich eine schuppige graue, zwanzig Zentimeter lange Eidechse an ihr vorbei und kehrte dann zurück, um sich neben ihrem Fuß auszuruhen. Sie griff mit einer Hand danach und drehte dem Reptil mit der anderen den Hals um. Es war augenblicklich tot. In ihren Gedanken sprach sie zu dem Geschöpf: Danke, daß du zu mir gekommen bist. Du wurdest geboren, damit wir uns heute treffen. Dein Leben wird sich mit meinem weißen Wasser vermischen, um diese beiden Kleinen zu nähren. Sie sind dankbar für dein Fleisch. Dein Geist des Ausharrens in dieser Zeit ohne Wasser vom Himmel wird sie tagelang stärken. Sie werden deine Energie voller Achtung und Verehrung für deinen Daseinszweck in sich tragen. Sie biß in die rauhe gezähnte Seite der Eidechse und saugte die Feuchtigkeit ein.

2

Als die Sonne hinter dem Horizont zu versinken begann, stand sie auf und machte sich wieder auf den Weg. Es war fast dunkel, als sie am Rand der Missionssiedlung ankam. Eines der Kinder im Lager, das auf den Wasserturm geklettert war, hatte sie erspäht und verkündete lauthals ihre Rückkehr. Sie hatte gerade den Lumpen um sich gelegt, und ihre Brust bedeckt, als ihre drei Schwestern ihr entgegenkamen, um sie willkommen zu heißen. Es war in ihrem Stamm Brauch gewesen, daß alle Frauen derselben Generation einander als Schwestern bezeichneten. Obwohl sie nicht blutsverwandt waren, stellten diese Frauen die einzige Familie dar, die ihr noch geblieben war. Sie waren zusammen draußen gewesen, um in der Wüste Yamwurzeln zu suchen, als weiße Regierungsbeamte sie gefunden und gezwungen hatten, an diesen Ort zu kommen. Das war vor fünf Monaten gewesen. Inzwischen hatte man ihr gesagt, ihr ganzer Stamm sei tot.

Als eine Schwester sah, daß sie nicht mit der Gabe eines Kindes zurückkehrte, sondern mit einer Tragschale, die zwei Köpfe und vier Arme und Beine enthielt, blieb sie stehen. Mit der Hand signalisierte sie den anderen, sie sollten ebenfalls anhalten. Sie gehorchten.

Sie haben die zwei Babys gesehen, dachte die junge Mutter, während sie den Rücken straffte und selbstbewußt an ihnen vorbei in die Umzäunung trat.

Auf dem Grundstück kam Mrs. Enright, die Frau des

Geistlichen, auf sie zu und nahm eines der Kinder an sich. Wortlos ergriff sie einfach das größere der beiden Babys und ging zu der Wellblechhütte, die als »Krankenort des weißen Mannes« bezeichnet wurde. Die junge Mutter folgte ihr.

Inzwischen hatte es sich herumgesprochen. Gesichter erschienen und spähten durch die Tür und die Öffnungen herein, die als Fenster dienten. »Stört Reverend Enright nicht«, befahl die weiße Frau einem Augenpaar, das durch einen Spalt in der Ecke lugte.

»So, nun laß mich mal sehen, was wir da haben«, sagte sie, während sie eine Laterne anzündete und zuerst das eine Kind auf einen nackten, grob gezimmerten Tisch legte, dann das zweite Baby daneben. »Also zwei, ein Junge und ein Mädchen. Nun, es könnte schlimmer sein. Ich habe von Schwarzen gehört, die drei bekommen haben. Sie scheinen ziemlich gesund.«

»Dies ist das Erstgeborene«, murmelte die Mutter.

»Was?«

»Diese hier kam zuerst«, wiederholte sie und zeigte auf das kleinere Kind.

»Oh, das spielt keine Rolle, meine Liebe«, sagte die dicke Frau mit ungerührtem Blick. »Überhaupt keine Rolle.«

Du verstehst nicht, dachte die Mutter. Du versuchst es nicht einmal. Du kommst in unser Land und bringst andere deinesgleichen in Ketten mit. Dann sagst du, daß unsere Lebensweise falsch sei. Du stößt mein Volk über die Klippen, damit es auf den Felsblöcken darunter umkommt, oder wir kriegen eure Krankheiten und sterben. Die wenigen, die leben, sind gezwungen, nur eure Worte zu sprechen und zu leben, wie ihr lebt. Und jetzt sagst du, daß es nicht einmal wichtig sei, meine Babys zu erkennen. Das sind so seltsame und schwierige Zeiten, und du versuchst nicht einmal zu verstehen!

In der Ecke stand ein rostiges Faltbett, das mit zerlumptem, olivgrünem Segeltuch bespannt war. Mrs. Enrights Blick schweifte dorthin, und sie wies das junge Mädchen mit einer Kopfbewegung an, zu dem Bett hinüberzugehen. Nicht im Freien zu sein war ein schreckliches Gefühl. Doch da die junge Mutter in der Nähe ihrer Kinder bleiben mußte, taumelte sie zu dem, was der weiße Mann sich unter einer Ruhestätte vorstellte, und schlief ein.

Mrs. Enright ließ das erschöpfte Mädchen auf der alten Armeeliege in der Krankenstation der Mission zurück. Sie war sich nicht sicher, ob das Mädchen eingeschlafen oder ohnmächtig geworden war. Und es war eigentlich auch nicht wichtig. Schweißperlen standen auf dem jungen Gesicht und der Brust über dem Lumpenkleid. Schweißbäche rannen durch die Falten um die Nase, liefen ihr in den Nacken und tropften schließlich auf das stinkende Segeltuch. »Ich werde mich später um sie kümmern.«

In der Nacht merkte die junge Mutter, daß ihre Brüste sich gefüllt hatten, und war überzeugt, daß die Babys bei ihr seien, damit sie sie stillen könnte. Sie hörte Stimmen. Zuerst war da die Stimme eines Ältesten im Raum, dann die eines anderen Mannes. Keiner der Männer gehörte ihrem eigenen Stamm an. Auch die heisere Stimme von Reverend Enright tönte bedrückend durch ihre verworrenen Gedanken. Sie erwachte mitten in der Nacht und wußte einen Moment lang nicht, wo sie sich befand. Ihre Brust schmerzte. Es war dunkel in dem Raum, und es roch wie in der Höhle von Fledermäusen. Sie konnte die offene Tür erkennen, wo durch das Rechteck das Mondlicht zu sehen war, und sie wußte, daß der Tisch rechts stand. Sie fand ihn und tastete nach ihren Kindern. Der Tisch war leer.

3

Die Missionsstation war eine kirchliche Einrichtung. Sie war ein Gemeinschaftswerk, gegründet von den Mitgliedern der Missionsgesellschaft, die freiwillig in diesen gottverlassenen Teil des australischen Kontinents gekommen waren, um die Seelen der eingeborenen schwarzen Heiden zu retten. Später hatte die Regierung sich daran beteiligt, denn das gehörte zu ihrem Programm der Gleichstellung aller Bürger. Die Absicht, den Ureinwohnern tatsächlich die Staatsbürgerschaft zu verleihen, bestand allerdings nie; statt dessen wurde legal beschlossen, daß sie dem »Flora and Fauna Act« unterstanden. Die Station war eine Art Gefangenenlager, mitsamt Zaun und körperlichen Strafen für Ungehorsam. Jede Besichtigung der Einrichtung durch Besucher begann mit dem Gebäude, das einfach aus einem Dach auf Holzstützen bestand und als »Freiluftschule« bezeichnet wurde. Stolz erklärten sie, von allen Aborigines jeden Alters werde verlangt, daß sie sich zu bilden versuchten. Die Bibel war der grundlegende Text. Das Hauptaugenmerk wurde darauf gerichtet, ihnen klarzumachen, daß die Stammesbräuche Teufelswerk und verboten seien. Anreisende Würdenträger wurden dann zu der kleinen Kapelle geführt. Diese bestand aus drei Wänden. Die Frontseite war völlig offen, so daß man als erstes eine große Figur des blutenden Christus am Kreuz hängen sah und direkt darunter ein hohes Katheder in der Mitte zwischen vier Küchenstühlen aus Chrom mit roten Bezügen. Von den Gemeindemitgliedern wurde erwartet, daß sie standen oder auf der nackten Erde saßen. Anschließend wurde den Besuchern die Krankenstation vorgeführt, wo es keinerlei medizinische Instrumente oder Einrichtungen gab. Alle Verbände, Cremes und Salben wurden nach Verwendung wieder weggebracht. Das Gebäude war lediglich ein Vorzeigestück und mit einem auf die Tür gemalten weißen X als besonderer Ort gekennzeichnet. Die Stammesleute merkten allmählich, daß die meisten hineingingen, beim Verlassen des Baus aber gewöhnlich getragen wurden. Außerdem gab es auf dem Grundstück noch zwei kleine Hütten für die Familien der Hilfsgeistlichen und ein großes Wohnhaus, in dem die Enrights lebten.

Um 1930 waren alle Wohngebäude in Aussehen und Material unterschiedlich. Je weiter sie von der Zivilisation entfernt waren, desto mehr wichen sie ab von den traditionellen cremegelben Sandsteinbauten, die man in der Stadt sah. Die Architektur der Missionssiedlungen war schmucklos. Das Haus war ein ebenerdiges Quadrat mit geneigtem Blechdach, das sich auch über eine rundumlaufende Veranda erstreckte. Den Enrights hatte man gesagt, das vorspringende Dach sei erforderlich, um die Fenster zu schützen, die offenbleiben müßten, damit die heiße Luft zirkulieren könne. Da sie nicht genug über die Jahreszeiten, den Wind und die Richtungen wußten, aus denen er kommen konnte, ließen sie von den Arbeitern die gedeckte Veranda auf allen vier Seiten des Hauses anlegen, so daß der ganze Bau ein Quadrat bildete.

Der erste Raum hinter der Haustür war das Wohnzimmer, wo ein schwarzes Harmonium, ursprünglich für die Kapelle gedacht, den Blick auf sich zog. Bevor das Musikinstrument eingetroffen war – verzögert aufgrund seiner Größe und in einer Kiste mit der Aufschrift »Zerbrechlich« –, hatte die Verwaltung befunden, dieses Meisterwerk sei an die Eingeborenen verschwendet. Soweit die weiße Geistlichkeit das feststellen konnte, besaßen sie einfach keinen Sinn für Töne und Rhythmus. Tatsächlich hatte dieses Volk keinerlei Lieder religiöser Natur. In seiner ganzen Geschichte war nur eine geringe kulturelle Entwicklung auszumachen. Da die einzigen Worte, die die Ureinwohner in Musik umsetzten, absurde Geschichten zu sein schienen, blieb das Harmonium in der schützenden Obhut des weißen Wohnzimmers.

Das Haus hatte nackte Holzböden und enthielt eine Reihe europäischer Möbel. In beiden Schlafzimmern gab es den traditionellen Waschtisch und die Tonschüssel, und nur im Gästezimmer wies der Nachttopf handgemalte Rosen auf, die zu denen auf der Rasierschale für männliche Besucher paßten.

Auf der Nordseite des Hauses befand sich ein Wasserfaß auf einem hohen Gestell, von dem aus Rohre ins Haus führten. Die Küche hatte fließendes Wasser, eine moderne Errungenschaft für einen so entlegenen Ort. Obwohl der Wasserturm für die Bevölkerung der ganzen Gemeinde mehr Wasser faßte, war der persönliche Vorrat der Enrights immer größer.

In der Mitte des Komplexes lag ein kahler, von einem Dach auf vier Pfosten überdeckter Bereich, wo der Versuch unternommen worden war, einen zentralen öffentlichen Eßplatz zu schaffen. Aber das war kein Erfolg gewesen. Die fremde Verwaltung übersah, daß man kleine Stammesvölker, einige davon Erzrivalen, nicht zusammenzwingen und über Nacht das erreichen konnte, was der weiße Mann sich unter Frieden und Harmonie vorstellte. Für die Enrights und ihre europäischen Freunde waren alle Schwarzen gleich, ungeachtet ihres Stammes. Dieselbe Geduld war erforderlich, um ihnen den Gebrauch von Löffel, Gabel und Eßnapf beizubringen. Messer waren nicht erlaubt.

Auf dem ganzen eingezäunten Gelände lagen verstreut die Hütten der Aborigines, die die Weißen »Humpies« nannten. Es waren rohe runde Bauten, die aussahen, als sei einfach ein Haufen Pappe, Blech und Äste vom Himmel gefallen. Zimmer oder trennende Wände waren für die Ureinwohner überflüssig. Die Hütten boten Schatten und Schutz vor dem Himmel. Herkömmlicherweise bauten die Nomadenstämme selten eine Behausung, da ihr Leben eine ständige Wanderschaft war. Diese Siedlung beherbergte die Überreste von zehn verschiedenen Volksgruppen, jede mit ihren einzigartigen Bräuchen und Überzeugungen und ihrer eigenen Sprache. Die Gefangenen verstanden sich untereinander nicht sehr gut, und nur wenige konnten Englisch, was die einzig erlaubte Sprache war. Manche, wie die junge Mutter, waren intelligent und lernten besonders schnell, doch die meisten schienen sich die Kenntnisse nicht sehr rasch aneignen zu können. Sie waren von gelassener Natur, angenehmem Wesen und sehr vertrauenswürdig.

Was die weiße Welt nicht begriff, war die Tatsache, daß diese Stammesmitglieder ihre Lage so verstanden, als befänden sie sich auf dem Gebiet eines anderen Stammes, auf Land, das von »songlines« markiert war und dessen Hüter verschwunden waren. Jetzt hatten die Weißen das Sagen, aber die waren offensichtlich keine Hüter. Die Aborigines wußten, daß sie Gefangene waren, glaubten aber dennoch, sie müßten sich wie Gäste verhalten, die in jemandes anderen Kreis eingeladen worden waren. Es war nicht schwierig, sie zum Christentum zu bekehren, als sie begriffen hatten, daß dies das neue Gesetz war, und ihnen ferner erklärt worden war, Jesus sei ein Held. Die Kirchenleute wußten nicht, daß die Aborigines große Achtung vor Helden hatten. Ihre Lieder und Tänze, die seit Jahrtausenden überliefert waren, handelten von vielen heroischen Menschen und Taten. Jesus war ein großer

Heiler, der Menschen von den Toten auferstehen lassen konnte. Durch die Werke ihrer eigenen Heiler waren sie mit der Auferstehung der Toten vertraut.

Da der Vater von Jesus die Welt erschaffen hatte, mußte dieser Vater einer ihrer eigenen Ahnen gewesen sein. Reverend Enright mit seinem roten Haar und dem vollen roten Bart erwies sich als überaus überzeugend, wenn er feststellte, daß es in bezug auf die Ewigkeit nur eine einzige Wahl gebe. Man konnte im Himmel enden, wenn es der Wille Jesu ist, oder – wenn man gegen ihn war – für alle Ewigkeit in der Hölle landen. Die Menschen verstanden, wie lang die Ewigkeit ist, aber sie hatten nie eine Vorstellung von einem Ort wie der Hölle gehabt.

Die junge Mutter verbrachte den Vormittag in einem Zustand völliger Verwirrung. Sie konnte ihre Babys und ihre Schwestern nicht finden. Niemand war da, um mit ihr zu reden. Es war ihr verboten, das Grundstück der Enrights zu betreten, das von einem weißen Palisadenzaun umgeben war. Sie begann den Tag, indem sie von Ort zu Ort und Person zu Person rannte und hektisch suchte. Endlich ging sie langsamer und hielt Ausschau nach Hinweisen über das Verschwinden all jener, die sie liebte.

An diesem Tag aß sie nichts und verbrachte die Stunden in körperlicher und seelischer Qual. Aus ihren Brüsten tropfte die Milch. Fliegen sammelten sich um sie und wanderten über ihren Körper. Sie konnte nicht begreifen, was vor sich ging. Es stand in völligem Gegensatz zu allem, was sie jemals von ihrem Volk gelernt hatte. Sie erinnerte sich an das, was »Old One« einst gesagt hatte: »Die Weißhäute sind nicht schlecht. Sie benutzen nur ihren freien Willen dazu, um Dinge zu tun, die für unser eigenes Volk nicht richtig riechen und schmecken.« Aber es war sehr schwierig für dieses junge Mädchen, nicht über sie zu urteilen. »Old One« hatte auch gesagt: »Ich glaube, daß sie eine irdische Prüfung sind. Wir müssen einander dabei helfen, sie zu bestehen!« Aber sie hatte keine Unterstützung dabei. Sie war allein.

Am Abend war sie in einem emotionalen und seelischen Zustand, von dessen Existenz sie noch nichts gewußt hatte. Sie hatte entdeckt, daß sie in der Vergangenheit leben konnte. Die Gegenwart trat zurück. Überall, wohin sie auch schaute, sah sie immer weniger von dem, was das Leben ihrer Kenntnis nach sein sollte. Aber ich werde nicht weniger werden, dachte sie. Gestern sagte ich: »Was dem höchsten Wohl dient, sind meine Babys und ich zu erfahren bereit.« Jetzt sind sie mir weggenommen worden. Alles ist mir weggenommen worden. Ich werde traurig sein, ich werde trauern. Das ist richtig, denn so fühle ich mich, aber immer werde ich mein Herz sagen hören, daß die Ewigkeit eine lange, lange Zeit ist. Meine Kinder und ich sind für immer Geister. Irgendwie gibt es eine unsichtbare Liebe und Unterstützung auf dieser geheimnisvollen und schmerzhaft komplizierten Reise. Was ist der Zweck unseres Daseins? Ich weiß es nicht. Aber ich weiß, es gibt einen vollkommenen Daseinszweck, und ich akzeptiere ihn in Traurigkeit.

Ein paar Monate später wurde sie zur Arbeit auf eine Viehfarm geschickt und verbrachte ihre Tage in einem Kattunkleid mit einer gestärkten Schürze, die im Nacken und auf dem Rücken gebunden war. Schwarze Schuhe wurden in der Morgendämmerung angezogen und trugen sie vom Herd in die Waschküche, zur Wäscheleine, in den Gemüsegarten und wieder in die Küche. Ihre tägliche Routine veränderte sich im Lauf der Jahre kaum. Sie war eine stille Frau, die nie wieder einen Tag mit dem Morgenritual ihrer Ahnen begrüßte. Für sie gab es keinen neuen Tag. Sie sprach und träumte nicht mehr und nahm außer an ihrer Arbeit an keiner Aktivität mehr teil. An der

Oberfläche wirkte sie, als habe sie alle Hoffnung, alles Interesse am Leben aufgegeben, zeitweilig vielleicht auch ihre geistige Gesundheit verloren. In Wirklichkeit ergab sie sich nur einer Situation, derer sie nicht Herr werden konnte, und ihren religiösen Überzeugungen entsprechend verwandte sie keine Energie auf etwas, wovon sie nicht wollte, daß es wuchs. Sie respektierte ihre Trauergefühle und nahm weder Einfluß auf irgendein anderes Leben, noch behinderte sie es. Sie lebte nur in den stillen, friedlichen Geschehnissen ihrer Erinnerungen und achtete darauf, daß ihr ihre spirituelle Anteilnahme bewahrt blieb. Das wurde ihr einziger Grund, weiter zu existieren. Sie hatte nicht das Gefühl, daß das, was geschah, richtig war. Sie verstand es nicht, aber es ging über den Glauben an etwas, das mit den Gefühlen in Konflikt stand, hinaus. Der Schritt über den Glauben hinaus bestand für ihr Volk in *Wissen*. Sie akzeptierte, was geschah, weil sie wußte, der vollkommene Sinn des Himmels war dafür verantwortlich.

4

Mrs. Enright hatte die erschöpfte junge Mutter am Abend allein auf der grünen Armeeliege zurückgelassen und sich nicht darum gekümmert, ob sie lebte oder starb. Geschäftig lief sie umher und überlegte, was mit den Babys geschehen sollte.

Ich brauche einen Korb, um diese Kinder hineinzulegen, dachte sie. Es gab einen in ihrer Küche, der den Zweck erfüllen würde. Sie machte sich auf den Weg zum Haus und kehrte dann doch um, um die beiden Neugeborenen zu holen. Sie waren zwar noch zu klein, um von dem nackten Holztisch herunterzurollen, aber der Junge schien ungewöhnlich kräftig. »Bei diesen seltsamen Eingeborenen weiß man nie. Sie sind nicht wirklich mit uns zu vergleichen. Ich nehme sie besser mit.«

Es war ein kurzer Weg über das kahle, staubige Grundstück bis zu dem hölzernen Palisadentor ihres Wohnhauses. Sie bemühte sich erfolgreich, beide Babys zu halten und gleichzeitig das Tor zu öffnen. Als sie im Haus war, ging sie ins Schlafzimmer und zögerte einen Augenblick, bevor sie die nackten Kinder auf ihren kostbarsten Besitz legte, einen bunten handgenähten Quilt, den ihre Großmutter ihr geschenkt hatte, als sie vor vier Jahren aus England nach Australien abgereist war.

Der Korb, den sie suchte, stand hoch oben auf einem Küchenregal; sie stieg also auf einen Stuhl, um ihn herunterzuholen. Feierlich trug sie ihn ins Gästezimmer, nahm ein Kissen vom Bett und legte es in den leeren

Korb. Auf der hinteren Veranda stand ein Pappkarton von der letzten Lieferung von Mehl und Zucker, den sie hereinholte. Sie stieß einen tiefen Seufzer aus, nahm das andere Gästekissen und richtete den Karton her, um das zweite Baby hineinzulegen. Ihre wunderbaren Kissen aus Gänsedaunen zu ersetzen würde nicht leicht sein, aber dieses Problem würde sie zu gegebener Zeit lösen. Sie schnitt sich Windeln zurecht, indem sie ein Geschirrtuch in zwei Hälften teilte und je eine davon um die schlafenden Säuglinge wickelte. Bei den Aborigines hatte sie noch nie ein Baby gesehen, das in eine Decke gehüllt war. Das war auch jetzt nicht nötig.

Alice Enright hatte die Verantwortung dafür übernommen, die lästigen Dinge des Alltags zu regeln. Ihr Mann, der Reverend, befaßte sich mit dem religiösen Leben im großen und ganzen. Er erinnerte sie oft daran, wie wichtig es für sein zukünftiges berufliches Fortkommen sei, daß er nicht mit Trivialitäten belästigt wurde. Sie tat alles, um sein Leben so bequem zu machen, wie es in diesem entlegenen und fremden Land, so weit von ihrem geliebten Großbritannien entfernt, überhaupt nur möglich war. Als sie geheiratet hatten, war man besorgt gewesen, sie könnte zu jung und innerlich nicht reif genug sein, um mit einem älteren Mann zurechtzukommen, nicht darauf vorbereitet, ihren Part eines geistlichen Ehepaars auszufüllen. Sie versuchte täglich, ihren Wert unter Beweis zu stellen. Sie wußte, daß ihr Ehemann sie niemals wirklich geliebt hatte. Er war ein Mann ohne sexuelle Leidenschaft, aber sie mußte zugeben, daß auch sie ihn nicht wirklich liebte. Sie war jung gewesen und hatte sich verzweifelt gewünscht, ihr Zuhause zu verlassen, zu reisen und die Welt zu sehen. Die Heirat mit Reverend Enright und die Reise nach Australien waren eine Gelegenheit, die sich genau im richtigen Augenblick ergeben hatte.

Sie ging zum Telefon und nahm den Hörer ab. Mit dem

Hörer in der Hand drückte sie den seitlichen Hebel, bis sich die Vermittlung meldete, und verlangte dann eine Fernverbindung. Alice wußte, daß die örtliche Telefonvermittlerin in der Leitung blieb, um sich die neuesten Ereignisse anzuhören, die sich hinter den Mauern der Mission abspielten. Doch Gott sei Dank lebten sie so entlegen, daß ihr Klatsch meist nur den Leuten zu Ohren kam, die sich mehr für die Sünder ihrer näheren Umgebung interessierten.

»Birdie, ich bin's, Alice Enright. Es tut mir leid, daß ich schon wieder um Hilfe bitte, aber es ist dringend nötig. Ich habe einen neugeborenen Jungen, der untergebracht werden muß. Eigentlich sind es zwei Kinder, Zwillinge, aber das Mädchen wird im katholischen Waisenhaus aufgenommen. Ich habe letzte Woche mit denen gesprochen und mich vergewissert, daß sie Platz haben, aber wir haben natürlich nur mit der Geburt eines Kindes und nicht mit zweien gerechnet. Unsere wöchentliche Einkaufsfahrt für die Mission soll morgen früh abgehen, aber ich kann Alex schon heute abend losschicken, dann kann er noch die zusätzliche Strecke zu Ihnen fahren, um den Jungen abzuliefern. Können Sie uns helfen und einen Platz für ihn finden?«

Birdie am anderen Ende der Leitung war die Ehefrau von Reverend Willett, einem Kollegen von Reverend Enright und ein hochgeachteter Mann in der Kirche. Sie war daran gewöhnt, Anrufe von Alice und den anderen Frauen der Geistlichen zu erhalten. Schließlich war ihr Ehemann das dienstälteste Mitglied der englischen Delegation auf dieser Auslandsmission. Das machte sie automatisch zur wichtigsten Respektsperson. Sie war stolz darauf, nie jemanden abzuweisen und sich von keiner Herausforderung unterkriegen zu lassen. Es gefiel ihr, wenn die jüngeren Frauen sagten: »Es gibt nichts, was Birdie Willett nicht bewältigen kann.«

Seit vierzig Jahren baute die Kirche Missionsstationen auf, um die erwachsenen Aborigines, die man aus der Wildnis geholt hatte, dort unterzubringen, zu zivilisieren, zu erziehen und ihre Seelen zu retten. Die Katholiken hatten auch Waisenhäuser für die Kinder errichtet. Inzwischen gab es einige erwachsene Aborigines, die in institutionellen Einrichtungen aufgezogen und dann nach Erreichen des sechzehnten Lebensjahrs in die Gesellschaft entlassen worden waren. Bislang gab es keine Anzeichen dafür, daß das Projekt irgendwelche sozialen Erfolge erzielt hätte – außer im biblischen Sinne, indem es die Hungrigen speiste und den Durstigen Wasser gab. Doch auch wenn sie älter als sechzehn waren, waren die Aborigines noch hungrig und durstig und wandten sich für die Erfüllung ihrer Bedürfnisse an die weiße Gemeinde. Niemand konnte vorhersagen, wann das zu Ende gehen würde, wann der letzte der Wilden für die Zivilisation gewonnen sein würde, wann ihre heidnischen Bräuche besiegt und auf wundersame Weise eine gewisse Kontrolle über die Bevölkerung erreicht sein würde.

Der Anruf endete damit, daß Birdie sich bereit erklärte, einen Platz für das Kind zu suchen.

Alice ging zur Tür und schwenkte die Arme: »Geht Alex holen«, rief sie in die schwarze Nacht hinein. Sie wußte, daß irgendeiner der Gefangenen, der einen guten Eindruck machen wollte, freudig die Gelegenheit ergreifen würde, sich bei ihr beliebt zu machen. Welcher, spielte keine Rolle. Ein oder zwei lungerten immer außerhalb ihres Zauns herum. Kurz darauf klopfte Alex an die Küchentür. Er war dünn, sah älter aus als seine sechzig Jahre und machte immer den Eindruck, ein Bad nötig zu haben. Alice berichtete ihm von ihrem Plan. Er willigte ein, sich eine Stunde auszuruhen und dann die lange Fahrt nach Sydney anzutreten. Alice bereitete einen Glaskrug mit Honigwasser zu. Dann nahm sie ein Babyfläschchen, das man kürzlich aufgetrieben hatte, um das Leben eines todkranken Känguruhjungen zu retten, und fütterte die Zwillinge damit, bevor sie den Korb und den Karton auf die Vorderbank des Fords packte, dessen Notsitz zur Ladefläche umgebaut worden war.

Alex war ein ehemaliger Sträfling, wie auch schon sein Vater und sein Großvater. Als er aus dem Gefängnis entlassen worden war, nachdem er achtzehn Jahre wegen Diebstahls abgesessen hatte, war er heimatlos gewesen, hatte keinen Beruf und keine Freunde oder Verwandten gehabt, an die er sich hätte wenden können. Er war in Schwierigkeiten geraten, weil er zuviel trank, in Schlägereien verwickelt wurde und ständig in Versuchung geraten war, die Geldkassette in den Tavernen und Kneipen mitgehen zu lassen, die er besuchte. Dann fand er den Herrn, oder zumindest fand er Menschen, die ihrerseits den Herrn gefunden hatten. Anscheinend gab er die richtigen Antworten auf ihre Fragen, denn sie boten ihm an, ihn aufzunehmen und eine Arbeit für ihn zu suchen. Mitten im Nirgendwo, als die Mission einen Fahrer brauchte, schien er eine gute Lösung zu sein, und sei es nur vorübergehend. Auf seinen Fahrten in die Stadt kaufte er sich Whisky, trank aber niemals in der Öffentlichkeit. Soweit ging alles gut.

Mit den beiden Babys im Wagen, dem Mädchen für das Waisenhaus im Karton, dem Jungen für die Stadt repräsentativer in dem Korb, trat Alex die achtstündige Fahrt an. Ungefähr einen Kilometer vom Lager entfernt hielt er an, um sich Schafswolle in beide Ohren zu stopfen. Obwohl die Säuglinge schliefen, rechnete er mit einer geräuschvollen Fahrt. Er griff unter den Sitz, nahm aus der Dunkelheit eine Flasche, trank ein paar herzhafte Schlucke und stellte sie dann zwischen sich und die kleinen Menschenkinder. Er fuhr auf der einspurigen und teilweise gepflasterten Straße durch das kahle Ödland. Er wußte, Veränderungen der Luftströmung würden bewirken, daß der Wind durch die Wagenfenster auf der rechten Seite drang. Dann würde kein Luftzug mehr wehen, und ein paar Meilen weiter würde der Wind durch die linken Fenster blasen. Es war, als ob die unsichtbare Welt die Insassen des Wagens umgäbe. Alles war still bis auf das Brummen des Motors. Die Schwärze der Nacht wurde nur von einem Wirbel aus feinem rotem Staub gestört, der dem Auto wie ein sich drehender Kinderkreisel folgte. Die Wolken am Himmel waren schneller als das Fahrzeug auf der Erde. Wenn gelegentlich eine dunkle Wolke den Mond verdeckte, die einzige Lichtquelle in der Nacht, verschwand der endlose, flache Horizont in totaler Finsternis. Für Alex war das, als verdecke eine riesige Hand am Firmament den Strahl eines himmlischen Scheinwerfers. Die Wolke zog rasch vorbei, und der Mond tauchte wieder auf. »Das erinnert mich an Morsezeichen, kurz-kurz-lang, die von der Natur kommen.« Er nahm noch einen Schluck Whisky. Er mochte das unheimliche Gefühl nicht, das dieser Gedanke hervorrief. »Ich hoffe bloß, daß es kein SOS-Signal ist!« sagte er zu sich selbst.

Der Karton mit dem Mädchen wurde zuerst abgeliefert, da das Waisenhaus ungefähr auf halber Strecke lag. Alex nahm die Tasse Tee und die beiden Kekse, die ihm die Schwester von der Nachtschicht anbot, aber er hielt sich nicht lange auf und achtete sorgfältig darauf, nicht in ihre Riechweite zu kommen. Als er zum Fahrzeug zurückkehrte, schien das andere Kind glücklicherweise zu schlafen, wenn auch Staub, die ungesunden Abgase und der Mangel an Nahrung das Ihre dazu beitrugen. Während der restlichen Fahrt gab das Kind keinen Mucks von sich und bewegte sich nur ein wenig, als die Sonne aufzugehen begann. Endlich wand sich das Auto auf einer exklusiven gepflasterten Straße vor einer Reihe prachtvoller Häuser mit Blick über den schönsten Hafen der Welt den Hügel empor.

Die Residenz der Willetts war ein Gebäude aus handbehauenen Steinen, vor dem sich vier hohe weiße Säulen erhoben. Schon von weitem war das ferne Geräusch des Ozeans zu hören, dessen Wellen in der Bucht darunter gegen das Ufer schlugen. Der spektakuläre Ausblick war jenen vorbehalten, die privilegiert genug waren, durch die rückwärtigen Fenster im Obergeschoß zu blicken, oder die eingeladen wurden, sich auf der makellosen Steinterrasse zu entspannen, die aus dem Abhang geschlagen worden war. Der Rasen und die Blumenbeete auf der Vorderseite führten zu einer Reihe hoher Bäume neben der Einfahrt, die dann im Bogen an zwei Garagen und Lagerräumen vorbei und zu jener Seite des Besitzes führte, wo die geschnitzte Holztür ein Messingschild mit der Aufschrift LIEFERANTEN trug. Das Baby rang jetzt nach frischer Luft; sein Bauch war gespannt von unverdauter Flüssigkeit; sein Körper krümmte sich vor Schmerz. Dennoch gab es keinen Laut von sich, es schien sich der Umgebung unterworfen zu haben.

Birdie Willett betrachtete sich selbst als mächtigste Frau des kirchlichen Verwaltungsapparats in ganz Australien. Sie hatte alles unter Kontrolle, denn die Ehefrauen der Geistlichen waren alle jünger als sie. Sie hatte eingeführt, daß keine von ihnen ein zweites Mal Vorsitzende eines Komitees werden konnte. Sie durften ein wenig an Verwaltungserfahrung sammeln, aber nicht genug, um sich eine Vertrauensbasis zu schaffen, eine Anhängerschaft zu gewinnen oder ihre Tätigkeit so sehr zu genießen, daß sie sich freiwillig für mehr meldeten. Mrs. Willett überwachte im ganzen Land den Lehrplan der Sonntagsschulen und den Aufbau aller neuen Missionen einschließlich der Gebäude. Alle Programme für Senio-

ren, alle Wohltätigkeitsveranstaltungen, alle Kirchenaus-
flüge und Ehrungen mußten von ihr abgesegnet werden.
Sie kontrollierte alles außer der Kleidung der Geistlichen
und deren Ehefrauen, aber das machte sie wett, indem sie
haarklein vorschrieb, was Reverend Willett anzuziehen
hatte – von Kopf bis Fuß, einschließlich seiner grauen
Socken und der Unterhosen.

Sie war so damit beschäftigt, in Gartenkomitees und
Vereinigungen zur Auswahl der Chorgewänder mitzu-
wirken und Monate im voraus irgendwelche Feiertags-
essen zu planen, daß sie wirklich nicht viel Mühe darauf
verwenden konnte, ein heimatloses Aborigine-Baby unterzubringen. Sie würde es aufs Land verfrachten lassen
und sich später darum kümmern. Aber um ihren Ruf auf-
rechtzuerhalten, mußte sie Alice Enright gegenüber als
hundertprozentig tüchtig erscheinen.

Sie wies ihren Mann an, das Kind noch am gleichen
Tag zu taufen. Das konnte im Spülbecken in der Küche
geschehen. Sie sah keinen Grund, einen christlichen
Namen an einen Wilden zu verschwenden, und so ent-
schied sie sich für Geoff. Das war neutral genug. Ein Familienname würde später dazukommen, falls es sich jemals als notwendig erwiese. Meistens tat es das nicht.
Aborigines hatten nichts mit juristischen Angelegenheiten zu schaffen.

Reverend Willett sprach die Gebete und goß Wasser
über das leblose Köpfchen des Babys. Keiner der Erwachsenen wußte, warum es kaum eine Reaktion zeigte.
Der Geistliche hatte es eilig. Er trug die Taufe ins Kir-
chenbuch ein und ging dann sofort weg, denn er wußte,
Birdie würde sich um alles kümmern, was heute erledigt
werden mußte, und hätte auch noch ihre Freude daran.
Er machte sich auf den Weg zu einer armen verlorenen
Seele namens Shirley, die versuchte, ihr Leben als Prosti-
tuierte aufzugeben, um ein braves Mädchen zu werden.

Es war sein sechster Besuch. Bislang hatte sie den Kampf verloren und schien dabei den guten Reverend mitzureißen.

Geoff blieb nur so lange in dem prachtvollen Haus, wie es dauerte, um die Taufe zu vollziehen und eine Familie vom Land zu finden, die gerade auf ihrer alle sechs Monate stattfindenden Einkaufsfahrt in Sydney war und sich bereit erklärte, den Korb mit dem Aborigine-Kind zu ihren übrigen Paketen in den Zug zu laden, um die Rückfahrt in ihre Landgemeinde anzutreten. Die Hanovers hatten eine neunjährige Tochter – Abigail –, die es übernahm, den kleinen Jungen hingebungsvoller zu füttern und zu versorgen als ihre reizende Porzellanpuppe. Trotz der langen Zugfahrt wurde schon kurz nach ihrer Ankunft zu Hause ein Arbeiter angewiesen, das Kind, das sich fast wieder erholt hatte, auf den nächsten Teil seiner Reise zu bringen. Im Alter von zweiundsiebzig Stunden hatte der Zwilling alle Verbindungen zu seinen Vorfahren verloren, war sechshundert Kilometer gereist und auf den Namen Geoff getauft worden und würde jetzt das Mündel einer reichen weißen Familie auf dem Land werden. Er sollte zu Birdies Schwägerin und Schwager gebracht werden, Matty und Howard Willett.

5

Ihre früheste Erinnerung war die, wie sie zu dem weißen Fleisch unter Doreens Kinn aufgeschaut hatte, wenn sie vom Fliesenboden gehoben und in eine runde Blechwanne mit kaltem Wasser getaucht worden war. Sie stand aufrecht darin, hielt sich an der Seite fest und war fasziniert von der schäumenden Oberfläche, die sich auf einer Höhe mit ihrer Kehle befand. Der ölige Inhalt ließ das Wasser in glänzenden Regenbogenfarben schillern. Entweder hatte sie den Rand losgelassen, um nach dem Glitzern zu greifen, oder sie hatte einen Schritt tun wollen und war ausgerutscht, jedenfalls hatte sie sich plötzlich unter Wasser befunden. Später erinnerte sie sich, wie sie nach Luft gerungen und einen Halt zu finden versucht hatte, und sie entsann sich, daß sie nur verschwommen hatte sehen können, während die Angst vor dem Unbekannten ihr Herz und Lungen füllte. Wunderbarerweise fand sie den Rand der Wanne. Sie hustete und weinte, bis Doreen ins Zimmer zurückkam. Ihre erste Erinnerung an diese Welt war Entsetzen. Das hatte sie mit zwei Jahren erlebt.

Sie war die letzte einer Gruppe kleiner Mädchen in der Obhut des Waisenhauses der Barmherzigen Schwestern gewesen, die untergetaucht oder – genauer – gebadet wurden. Doreen sagte, sie wäre immer die letzte, weil sie die kleinste sei, aber die anderen Kinder sagten, es wäre, weil sei am häßlichsten sei. Sie waren alle häßlich. Sie wußte das, weil sie es wiederholt von den Erwachsenen gehört hatte. Jetzt begann sie zu verstehen, was es bedeutete, als häßlichste von allen betrachtet zu werden. Sie hatten alle eine verschiedene Hautfarbe, waren unterschiedlich dunkel wie der Tee, den Doreen jeden Tag trank und in den sie Milchtropfen gab, um die Schattierung zu variieren. Nur war ihre Farbe das Ergebnis einer verlorenen Mutter und eines unbekannten Vaters.

Binnen Stunden nach ihrer Geburt war sie ein Mündel der Kirche geworden. Dort war es üblich, Mädchen in alphabetischer Reihenfolge zu benennen, jedes Jahr beim Buchstaben »A« beginnend. Da es Januar war und sie im Jahre 1936 der zweite Abkömmling, erhielt sie den Namen Beatrice. Sie erfuhr nie etwas über ihre Eltern oder ihre übrige Familie. In späteren Jahren versuchte sie sich vorzustellen, wie es wohl gewesen wäre, Eltern zu haben, eine liebevolle Mutter, einen fürsorglichen Vater, vielleicht sogar eine Schwester oder einen Bruder, aber sich das auszumalen war schwieriger, als mit offenen Augen zu schlafen. Sie hatte ihr ganzes Leben als Tochter von niemandem gelebt und fühlte sich immer sehr alt.

Wenn sie während der Messe oder bei den Mahlzeiten beteten, pflegte sie die zum Gebet gefälteten Handrücken der anderen Mädchen zu studieren. Die hatten schöne, glatte Haut, aber ihre Hände hatten Venen, die sich an der Oberfläche kräuselten wie das ansteigende Terrain rings um die Anstalt, und glichen denen der alten, verdorrenden Schwester Agatha, der diensthabenden Oberin. Die Nonnen trugen lange schwarze Gewänder, und ihre Köpfe waren von einem schwarzen Schleier bedeckt, der von einem gestärkten weißen Band gehalten wurde. Schwester Agathas Haar war nicht zu sehen, aber sie hatte ein altes Gesicht wie eine Dörrpflaume und weiße Augenbrauen, die ihr Alter verrieten.

Von klein auf schien Beatrice irgendwie ihre Rolle als Friedensstifterin zu kennen. Wenn unter den Kindern

Streit ausbrach oder jemand nicht einbezogen worden war und sich einsam fühlte, war es für sie selbstverständlich, daß sie zu besänftigen und beide Seiten zu einer Verständigung zu bringen suchte. Sie war sich der Gefühle anderer Menschen immer bewußt; sie erkannte sie, indem sie ihren Stimmen lauschte, nicht unbedingt ihren Worten, und indem sie auf ihre Augen achtete. Sie war in der Lage zu spüren, wie andere sich fühlten, lange bevor sie sich dieser Sensibilität bewußt geworden war und sie als Geschenk akzeptiert hatte.

Immer war sie von anderen umgeben. Selten befand sie sich allein in einem Raum, aber das füllte nicht die Leere, die sie empfand. Sie wußte nicht, was fehlte oder weshalb sie einen Mangel spürte, aber sie tat es. Eines Tages sagte ein Besucher, es sei gut, daß Waisenkinder die Dinge nicht vermißten, die sie nie gekannt hätten. Beatrice nahm die Bemerkung in sich auf, aber sie stimmte nicht. Sie konnte nicht enträtseln, was ihr fehlte, aber unvollständig fühlte sie sich ganz gewiß.

6

Reverend Willetts Bruder Howard und dessen Frau Matty besaßen eine riesige Schafs- und Rinderfarm. Howard, von allen respektiert und gefürchtet, war das Oberhaupt seiner Familie, seiner Farm und der ganzen Umgegend. Er war ein großer muskulöser Mann mit einem dicken Kopf voller aschblonder Haare, die ständig zerzaust waren. Seine Beine wirkten vom vielen Reiten wie gebogen. Weil er alle Tage im Freien zubrachte, ungeachtet des Wetters, sah seine Haut eher nach faltigem Leder aus als nach menschlichem Fleisch. Als sie vor zehn Jahren in England geheiratet hatten, war Matty eine kleine, zerbrechliche, perfekt geformte Frau gewesen, nach der Männer und Frauen sich umdrehten. Jetzt, nach Jahren ohne Luxus, den täglichen Routinearbeiten auf der Farm und der Geburt ihrer beiden Söhne – Abram (drei Jahre) und Noah (sieben Jahre) – besaß sie von ihren ursprünglichen physischen Merkmalen nur noch das eine, nämlich das, klein zu sein. Sie war eine warmherzige, angenehme Person, von der die Nachbarn fanden, sie gleiche die harte, rücksichtslose, männliche Art des Oberhaupts der Willett-Dynastie aus. Sie hatte eingewilligt, das Kind zu nehmen, von dem man ihr gesagt hatte, es sei ausgesetzt worden; Howard hatte sie erklärt, es sei nur vorübergehend oder das Kind ihr zumindest nur so lange willkommen, wie es keine Schwierigkeiten mache und später seinen Anteil an Arbeit übernähme. Sie hatten keine Erfahrung mit den Aborigines. Schließlich lebten sie in einem Teil des Landes, in dem es keine gab. Die Willetts hatten Geschichten darüber gehört und sich bereits eine negative Meinung gebildet. Im großen und ganzen glaubten sie das, was man ihnen erzählt hatte. »Es gibt keine intelligenten Abos. Die meisten sind faul, und als Erwachsene bleiben sie wie sorglose Kinder. Das sind Menschen, die nie erwachsen werden und Verantwortung übernehmen.«

Im Falle von Geoff wurde nie an eine Adoption oder auch nur eine offizielle Registrierung gedacht. Um 1930 wurde das Schicksal eines Kindes durch Telefongespräche, einen Händedruck, eine dreizeilige Eintragung in einem Missionsjournal und eine Zeile in einem Taufregister der Kirche geregelt. Als Geoff eintraf, wurde er einer Küchenangestellten übergeben, die ihn mit der verfügbaren Milch aller möglichen Tiere fütterte, bis sich am vierten Tag sein Verdauungssystem dem endlich anpaßte. Danach wurde er jeden Tag gebadet, seine Windeln wurden gewechselt, und man legte ihn im Schatten eines alten Pfefferbaums direkt vor der Küchentür in eine Wiege. Er verbrachte dort jeden Tag von der Morgendämmerung bis zum Abend. Die Angestellten kamen vorbei und sprachen mit ihm, bis er lernte, aus seiner Wiege zu klettern. Zu dem Zeitpunkt gewährte man ihm eine Decke, die auf den grünbewachsenen Erdboden gelegt wurde. Man band ein Ende eines Seils um seine Taille und das andere um einen Baumstamm. Im Alter von zwei Jahren setzte er sich, obwohl der Baum sein einziger verläßlicher Freund war, das Ziel, den Knoten zu lösen, der ihn gefangenhielt, und das gelang ihm auch. Er lernte laufen und sich in die Arme des Baums zu schmiegen, der ihn umfaßte und wiegte, wenn er schlief. Er war über das begrenzte Terrain hinausgewachsen, in dem er sich bewegen konnte. Als man ihn entdeckte, wie er frei seine neue Welt erforschte, machte ihn eine der älteren Angestellten, eine Frau namens Maude, mit den Arbeiten auf der Farm bekannt. Er half ihr, im Garten das Gemüse zu versorgen, im Hühnerstall Eier einzusammeln und kleine Holzstücke aufzustapeln. Sie gab ihm einen abgebrochenen Besen, der klein genug war, daß er ihn handhaben konnte. Er war ein lebhafter und glücklicher Zweijähriger, die meiste Zeit sich selbst überlassen.

Maude hatte schon für Howard Willett gearbeitet, bevor er als verheirateter Mann aus England zurückgekehrt war. Sie waren zusammen aufgewachsen – das dachte sie gern. In Wirklichkeit war Howard sechs Jahre älter als sie und immer reich gewesen. Er hatte den Familienbesitz übernommen, als sein Vater gestorben war, weil Birdie, seine Schwägerin, im Heim seines jüngeren Bruders das Kommando hatte. Sie hatte sich nie vom städtischen Leben trennen wollen und daher ihren Mann gezwungen, auf einen großen Teil seines Erbes zu verzichten und dafür Familienschmuck, feines Porzellan, zartes Leinen und importiertes Tuch mitzunehmen. Howard hatte ihr im Haus seiner Eltern nach deren Beerdigung freie Hand gelassen, und es gelang ihr, genug wundervolle Dinge dort zu finden, um die Ladefläche eines Lastwagens zu füllen, den sie bestellt hatte, damit ihr die Sachen nach Sydney geliefert würden.

Maude kam aus einer viel weniger wohlhabenden Familie. Das Haus ihrer Eltern lag direkt neben einem Pfad, auf dem Rinder vorbeigetrieben wurden. Ursprünglich war das Gelände schön gewesen, gleich bei einem Fluß, der von prachtvollen schattenspendenden Bäumen gesäumt war und reichlich Wasser zur Versorgung der Ernte lieferte. Aber wie sich herausstellte, wurde der Weg zunehmend von den Rinderbaronen in diesem Teil des Landes benutzt, um ihre Herden zur Eisenbahn und zum Markt zu treiben. Das junge Paar konnte nur versuchen, einen kleinen Bereich für seinen eigenen Gemüsegarten zu schützen. Ständig mußten sie damit fertig werden, daß die Hufe alles rings um ihr Haus und zwischen ihrer Vorderveranda und dem Fluß zertrampelten. Es war fast unmöglich, auch nur ein paar Hühner am Leben zu erhalten.

Das Problem verschärfte sich, als es zwei Jahre lang nicht regnete und der Wasserspiegel dramatisch sank. Die anderen Siedler rangen der Regierung das Verbot ab, Dämme oder andere Bewässerungssysteme im Fluß zu errichten. Die Ernten von Maudes Eltern überlebten nur mit dem Wasser, das eimerweise zu jeder einzelnen Pflanze getragen werden mußte. Sie hatten kein Geld, aus der Gegend wegzuziehen oder sich ein anderes Haus zu bauen. Maude, ihr einziges Kind, besuchte dieselbe Schule und Kirche wie die Willett-Brüder. Vermutlich verliebte sie sich in Howard, als dieser vierzehn war und sie acht. Es gab nicht viele andere Jungen, die ihr die Wahl erschwert hätten. Mit den Jahren ergaben sich keine neuen Aussichten. Als Howards Mutter krank wurde, wurde Maude eingestellt, um für die Familie zu arbeiten. Sie blieb auch noch nach dem Tod der Mutter und auch, als später der Vater starb.

Howard hatte sich Maude gegenüber immer höflich und korrekt verhalten. Er hörte auf zu fluchen, wenn sie den Raum betrat, um seine männlichen Freunde zu bedienen und je nach der Gruppe entweder Tee oder Bier zu servieren. Er machte ihr keinerlei Avancen. Vor seiner Reise nach England war er einmal in die Küche gekommen und hatte, während er sich mit der Haushaltshilfe unterhielt, eine lustige Geschichte erzählt. Maude war sich sicher, daß er ihr zugezwinkert hatte. Als er mit einer jungen Frau aus England zurückgekehrt war, war das für sie eine überraschende und erschütternde Erfahrung gewesen. So blieb es bei mütterlichen Gefühlen ohne Aussicht auf Heirat. Ihr Interesse an dem zweijährigen Geoff war ganz natürlich. Sie konnte sich nicht ganz dazu überwinden, ihn voll zu akzeptieren, weil er eine schwarze Haut hatte, aber sie tat ihr Bestes, damit er beschäftigt war und nicht in Gefahr geriet. Sie glaubte, daß er glücklich sei, wenn er frei herumlaufen konnte, und daß er nichts vermißte, obwohl er weder Mutter noch Familie, noch eine warme Hand hatte, die seine hielt. Er lernte niemals, einen anderen Menschen zu küssen oder zu umarmen.

Als Baby wurde Geoff in einem Hochstuhl gefüttert. Später lernte er, selbst zu essen, indem er auf einen Hocker in der Küche des Haupthauses kletterte und ein herausziehbares Backbrett als seinen eigenen kleinen Tisch benutzte. Er hörte, wie Abram und Noah Matty mit »Mum« und Howard mit »Dad« anredeten, aber ihm brachte man bei, die beiden Farmbesitzer so zu nennen wie alle anderen, nämlich »Ma'am« und »Sir«. Er hatte wenig direkten Kontakt mit den Familienmitgliedern. Gewöhnlich verscheuchten sie ihn wie ein lästiges Insekt. Es gab keine bestimmte Person, die ausdrücklich für ihn verantwortlich war. Da die weiblichen Arbeiter mit den Jahreszeiten kamen und gingen, wechselten die mütterlichen Betreuerinnen ständig. Geoff war immer allein, wenn man sich auch um sein leibliches Wohl kümmerte.

Im Alter von drei Jahren begann er all seine Mahlzeiten mit den anderen Hilfskräften entweder in dem großen äußeren Schuppen oder im Freien unter den Bäumen an grobgezimmerten Picknicktischen einzunehmen. Er liebte es, den Geschichten darüber zu lauschen, was jeden Tag passiert war. Oft gab es Besucher, die zu einer Mahlzeit aus Lammragout, Bratkartoffeln, frischen Gemüsen, Brötchen mit Marmelade und Honig im Austausch für einen Tag Arbeit und einen Schlafplatz vorbeikamen. Fremde erzählten immer faszinierende Geschichten über ferne Gegenden und aufregende Ereignisse. Die meisten Reisenden waren Viehtreiber, Männer allein zu Pferd mit einem Schlafsack und einer Bratpfanne aus Blech, die hinter dem Sattel angebunden waren. Gelegentlich kamen auch Reisende in einem Automobil oder mit Pferd und Wagen, beladen mit angehängten Töpfen und Pfannen, die Krach machten wie ein ungeübter Schlagzeuger. Die Viehtreiber waren manchmal in Begleitung robuster Gefährtinnen, die aussahen, als könnten sie eine gründliche Wäsche und neue Schuhe gebrauchen. Wenn sie Kinder bei sich hatten, wirkten diese äußerst zurückhaltend und versteckten sich während des ganzen Besuchs.

Einmal kamen zwei Kinder für einen Tag mit ihrem Vater zur Arbeit, aber Geoff konnte sie nicht zum Reden bringen. Selbst als der Mann beim Bier saß, Geschichten erzählte und versprach, sich nach Verwandten der Willett-Angestellten umzusehen, um eine Nachricht zu überbringen, standen die Kinder hinter einem Baum und wollten nicht hervorkommen. Sie nahmen nicht einmal Geoffs Angebot zur Kenntnis, ihnen ein paar prächtige, seltene schwarze Kaulquappen zu zeigen. Das war Geoffs erste Erinnerung daran, so traurige Augen gesehen und den lautlosen Jammer eines anderen menschlichen Wesens vernommen zu haben.

Die Farm der Willetts war ein Ort ständiger Betriebsamkeit. Das Haus war drei Stockwerke hoch; im obersten Geschoß gab es sechs kleine Mansardenfenster, die einen riesigen, selten benutzten Ballsaal erhellten. Es war ein eindrucksvolles quadratisches Gebäude mit hohen schmalen Fenstern in den beiden unteren Etagen, jedes mit grünen Holzläden versehen, die man gegen die Sommerhitze und einen möglichen Platzregen in der nassen Jahreszeit schließen konnte. Auf der Vorderseite zog sich eine Veranda von einer Ecke zur anderen, und Stühle aus Europa bildeten zwei getrennte Sitzgruppen für Teepartys. Das Haus war auf allen vier Seiten von leuchtenden

Farben umgeben. Rosen versahen es mit weißen, rosa und roten Tönen. Ringelblumen changierten zwischen heller Zitronenfarbe und blasserem Gelb. Die Zufahrt war ein Kiesweg zwischen fünfzehn Meter hohen Gummibäumen. Hinter dem Haus standen zwei mächtige Wassertanks, deren Wasser zum Trinken, Kochen und für die Wäsche der Familie Willett verwendet wurde. Regenwasser war zu knapp und kostbar für die Tiere oder zur Bewässerung der Felder, und so pumpten tiefe Brunnen eine Flüssigkeit hoch, die nach konzentriertem Schwefel stank. Dieses Wasser wurde für das Vieh und die Felder benutzt. Menschen konnten das Brunnenwasser nicht trinken, aber sie mußten Eier und Fleisch verzehren, die dessen Rückstände enthielten. Tatsächlich herrschte auf dem Anwesen ständig und je nach Jahreszeit ein mehr oder weniger fauliger Gestank.

Das Haus hatte zwölf Zimmer, in denen Staub gewischt werden mußte, fünf Schlafzimmer, die mit frischen Laken zu versehen waren, und immer mehr neue moderne Geräte wurden angeschafft, etwa die erste elektrisch betriebene Waschmaschine. Der Staub war ein Hauptfaktor, mit dem man zu kämpfen hatte. In der Trockenzeit war er so fein, daß er sich kaum entfernen ließ. Er sammelte sich auf Böden und Möbeln und in den Falten von Vorhängen und Handtüchern. Wenn jemand geschlafen hatte, war nach dem Aufstehen auf dem Kopfkissen die saubere Fläche zu erkennen, wo der Kopf gelegen hatte.

Eine tägliche Pflicht war das Auswechseln der Fliegenfänger. In jedem Zimmer hing eine lange Spirale Klebeband von der Decke herab, an der jede Fliege hängenblieb, die sich in ihre Nähe wagte. Die Streifen wurden jeden Morgen ausgewechselt, weil sie am Ende des Tages vollständig von Fliegen bedeckt waren. Die meisten starben schnell, aber Geoff wurde immer traurig, wenn er sah, wie sich auf dem Streifen noch etwas bewegte, wenn er ihn in die Mülltonne warf.

Auf der Rückseite des Haupthauses, hinter den Wassertürmen, lag das übrige Reich der Willetts, fast eine eigene Stadt. Es gab Straßen, wo die Schuppen für Schmiedearbeiten und Reparaturen standen, und solche für die Unterbringung von Maschinen; es gab Schuppen zum Lagern von Lebensmitteln, Quartiere für die Lagerarbeiter, einen Pferdestall, einen Schlafsaal für die Haushaltshilfen, Hundezwinger, Schweineställe, Hühnerställe, getrennte Schlachthäuser für Schweine und Rinder, kilometerlange Reihen von Tierställen. Die Schafe waren in ihren eigenen Gebäuden untergebracht, und in einem anderen Bereich gab es eine komplette Molkerei. Man hatte die Bauten im Laufe der Jahre strategisch sinnvoll plaziert und dazwischen Pfefferbäume gepflanzt, die kostbaren Schatten spendeten.

Die Schafe brauchten Betreuer, die für die Geburt und die Aufzucht der Lämmer und für die Gesundheitskontrolle verantwortlich waren. Die Schersaison erforderte zusätzliche Helfer und war die größte athletische Bravourleistung des Jahres. Insgesamt war eine komplex gegliederte Verwaltung erforderlich, um Anbau, Ernte, Konservierung und Lagerung der Nahrungsmittel zu überwachen, von denen das gesamte Personal und die Familie Willett lebten.

Geoff folgte den Arbeitern und Arbeiterinnen, wenn sie ihre Aufgaben erledigten, und beobachtete alle Facetten des Lebens auf der Farm. Er half, wenn er konnte, und alles machte ihm Spaß – von der Beobachtung der Küken, die aus dem Ei schlüpften, bis zum Mischen der Wurstmasse, die in Tierdärme gefüllt wurde. Niemand beaufsichtigte ihn, und so konnte er manchmal die Känguruhs beobachten, die mühelos die Zäune übersprangen, oder ein grünschwarzes fußballgroßes Emuei stehlen und sich damit abmühen, es nach Hause zu tragen, bis es zerbrach. Fasziniert sah er zu, wie die Termiten hohe Bauten errichteten, Spinnen ihre Netze woben; er fing Eidechsen, Grashüpfer und Libellen. Jedesmal wenn im bewohnten Bereich der Farm eine Schlange entdeckt wurde, hörte er den Leuten aufmerksam zu, bis er den Unterschied zwischen den harmlosen und den tödlich giftigen kannte. Die Warnungen der Erwachsenen kamen immer in barschem Ton, und so machte er sich lieber selbst kundig. Oft wünschte er sich, jemanden zu haben, dem er vom großen Abenteuer seines Tages erzählen könnte, etwa von dem Morgen, an dem er eine kleine Spinne entdeckt hatte, die vor ihm davonlief und in ein Erdloch schlüpfte, das eine richtige Falltür hatte. Oder von der großen haarigen Spinne, die er neben sich entdeckt hatte und die größer war als seine Hand. Auf den Weiden gab es Vögel in allen Farben, die sich mit den Jahreszeiten veränderten. Er lernte, ihr Zwitschern nachzuahmen. Er kannte ihre bevorzugten Futterplätze. Wenn er die Taschen voller Köstlichkeiten hatte, konnte er ein paar vorwitzige Vögel dazu bringen, sie aus seiner ausgestreckten Hand zu picken. Er war mit so großer Geduld und Anpassungsfähigkeit zur Welt gekommen, daß es ihm gelang, sich ganz wie eine Entenmutter zu verhalten, um mit ihren Jungen zu schwimmen.

Er fand heraus, daß er, wenn er an der richtigen Stelle stand, niemandem im Weg war und wenn er sich still verhielt, jede Tätigkeit beobachten konnte, ohne gefragt oder auch nur bemerkt zu werden. In der Schersaison, wenn Tausende von Schafen getrennt und eingeteilt werden mußten, waren viele zusätzliche Leute auf der Farm. Die Küche war voll stampfender Füße, Wasser spritzte, Kartoffelschalen lagen herum, und es roch wunderbar. Das eigentliche Scheren fand in einer großen, eigens dazu bestimmten Scheune statt und war über Tage hinweg ein

Wettbewerb an Schnelligkeit und Geschicklichkeit. Niemand war für Geoff verantwortlich. Keiner sah nach ihm oder erkundigte sich, wo er sei. Tagelang konnte er sich in der Küche Essen holen, wann immer er wollte, sich der lärmenden Menge anschließen oder sich in eine stille Ecke verziehen, um ein Schläfchen zu halten. Er hatte gelernt, in einer Menschenmenge vollkommen allein zu sein.

Er lernte aus Erfahrung, nicht aus Büchern. Eines Tages waren Boden und Luft so trocken, daß die dadurch erzeugte Energie den Himmel verdunkelte, und gleich würde ein ungeheueres Gewitter ausbrechen. Ständig zuckten Blitze durch die schwarzen Wolken. Als Geoff dastand und über ein Feld blickte, ging ein nur wenige Meter entfernter Baum plötzlich in Flammen auf. Die Tiere gerieten in Panik und rannten los, um Schutz zu suchen. Die Luft schien in eine Richtung gesaugt worden zu sein, um dann mit dem Zehnfachen ihrer ursprünglichen Kraft zurückgeschleudert zu werden. Auch Geoff rannte und versteckte sich unter einer Segeltuchplane, die vom Heck eines alten Wagens hing. Das Gewitter dauerte den ganzen Tag, aber es fiel kein Tropfen Regen. Endlich, als der Hunger stärker wurde als seine Angst, rannte er zur Küche. Kein Erwachsener erbot sich, den Kleinen zu trösten, niemand fragte, wo er gewesen sei, aber indem er den Gesprächen zuhörte, erfuhr er, daß das ein trockenes Unwetter gewesen sei. Von Tag zu Tag wurde er selbstgenügsamer.

Geoff liebte die Babylämmer und sah zu, wie sie geboren wurden. Er beobachtete, wie man jedes identifizierte und markierte. Sie blökten, wenn ihre winzigen Schwänze in einen Ring aus dünnem Metall geschlossen wurden, den man dann zuklammerte. Der Ring sollte sich nicht dehnen. Nach ein paar Tagen schwoll der kleine Schwanz an und sah entzündet aus, aber nach einer Weile begann er zu schrumpfen und fiel schließlich ab.

Im Alter von vier Jahren beteiligte er sich an einer der anderen blutigen Torturen – mit dem Ergebnis, daß er monatelang Alpträume hatte: Allen männlichen Lämmern, mit wenigen ausgewählten Ausnahmen, wurden die Hoden entfernt. Es gab Hunderte von Tieren, und für die Arbeit stand nur ein einziger Tag zur Verfügung. Die Arbeiter wandten eine Methode an, die auf Schafsfarmen die gebräuchlichste war: Sie packten jedes Tier, drehten es um und bissen ihm die Hoden ab. Geoffs Aufgabe bestand darin, sie einzusammeln, nachdem die Männer sie wieder ausgespuckt hatten, und in einen Eimer zu legen. Er litt allein, während er tat, was von ihm verlangt wurde. Er hatte niemanden, an den er sich wenden konnte, damit er ihm Antwort auf seine Fragen gäbe. Seine emotionalen Erfahrungen von Mitgefühl oder Entsetzen wurden niemals ausgesprochen oder geteilt.

Am Ende des Tages klebten seine Zehen vor lauter Schlamm und Blut zusammen. Der Arbeiter, der ihn noch am ehesten zu bemerken schien und ihm beistand, war ein Mann namens Roger. Rogg, wie seine Freunde ihn nannten, setzte den kleinen Geoff auf den Picknicktisch und stellte dessen Füße in einen Eimer mit Seifenwasser; er blieb dort über eine Stunde sitzen, bis Rogg sich wieder an ihn erinnerte, mit einem Handtuch kam, um ihn zu befreien, und ihm sagte, er könne gehen. Anscheinend war er zu klein, um sich zu duschen, aber keiner achtete darauf, wie das Kind sich das Blut vom Körper waschen sollte.

Die Schafe bekamen Zotteln, wenn die Exkremente an ihren Hinterteilen in der Wolle kleben blieben, und diese Zotteln zogen Schmeißfliegen an. Geoff wurde angewiesen mitzuhelfen; er mußte die verfilzte Masse festhalten, wenn die Zotteln abgeschnitten wurden. Er mußte beim

Untertauchen der Schafe, das aus medizinischen Gründen vorgenommen wurde, Hand anlegen, und er mußte mit den Hunden laufen, wenn die Herden von einer Weide auf die andere getrieben wurden. Was er schließlich am meisten haßte, war das Schlachten.

Für den kleinen Jungen war diese entlegene australische Farm ein Ort der Wunder und der Schönheit, aber auch ein Ort des Entsetzens, wo kopflose Hühner zu flüchten versuchten, während ihnen das Blut aus dem Hals sprudelte, bis sie endlich zuckend auf dem Boden lagen und starben. An diesem Ort sah er, wie Tiere erschossen, Kehlen aufgeschlitzt und Hoden abgebissen wurden. Dieselben Leute, die diese Taten begingen, winkten ihm, sich zu ihnen zu setzen, wenn jemand Banjo oder Harmonika spielte und alle in die Hände klatschten und Lieder sangen. Manchmal war das sehr verwirrend. Nichts wurde ihm jemals als gut oder schlecht, richtig oder falsch erklärt. Er wußte nur, was ihm Spaß machte und was er nicht mochte.

7

Als Beatrice kaum das Schulalter erreicht hatte, war ihr
Gefühl, alt zu sein, schon so stark, daß sie, nachdem sie
bei einem Faustkampf zwischen zwei älteren Mädchen
vermittelt hatte, mit absoluter Gewißheit wußte, daß ihr
Gesicht sich in das einer alten Frau verwandelt hatte. Sie
brach die Regeln und betrat ohne Erlaubnis die vordere
Eingangshalle. Sie wußte, daß es dort neben dem Man-
telständer einen Spiegel gab, und sie mußte unbedingt
wissen, wie sie aussah. Als sie erkannte, daß ihr Aussehen sich nicht verändert hatte, freute sie sich. Das Gesicht, das ihr entgegenstarrte, war noch immer das einer
Sechsjährigen. Ihre Seele schien zu erwachen, als sie erkannte, daß sie so stark fühlen konnte, daß sie zu etwas
wurde, was sie allem Augenschein nach nicht war. Sie
hatte entdeckt, daß sie in zwei Welten lebte und zwei
Menschen war, und das wurde zu einem gehüteten Geheimnis, das ihr für den Rest ihres Lebens gute Dienste
leistete.

Im Waisenhaus herrschte ein militärisches Regiment.
Die Mädchen wurden angewiesen, gerade und hoch aufgerichtet zu stehen, und mußten ständig marschieren –
zum Essen, zu Bett, zur Kirche, zur Schule, überallhin. Sie
marschierten hinter geschlossenen Türen, in langen Gän-
gen oder auf dem eingezäunten Grundstück im Freien.
Die Armee barfüßiger kleiner Mädchen marschierte gewöhnlich zur Musik, die auf einer aufziehbaren Victrola
gespielt wurde. Es herrschte eine Atmosphäre von »Auf-

stehen, Haltung annehmen, Beeilung, Aufstellung nehmen, Mund halten!«

Für Beatrice war die Kindheit eine Serie von Erinnerungen, die den wirbelnden Rotoren eines Ventilators glichen. Die Schulzimmer, in denen sie die meiste Zeit ihrer Jugendjahre verbrachten, waren langgezogene Räume mit offenen, unverglasten Fenstern auf beiden Seiten. Hölzerne Läden wurden an vorstehende Bretter nach außen gedrückt. Wenn Besucher kamen, war dies stets ein Anlaß, einen elektrischen Ventilator herbeizuschaffen, der die warme Luft sanft umrührte. Auch im Speisesaal gab es einen Deckenventilator, der nicht eingeschaltet wurde, wenn kein Gast zum Tee dablieb.

Das Leben in der Anstalt war so streng geregelt, daß jeder Tag und jedes Jahr im wesentlichen denselben monotonen Ablauf hatten. Es gab nur ein paar Geschehnisse, die sich Beatrice lebhaft eingeprägt hatten.

In dem Sommer, als sie sechs Jahre alt war, war es extrem heiß. Tagelang wehte kein Lüftchen, es gab keinerlei Linderung der Hitze, als habe Gott im Himmel einen elektrischen Schalter umgelegt und alles Leben zum Stillstand gebracht. Der Himmel blieb blaßblau von Horizont zu Horizont; keine einzige Wolke wagte, die makellose Fläche zu durchbrechen. Die Vögel gaben keinen Laut von sich, und der Boden war bereits so trocken, daß er Risse bekommen hatte und sich kleine Höhlen auftaten, in die Beatrice einen Stock hineinwerfen und zusehen konnte, wie er darin verschwand. Schon seit einer Woche waren kein Wurm und kein Käfer mehr ins Freie gekrabbelt, und selbst den Schmeißfliegen schien es zu heiß zu sein, um Beatrice zu belästigen.

Spät am Tag, unmittelbar vor der Glocke, die zum Zubettgehen aufforderte, sah sie zufällig einen alten verbeulten Lieferwagen, der Wasser auf das Grundstück brachte. Er bestand aus einem offenen Führerhaus und einer Ladefläche, und die runde Metalltonne, die das Wasser enthielt, war mit alten Seilen unsicher befestigt. Der Lastwagen war vor dem Bürogebäude geparkt, und niemand bewachte ihn. Sie sah eine Blechtasse, die mit Draht auf einem kleinen Zapfen befestigt war; vermutlich wurde sie von dem Fahrer benutzt, wenn er etwas trinken wollte. Niemand war zu sehen, und mühelos löste Beatrice die Tasse von der metallenen Halterung, hielt sie unter den Hahn und füllte sie. Der erste Schluck schmeckte warm und muffig, war aber dennoch erfrischend, und so trank sie die ganze Tasse leer, dann noch eine, noch eine und dann noch eine. Ihr Herz schlug so schnell, daß sie meinte, jeder, der ihre Brust anschaute, könne es sehen. Sie erlebte ein ganz neues Gefühl, empfand so etwas wie Macht – zum ersten Mal in ihrem Leben. Sie hatte es in der Hand, konnte unbegrenzte Mengen Flüssigkeit trinken, alles, wenn sie wollte. Sie hatte nicht das Gefühl, daß das, was sie tat, verboten wäre, da auf der langen »Du darfst nicht«-Liste von Lastwagen mit Wasser nicht die Rede war. Niemand sah sie. Sie wurde nicht ertappt. Sie machte die rostige Tasse wieder fest und schlüpfte kurz vor der Nachtruhe in den Schlafsaal.

Ein paar Stunden später, in der Dunkelheit der Nacht, erwachte sie von einem warmen, beruhigenden Gefühl, das sich bald in etwas Kaltes, Nasses und Riechendes verwandelte. Sie hatte ins Bett genäßt. Es erschien ihr wie eine Ewigkeit, daß sie so dalag, obwohl es schwierig war, still zu liegen, aber es schien ihr noch schlimmer, mit einer trockenen Stelle ihrer Haut die Nässe zu berühren. Kurz vor der Morgendämmerung wurden der Geruch und das Vergehen entdeckt. Die junge Schwester Margaret mit dem pickligen Gesicht schrie los, als sei ein Feuer ausgebrochen, und weckte alle auf, die im Raum schliefen. Sie schob Beatrice in die Mitte des Ganges zwischen zwei Reihen eiserner Etagenbetten und kreischte, so laut sie konnte: »Du kleine Teufelin, das hast du absichtlich getan! Du wirst es nicht schaffen, daß ich diese Schweinerei saubermache! Das wirst du noch bereuen! Glaub mir, es wird dir leid tun! Du bist vom Teufel erfüllt! Ein Teufelskind!«

Schwester Margaret zerrte sie an den Haaren durch die Tür zu Schwester Agathas Unterkunft und riß die Nonne aus dem Schlaf. Beatrice starrte die alte Frau mit den kurzen weißen Haaren an. Als sie erfuhr, weshalb es zu dem Aufruhr gekommen war, übertrug Schwester Agatha die Verantwortung für die Bestrafung auf Schwester Margaret. Dann legte die Mutter Oberin sich wieder schlafen. Während Beatrice wieder hinausgeschleift wurde, dachte sie einen Augenblick lang nicht mehr an die Strafe für ihr Verbrechen, sondern sagte sich: Wußt' ich's doch, daß sie weiße Haare hat!

Draußen, im hinteren Teil des Grundstücks, gab es zwei Metalltüren, die zu zwei getrennten Erdlöchern führten. Die eine dieser Kammern maß etwa eineinhalb Quadratmeter, die andere einen. In weniger als fünf Minuten fand sich Beatrice – noch immer in der uringetränkten Unterwäsche – zusammen mit ihrem nassen Laken in dem kleineren der von Hand gegrabenen Kerker wieder. Sie hatte die Türen im Hügel schon mal gesehen und von anderen Mädchen gewußt, die verschwunden und manchmal sehr krank zurückgekommen waren und erzählt hatten, sie seien bestraft worden. Sie hatte aber nicht mitbekommen, daß jemals jemand in diese Gräber im Hügel eingesperrt worden wäre. Drinnen war es stockfinster, und es gab keine frische Luft. Wenn sie Wand oder Boden berührte, rieselte die Erde auf sie herunter; also saß sie – wie zu einem Ball zusammengerollt – reglos da und hatte Angst, begraben zu werden, wenn die Höhle zusammenbräche. Sie hielt den Atem an, als etwas über ihr Bein krabbelte, und betete, daß sie nicht von irgendeinem giftigen Geschöpf gebissen werden möge.

Es dauerte nicht lange, bis sie in der abgestandenen, fauligen Luft Atemnot bekam, und sie suchte rings um die Tür nach einem Spalt, durch den frische Luft eindrang, aber es gab keinen. Im Laufe des Tages wurde das unmenschliche Loch zum Backofen, und von dem Gestank mußte sie würgen und sich erbrechen. Es war so heiß, daß sie zusammenbrach.

Als sie nach stundenlangem Weinen und Hilferufen vor Erschöpfung bewußtlos geworden und dann wieder zu sich gekommen war, war ihr Gesicht voller Blasen, weil es gegen die brennendheiße Metalltür gepreßt worden war. Beim Aufwachen fand sie sich auf einer Pritsche wieder, und ein Arzt war da, der ihr sagte, sie müsse an irgendeiner seltenen und wahrscheinlich ansteckenden Krankheit leiden; also würde man alle anderen für dreißig Tage von ihr fernhalten. Während des folgenden Monats durfte niemand sie berühren, ansehen oder auch nur mit ihr sprechen.

Die Lektion, die sie aus dieser Kindheitserfahrung gelernt hatte, war, daß Gottes Rachedurst für die Sünde, zuviel Wasser verbraucht oder am falschen Ort uriniert zu haben, nur durch persönliche körperliche Folter gesühnt werden könnte. Der Mann im Himmel wurde der erste auf ihrer Liste dessen, was Unheil brachte.

Im Alter von sechs Jahren war sie auch aus dem Adoptionsregister gestrichen worden. In gewissen Abständen hatte man ihr ein hübsches Kleid zum Anziehen gegeben, ihre Füße vorübergehend in Schuhe gesteckt und ihr kurzes krauses Haar gebürstet und mit Schleifen versehen, um die Stellen zu verbergen, die sich nicht entfilzen ließen. Hand in Hand wurden die Mädchen anglikanischen Paaren vorgeführt, die sie sorgfältig musterten, als seien sie Ausstellungsstücke. Nachdem eine Frau sich über die entstellende Narbe geäußert hatte, die auf Beatrices verbranntem Gesicht zurückgeblieben war, wurde entschieden, daß es keinen Zweck mehr hätte, sie der Öffentlichkeit zu präsentieren.

8

Geoff war sieben, als er das Zeichnen für sich entdeckte. Er hatte vorher keine Gelegenheit gehabt, Bilder oder Schrift zu sehen. Er sah, daß die Köche sich hin und wieder an geschriebene Anweisungen hielten, wußte, daß der Fahrer, der die Vorräte holte, wöchentlich eine Einkaufsliste erhielt, und er hatte aus der Ferne beobachtet, wie die Willett-Söhne die Seiten von Büchern umblätterten. Er verstand nicht, was da vor sich ging, und es interessierte ihn auch nicht, bis er eine Zeitschrift entdeckte.

Eines Tages folgte er einem jungen Hund, der in den Gemeinschaftsschlafsaal lief, in dem die Betten der Wanderarbeiterinnen standen. Als der Welpe unter einem Bett verschwand, kroch Geoff ihm nach. Da fiel ihm ein Stapel leuchtendbunter Illustrierter ins Auge, und er zog eine davon heraus. Als er die Seiten durchblätterte, war er zutiefst fasziniert von den Orten und Dingen, die auf den Bildern zu sehen waren. Eine Stunde später saß er noch immer da, als Irene, ein Hausmädchen, hereinkam. Sie sah das Kind und lud es ein, sich auf ihr Bett zu setzen, während sie ihm erklärte, was auf jedem der Fotos zu sehen war. Dann nahm sie einen Stift und Papier und schrieb in Druckbuchstaben das Alphabet nieder. Sie sagte zu Geoff, wenn er lesen lerne, könne er allein herausfinden, was die Bilder mit den jeweiligen Artikeln zu tun hätten.

Der Junge fing an, die Buchstaben nachzumalen, wie Irene sie ihm gezeigt hatte, aber bald interessierte es ihn mehr, die Bilder der seltsamen Tiere nachzuzeichnen, die in den Zeitschriften dargestellt waren.

Irene besorgte ihm mehr Papierbögen, und das Kind flüchtete sich in die Welt des Zeichnens. Später an diesem Tag ermutigte sie Geoff, sich auf der Farm umzusehen und die Geschöpfe zu zeichnen, die ihm am besten gefielen. Zwei Tage später fand Irene Geoff auf dem Rasen vor dem Haus und brachte ihm eine Handvoll zerbrochener Farbstifte. Er könne seine Zeichnungen auch bunt machen, erklärte sie ihm und zeigte ihm die Technik, wie man etwas leicht schattiert oder wie dunklere Farbtöne entstehen, indem man mit dem Stift etwas fester aufdrückte.

Offenbar besaß der siebenjährige Aborigine eine natürliche Begabung. Ohne irgendwelche Anleitungen fertigte er Zeichnungen an, die zu rahmen sich gelohnt hätten. Er konnte ein Pferd auf der Koppel beobachten und es dann aus dem Gedächtnis bis auf die kleinsten Einzelheiten wiedergeben. Als Irene ihn darauf hinwies, daß das Pferd nicht allein sei, sondern daß es im Hintergrund Bäume oder auch ein Gebäude zu sehen gebe, nahm er ihre Anregung sofort auf. Automatisch schien er die Größenverhältnisse von Dingen zu begreifen, die man aus der Ferne sieht. Nach nur wenigen erfolglosen Versuchen wurden seine Bilder lebendig. Er brachte sich selbst bei, Schatten und Farbschattierungen zu malen, wie sie seiner persönlichen Einbildungskraft entsprachen. Irene erzählte ihm, daß sie gelesen habe, die Aborigines seien künstlerisch sehr begabt. Er wußte nicht, was sie mit Aborigines meinte, aber er lächelte und akzeptierte ihre Bemerkung, weil sie ihm anscheinend etwas Gutes damit sagen wollte.

Hinten in der Zeitschrift las Irene eine Anzeige, in der es hieß: »Kopiere mich.« Es handelte sich um eine schlichte Strichzeichnung; alle Interessenten wurden aufgefordert, ihre künstlerischen Bemühungen zur kostenlosen Begutachtung an eine Fernschule zu schicken. Irene bat Geoff, die Strichzeichnung nachzumalen, ohne ihm den Grund dafür zu erklären, und schickte die Kopie zusammen mit sechs anderen Zeichnungen unter ihrem eigenen Namen an die Fernschule ab.

Irene war selbst noch ein junges Mädchen, erst siebzehn Jahre alt. Sie war eines von zwölf Kindern, die zur Sippschaft der Foleys gehörten. Sie war an harte Arbeit gewöhnt, half, ihre Brüder und Schwestern großzuziehen, arbeitete im Haushalt und im Garten mit. Als die Willetts einmal erwähnten, sie brauchten ein Dienstmädchen und würden einen Lohn plus Kost und Logis zahlen, boten die Eltern Foley ihnen bereitwillig ihre Tochter an. Irene hatte nichts dagegen. Die Arbeit war leichter als zu Hause, aber sie vermißte ihre kleinen Geschwister. Sie hatte Geoff über das riesige Anwesen laufen sehen, aber bis auf gelegentliche Grüße im Vorbeigehen bis dahin nicht mit ihm gesprochen. Sie wußte genug über die Fähigkeiten von Kindern, um zu erkennen, daß er eine außergewöhnliche Begabung zum Zeichnen hatte.

Die Antwort der Fernschule traf sechs Wochen später ein, gerade, als im Haushalt der Willetts eine folgenschwere Entscheidung über Geoffs Zukunft getroffen wurde. Ein amerikanischer Geistlicher, Albert Marshall, und seine Frau Nora besuchten Australien und waren von Reverend Willett nach Sydney geschickt worden, seinen Bruder Howard auf seiner Farm zu besuchen. Die Marshalls hatten erwogen, ein einheimisches Waisenkind zu adoptieren, wollten aber nicht mit einem Säugling reisen. Sofort hatte man an Geoff gedacht. Er war ein ruhiges Kind, selbstgenügsam, machte keine Schwierigkeiten und brauchte eine Ausbildung. Die Willetts und die Marshalls saßen im Salon und diskutierten diese

Möglichkeit genau an dem Abend, an dem Irene eine glänzende Beurteilung der vermeintlich von einem Erwachsenen stammenden Zeichnungen erhalten hatte, die sie eingesandt hatte.

Irene rief Geoff in die Küche, um ihm mitzuteilen, die Kunstschule finde, dieser Künstler solle Unterricht erhalten, um sein natürliches Talent weiter zu fördern, und habe ein Geschenk geschickt. Die Schule konnte nicht wissen, daß die Zeichnungen das Werk eines Siebenjährigen waren. Das an Irene gerichtete Geschenk war eine Metallschachtel in bunten Farben, die zehn Farbstifte, einen Pinsel und zehn Näpfchen mit Wasserfarben enthielt. Geoffs Augen wurden so groß wie Hühnereier, als Irene ihm die Schachtel gab und sagte, die gehöre ihm. Begeistert öffnete er sie und starrte auf die leuchtenden Farben und das leere Papier, das Irene ihm anbot.

Geoff saß auf seinem Lieblingshocker – eine Untertasse mit Wasser neben sich – und erkundete gerade die Welt der Wasserfarben, als er in den Salon gerufen wurde. Fest hielt er seinen Preis und ersten persönlichen Besitz umklammert, als er langsam in den rottapezierten Raum mit seinen polierten Böden und dickgepolsterten Möbeln ging. Er bewegte sich vorsichtiger, als wenn er sich einer unbekannten Schlange genähert hätte. Die Marshalls stellten sich vor, und Nora hielt ihn fest an der Schulter, als sie seinen Kopf tätschelte. Als sie fragten, was er da in der Hand hätte, lockerte er widerstrebend den Griff und öffnete den Deckel der Metalldose, um die bunten Juwele vorzuzeigen. Der Preis wurde schnell mit einem »Ach, das ist ja nett, ja, das ist nett« abgetan. Und zu seiner großen Erleichterung wurde er auch bald entlassen.

9

Freda kam ins Waisenhaus, als Beatrice sieben war. Da sie in diesem Jahr der sechste Ankömmling war, erhielt sie einen Namen mit »F«, obwohl sie schon neun war und die ganze Zeit anders geheißen hatte. Von den Regeln der Verwaltung gab es keine Ausnahmen. Freda war langsam, ihr ganzer Körper bewegte sich träge, und sie sprach zögernd und stotternd. Beatrice war das einzige Mädchen im Haus, das ihr seine Freundschaft anbot. Die beiden entwickelten ein echtes schwesterliches Verhältnis zueinander. Freda war in der Lage, ihre Schulaufgaben zu machen, wenn Beatrice den Stoff immer wieder fleißig mit ihr durchnahm, und so zu vermeiden, durch Essensentzug oder Schläge mit einem Lineal auf die Handflächen bestraft zu werden. Sie waren beide sehr stolz, als Freda es endlich geschafft hatte, etwas auswendig zu lernen.

Alle Mädchen mußten für die Erstkommunion die Gebete und die Fragen aus dem Katechismus auswendig lernen. Einmal fragte Beatrice im Unterricht, was der Begriff »Heiliger Geist« bedeute.

»Die Dummheit deiner Freundin färbt auf dich ab«, rief die Nonne, die den Unterricht hielt, ärgerlich und angewidert. »Geh und setz dich in die Halle, bevor du noch jemanden ansteckst.«

Der Gang zur Erstkommunion war etwas, das niemals in Frage gestellt wurde. Kirchenregeln und Hausordnungen waren peinlich genau zu befolgen und nicht einen

Augenblick lang anzuzweifeln. Freda schaffte es nicht, die Antworten aus dem Katechismus schnell genug aufzusagen, obwohl sie sie gut beherrschte, und so durfte sie Leib und Blut Jesu nicht empfangen. Die Mädchen glaubten, sein toter Körper werde vom Kreuz genommen, und dann werde aus einem Teil davon ein Laib Brot gemacht. Der konnte dann in hauchdünne Waffeln geschnitten und ihnen bei der Erstkommunion vom Priester sanft auf die ausgestreckte Zunge gelegt werden.

Bei der täglichen Messe trugen die Mädchen kleine schwarze Schleier auf dem Kopf, aber für die Erstkommunion erhielten sie weiße. Es war eine Demütigung, nach dem Kommunionsalter noch mit einem schwarzen Schleier dazusitzen, aber Freda trug das erniedrigende Kennzeichen mit nur gelegentlich bebenden Lippen.

Eines Tages entdeckte Beatrice, daß Freda anscheinend singen konnte, ohne zu stottern. Zusammen entwickelten sie eine Methode, bei der Freda lautlos im Kopf Melodien summte, während sie sprach. Obwohl ihre Rede noch immer ab und zu stockte, war sie bald in der Lage, sich direkter und klarer mitzuteilen. Im folgenden Jahr bestand sie die mündliche Prüfung. Zweifellos war es einer der Höhepunkte ihres ganzen Lebens, als sie endlich den weißen Schleier für die Kapelle erworben hatte.

Freda unterschied sich im Aussehen von den übrigen Waisenkindern. Sie war groß, wog ein paar Pfund zuviel und hatte glattes rötlichbraunes Haar. Ihre Haut war erheblich heller, und ihre Augen waren sehr grün. Beatrice konnte nie verstehen, warum ihre Freundin vom erwachsenen Personal der Schule so verachtet wurde. Man bezeichnete sie so oft als »die Dumme«, daß die Beschimpfung zu einem Namen wurde, den sie schließlich akzeptierte. Beatrice war der einzige Mensch, der Fredas richtigen Namen benutzte. Freda konnte nicht gut sehen, weder in der Ferne noch in der Nähe. In all den Jahren bei den Barmherzigen Schwestern sah Beatrice niemals, daß ein Kind eine Brille bekam. Brillen galten als zu großer Luxus für Waisenkinder.

Der Zaun rund um das Waisenhaus bestand aus Maschendraht. Man hatte dort große Büsche gepflanzt, die das Metall bald auf beiden Seiten mit dichtem, einige Meter dickem Blattwerk bedeckten. Die Erde in diesem Teil Australiens hatte einen so hohen Mineraliengehalt, daß fast alles wuchs, wenn es genügend Wasser bekam. Das Grün machte den Schulhof hübscher, wenn die Besucher ihn besichtigten. Ansonsten war die Anstalt nahezu ausbruchssicher. Die Barmherzigen Schwestern wagten sich nur selten auf den Schulhof. Sie schienen die direkte Sonne zu meiden. In der Pause begnügten sie sich damit, die Tür aufzuschließen, damit die Schülerinnen in einer Reihe hinausmarschieren konnten.

An einem Augusttag hörte Beatrice in der äußeren Ecke des Hofs ein leises Wimmern. Zusammen mit Freda krabbelte sie unter die Büsche, und sie entdeckten auf der anderen Seite des Zauns einen sandfarbenen Hund. Er hatte eine Schußwunde am Hals und war anscheinend hierhergekrochen, um in Ruhe zu sterben. Die beiden Mädchen sprachen darüber, ob sie einen Erwachsenen holen sollten, damit er dem Tier helfe. Sie kamen aber gemeinsam zu dem Schluß, daß diese den Hund sofort töten würden. Am Nachmittag gelang es Beatrice, in einem Lehrbuch nachzuschlagen und den Hund als wilden Dingo zu identifizieren.

Jedes Mädchen war verantwortlich für einen Blechteller, eine Blechtasse, eine Gabel, einen Löffel und ein Messer. Nach dem Essen stellten sie sich in einer Reihe auf, spülten ihr Gedeck in einem Wasserbehälter, trockneten es ab und stapelten es dann zum weiteren Gebrauch auf einem Tisch. Abfälle waren nicht gestattet. Jede Schülerin aß alles, was auf ihrem Teller war. Wenn einmal etwas übrigblieb, wurde es für die nächste Mahlzeit aufgehoben.

An diesem Abend steckten Freda und Beatrice sich ein paar Bröckchen von dem Essen in ihre Taschen. Sie schafften es sogar, eine leere Suppendose zu stibitzen, als sie mit dem Abwaschen der Töpfe und Pfannen an der Reihe waren. Als sie vor dem Schlafengehen noch einmal auf den Hof hinausdurften, stand Freda Wache, und Beatrice stellte die Büchse mit Wasser und das Essen durch die Öffnung im Maschendraht dicht neben den Kopf des Hundes. Das arme Geschöpf rührte sich nicht und gab auch keinen Laut von sich, aber Beatrice bemerkte, daß es noch atmete.

Als sie am nächsten Tag nach dem Tier sahen, das sie inzwischen als ihren Patienten betrachteten, war die Büchse umgestoßen worden und das Essen verschwunden. In der Wölbung zwischen den Beinen des wilden Dingos lagen drei neugeborene Junge.

Die Jungen verschlimmerten die Situation noch. Freda und Beatrice beschlossen, sich drei anderen Schülerinnen anzuvertrauen und sie um Hilfe zu bitten, die einen Tag alten Welpen zu versorgen und zu beschützen. Das wurde zu einem großen Abenteuer. Sie schafften es sogar, eine Flasche Jod hinauszuschmuggeln, und Beatrice gelang es, etwas davon in die Schußwunde des Dingos hineinzuträufeln. Sie mußten die Mutter füttern und tränken, abwechselnd die Geräusche der unruhigen Jungen übertönen und beten, daß die Mutter gegen alle Wahrscheinlichkeit irgendwie lange genug durchhalten würde, um ihren Nachkommen eine Überlebenschance zu geben. Tag für Tag lag die Hündin unter dem Busch. Einmal sah ihr Kopf aus, als sei Reis darübergestreut worden. Beatrice griff durch den Zaun und nahm etwas davon in die Hand. Es bewegte sich. Maden hatten sich in der schwärenden Wunde ausgebreitet. Fünf Wochen lang verharrte die arme Hündin in der gleichen Stellung und mühte sich ab, zu fressen und zu trinken und am Leben zu bleiben, um ihre Babys zu stillen. Die Jungen waren inzwischen so laut geworden, daß die Mädchen sie nicht mehr verstecken konnten, und Schwester Margaret entdeckte sie. Sofort befahl sie einem Kind, ihr einen Karton zu bringen, und legte alle drei kleinen Dingos hinein. Die Mädchen dachten, das sei das Ende ihrer vierbeinigen Freunde, und sie würden sie nicht wiedersehen – aber sie ahnten nicht, wie sehr sie sich irrten.

Nach dem Essen an diesem Abend ließ Schwester Margaret die fünf Mädchen zu sich kommen, nachdem sie sie gezwungen hatte, die Namen aller Beteiligten zu nennen. Sie wurden in die Waschküche geführt, wo die Welpen in einer Apfelsinenkiste in der Mitte des Raums lagen. Schwester Margaret wies Beatrice an, den Waschzuber mit Wasser zu füllen. Freda mußte aus einer Ecke einen Mehlsack holen, einen großen Stein hineinlegen und den Sack aufhalten, während jedes der drei Mädchen einen Welpen hineinsteckte. Dann band Schwester Margaret den Sack mit einer Kordel zu und warf ihn ins Wasser. Die Welpen kämpften und jaulten, als der weiße Stoff auf den Grund sank. Eine Ecke davon kam wieder an die Oberfläche. An den Geräuschen und Bewegungen erkannten die Mädchen, daß die drei winzigen Wesen mehrere Minuten lang kämpften und zappelten, um an die Oberfläche zu gelangen und am Leben zu bleiben. Angewidert ging Schwester Margaret schließlich in die Küche und kam mit einem schweren eisernen Topfdeckel zurück. Sie rollte ihren langen schwarzen Ärmel auf, streckte den unheimlichen, geisterhaft bleichen Arm aus, drückte den Deckel auf den Sack und zwang ihn auf den Boden des Zubers. Dabei sprach sie die ganze Zeit über zu den Mädchen, aber es war eher ein Geplapper als eine Rede. Unablässig faselte sie über wilde Kreaturen, gefährliche, infizierte Geschöpfe und über Jesus, der versuchte, ihre bösen wilden Seelen zu retten. Überhaupt: Für die Nachkommen wilder Völker wäre es besser, sie wären nie geboren.

Endlich führte sie vier der Mädchen nach draußen, damit sie ein Loch für die toten Welpen grüben. Beatrice mußte den schweren tropfenden Sack tragen. Freda blieb drinnen, um den Boden zu wischen. Mit jeder Schaufel Erde, die das Loch größer machte, empfand Beatrice mehr Haß auf diese Frau, doch damals kannte sie nicht einmal das Wort »Haß«. Sie spürte nur das Gefühl.

Anschließend wurde den Mädchen aufgetragen, die Aufgabe zu vollenden, indem sie das Muttertier töteten und mit den anderen begruben. Als Beatrice unter den Busch kroch, war die Hündin bereits tot. Beatrice war dankbar, daß sie ihren Überlebenskampf selbst aufgegeben hatte. Das Muttertier wurde auf den Sack mit den ertrunkenen Welpen gelegt, und die Mädchen mußten das Loch wieder zuschaufeln. Das Geräusch der Erde, die mit jedem Schwung der Schaufel auf den Körper des Tiers fiel, war eine unvergeßliche Erinnerung.

Diese Dingohündin war Beatrices einzige echte Erfahrung mit einer Mutter und ihren Kindern, da keine der Waisen sich an eine Familie erinnern oder davon erzählen konnte. Die tote Hündin wurde zu einer Heldin, und Schwester Margaret war natürlich der Schurke.

10

Am Morgen, nachdem der siebenjährige Geoff die Bekanntschaft von Reverend und Mrs. Marshall gemacht hatte, fand Matty Willett ihn schlafend an seinem Lieblingsplatz, einem Heuhaufen in der Ecke einer der Scheunen. Noch immer umklammerte er seinen neuen Malkasten. Sie weckte ihn auf und sagte ihm, er werde nach Amerika fahren. Er hatte das Wort noch nie gehört; es bedeutete ihm nichts. Am gleichen Tag wurde Irene angewiesen, dafür zu sorgen, daß er sich im Baderaum der Männer duschte. Dann bekam er einige Kleidungsstücke, aus denen die Willett-Jungen herausgewachsen waren. Zum ersten Mal wurden seine Füße in Schuhe gesteckt, die er als sehr unbequem empfand. Als Geoff zu weinen begann, erklärte Irene ihm, Schuhe täten jedem, der sie trage, immer weh, aber er sah keine anderen Leute, die darüber weinten. Er wäre jetzt fast erwachsen – er war sieben –, und deshalb müßte er einfach das Notwendige akzeptieren, den Schmerz aushalten und still sein.

Das wollte er tun.

Irene gab ihm ein in buntes Papier gewickeltes und mit einer Schleife zusammengebundenes Geschenk, als Rogg und einige andere Arbeiter der Farm ihm Lebewohl sagten. Die kleine Gruppe winkte, als er, Reverend Marshall und Nora abfuhren. Geoff fragte, was Amerika sei und wann er zurückkomme, aber er bekam keine Antwort. Während sie im Auto fuhren, überraschte ihn Nora, indem sie ihm sagte, er solle die Schleife abnehmen und in das Geschenkpäckchen schauen. Geoff hatte gar nicht daran gedacht, das Geschenk könne etwas anderes sein als dessen hübsches Äußeres. Er sah zum ersten Mal eine verpackte Gabe. Zu seinem Entzücken entdeckte er, daß Irene ihm einen großen Zeichenblock besorgt hatte. Stolz trug er den und seinen Malkasten vom Auto zum Bahnhof.

Der örtliche Bahnhof war nur ein kleiner Raum mit einem Fahrkartenschalter auf einer Seite und mehreren langen Bänken, auf denen in größeren Abständen einige Leute saßen. Die Wartezeit, bis der Zug eintraf, war kurz. Geoff hatte noch nie etwas Technisches gesehen, das so groß war, Rauch ausstieß und solchen Lärm machte. Die riesige schwarze Lokomotive, die Personen- und Fracht-waggons zog, donnerte über die Schienen an ihm vorbei und hielt dann etwas weiter entfernt. Er war erstaunt, daß die Reihen der runden Räder höher waren als sein Kopf. Die Zugfahrt dauerte den ganzen Tag und einen Teil der Nacht. Die Marshalls saßen einander auf doppelt breiten Sitzen gegenüber, und auch Geoff hatte einen ei-genen Sitzplatz. Es war aufregend, aus dem Fenster zu schauen und die Welt vorbeihuschen zu sehen. Aber es bereitete ihm ein unbehagliches Gefühl im Magen. Er vertrieb sich die Zeit, indem er das Porträt eines bärtigen Mannes zeichnete, der auf der anderen Seite des Ganges in seinem Sitz hing und schlief. Spät in der Nacht er-reichten sie ihr Ziel und betraten einen anderen Bahnhof.

Das Innere dieses zweiten Bahnhofs, zusammen mit der Erfahrung, hinter zwei Leuten herzugehen, die sich weiterhin benahmen, als sei er ein Fremder, ließ den klei-nen Geoff zittern, als stehe er irgendwo in der Kälte. Die-ser zweite Bahnhof war der riesigste Raum, den er jemals gesehen hatte. Die Decke war so hoch, daß er sich nicht vorstellen konnte, wie sie gebaut worden wäre. Er schaute zu den dicken schwarzen Eisenpfosten auf, die

die Decke stützten, und hoffte, sie würden das Dach weiterhin tragen, bis er sicher darunter hindurchgegangen wäre. Hunderte von Leuten schienen in dem Bahnhof herumzulaufen, die meisten in Eile. Die einzigen, die stillstanden, waren einige Personen, die sich unter einer hohen Tafel versammelt hatten. Dort stand ein Mann mit einer flachen rotgestreiften Mütze auf einer hohen schwankenden Leiter. Er wechselte die vier Reihen von Zahlen auf der Tafel aus. Eine gab die Zugnummer an, die nächsten die Zeiten von Ankunft und Abfahrt. Die letzten Zahlen wiesen die Leute zum Einsteigen auf einen bestimmten Bahnsteig. Reverend Marshall verkündete, sie müßten nun nach draußen gehen und eine Fahrgelegenheit zum Kai suchen.

Sie fuhren in einem Taxi zum Pier, wo Geoff ein Schiff sah, das noch größer war als die Lokomotive. Er zögerte, folgte aber schließlich, als sie eine lange Rampe hinauf und an Bord des Schiffes gingen. Mit jedem Kilometer im Auto, im Zug und jetzt auf einem Schiff begriff er deutlicher, daß er von seinem Zuhause weggebracht wurde. Seine Füße schmerzten sehr während der ersten paar Stunden in den Schuhen. Danach wurden sie taub. Keiner schlug ihm vor, er solle das schmerzende und hinderliche Leder ablegen, und so fühlte er sich vom Gehen mit den tauben Füßen fast wie verkrüppelt.

Alles, was geschah, verwirrte ihn. Er litt körperlich und seelisch, aber er konnte nicht weinen. Statt dessen widmete er sich seiner neuen Liebe zum Zeichnen. Am zweiten Tag auf See war er beim letzten sauberen Zeichenblatt angelangt. Er wandte sich an Reverend und Mrs. Marshall, die in Deckstühlen saßen und Bücher lasen, und fragte nach noch mehr Papier. Nora erinnerte ihn an die neue Regel: das neue Wort »bitte«. Er fügte seiner Frage eine Bitte hinzu und erhielt zur Antwort, sie »werde sehen, vielleicht später«. Am Abend, als er seinen

Malkasten unter die Pritsche schob, die am Fußende des Doppelbetts stand und auf der er schlief, fragte er noch einmal. Und die ersten Worte, die er am Morgen beim Aufwachen äußerte, waren dieselbe höfliche Bitte.

Mrs. Marshall war beeindruckt davon, wie gut das Kind zeichnen konnte, aber ihr Mann hielt das für Zeitverschwendung. Der Junge solle statt dessen Lesen und Schreiben lernen. Für einen schwarzen Künstler gebe es keinen Platz auf der Welt. An diesem Nachmittag, als Geoff zum fünften Mal nach mehr Papier fragte – »bitte« –, nahm Reverend Marshall den Malkasten, ging zur Reling und warf ihn über Bord. Die bunte Metallschachtel drehte sich in der Sonne und platschte schließlich in den weiten blauen Ozean – Geoffs Welt ging mit ihr unter und sank auf den Grund des Meeres. Die Beziehung zwischen ihm und Reverend Marshall würde sich von diesem Schlag nie mehr erholen.

Der Reverend und seine Frau meinten es gut. Sie sahen die Adoption als etwas an, das jemandem, der sonst Analphabet geblieben wäre, eine Ausbildung und eine Chance bot, aber am wichtigsten war es ihnen, seine Seele zu retten. Sie glaubten, sie retteten Geoff vor einer armseligen Existenz und dem Feuer der Hölle.

In Geoffs Augen sah das ganz anders aus. Es war ja offenkundig, daß er nicht dazugehörte. Zu Anfang verstand er nicht, warum seine neuen Eltern ihn nicht zu mögen schienen. Er wußte nicht, daß er anders war. Am dritten Tag auf See wies eine neue Bekannte von Nora auf seine dunkle Haut hin, während alle anderen hell seien. Das war Geoff schon bewußt, aber er faßte das genauso auf wie Größen- und Farbunterschiede in seinen Zeichnungen. Etwas war nicht gut oder schlecht, es war einfach so. An diesem Tag wurde ihm bewußt, daß manchen Leuten die Farbe anscheinend wichtig war. Später in dieser Woche versuchte dieselbe Frau, ihm die Wörter »Mutter«, »Vater«, »Sohn« und »Familie« zu erklären, aber all diese Wörter sagten ihm nichts. Ihre Beschreibung war nicht das, was er erlebte.

Ein paar Tage später kam die Familie in den Vereinigten Staaten an, wo sie von einem Theologiestudenten abgeholt wurde, der den Auftrag hatte, sie nach Hause nach Vermont zu fahren. Einen Tag später hielt der Wagen vor einem kleinen gelben Landhaus, das vorne und hinten von einem Zaun umgeben war. Nora hatte das Haus mit karierten Sesselbezügen und weißen Raffgardinen an allen Fenstern dekoriert. Es war ein hübscher Anblick. Das kleine Haus roch auch gut, weil die hilfreichen Gemeindemitglieder einen Tisch mit Früchten und frischgebackenen Keksen und Muffins gedeckt hatten. Geoff wurde in ein Zimmer geführt, das als Büro und Gästezimmer diente. Man sagte ihm, es werde für ihn hergerichtet. Da er noch nie einen Platz für sich allein gehabt hatte, wußte er nicht, was ihn erwartete, und so war er nicht enttäuscht, als das Zimmer in den folgenden Tagen unverändert blieb.

Seine neue Familie und sein neues Zuhause hatten in vieler Hinsicht eine ähnliche Atmosphäre wie die Farm der Willetts. Wieder war er sich selbst überlassen. Er blieb den ganzen Tag im Freien und kam nur zu den Mahlzeiten herein. Oft wurden ihm zum Lunch auch nur ein Sandwich und ein Glas Milch in den Apfelbaum gereicht, wo er hoch oben auf dem dicksten Ast saß und sich in der Nachbarschaft umschaute. Ein- oder zweimal wagte er sich aus dem hintersten Tor hinaus und erforschte die Gasse und die benachbarten Höfe, aber Nora entdeckte ihn da und schimpfte, weil er das Grundstück verlassen hatte. Wie früher fand er wieder Gesellschaft bei den Vögeln; Eichhörnchen und eine streunende Katze wurden weitere Spielgefährten von ihm.

Einen Monat später, als seine neue Mutter ihn zum

Schulbesuch anmeldete, wußte er, daß etwas nicht stimmte. Zum ersten Mal hielt sie seine Hand. Dann erklärte sie, ohne ihn anzusehen, der Sekretärin der Grundschule, er sei nicht wirklich ihr Sohn, sondern ein adoptierter Aborigine. Zum ersten Mal hörte er davon, er sei von seinem eigenen Volk und seiner eigenen leiblichen Mutter nicht gewollt und verlassen worden. Nora betonte die Tatsache, daß er nirgends erwünscht gewesen sei. Die Willetts hätten ihn zu sich genommen, und jetzt sorgten sie und ihr Mann für ihn. An diesem Tag begann er, die Frau des Geistlichen statt Ma'am bei ihrem Vornamen – Nora – zu nennen. Niemand schien den Unterschied zu bemerken. Reverend Marshall wurde immer mit Sir angeredet.

Geoff vergrub die Worte »australischer Aborigine« tief in seinem Gedächtnis. Er empfand Bitterkeit gegenüber seinen leiblichen Eltern. Er glaubte, was man ihm gesagt hatte: Sie hatten ihn bei seiner Geburt abgelehnt.

Zehn Monate nach Geoffs Adoption bekamen die Marshalls einen Sohn, zehn Monate danach einen zweiten Jungen. Die Atmosphäre im Haushalt und in der Kirche veränderte sich. Er wurde Zeuge, wie die beiden ihren leiblichen Söhnen liebevolle und fürsorgliche Eltern wurden. Seine Einsamkeit nahm zu. Als erst ein Baby da war, schlief es im Zimmer der Eltern. Bei der Ankunft des zweiten Kindes wurde Geoffs Zimmer zum Kinderzimmer der beiden Söhne, und er bekam ein Bett, eine Kommode, einen Stuhl und eine Lampe in einer Ecke des Kellers.

Reverend Marshall fing an, einzelnen Mitgliedern der Gemeinde die beiden Babys vorzustellen und dann hinzuzufügen: »Und das ist Geoff, unser adoptierter Bruder des Herzens.« Diese Aussage verstand Geoff nie. Manchmal sagte der Geistliche auch noch: »Wir geben uns große Mühe, seine Seele zu retten, bitte beten Sie für ihn und die anderen Wilden überall auf der Welt!«

Als Geoff neun war, fand er in der Schulbücherei eine sehr hilfsbereite Bibliothekarin, Mrs. O'Neal. Sie erklärte ihm, ihre Vorfahren seien aus Irland, und es sei wichtig, daß die Menschen etwas über ihre Wurzeln lesen. Sie fand zwei Bücher über Aborigines und schlug Geoff vor, er solle sich die ausleihen und in seiner Freizeit lesen. Geoff nahm die Bücher mit nach Hause, und als an diesem Abend alle schliefen, schaltete er eine Lampe ein und begann zum ersten Mal mit dem Versuch, etwas über seine Abstammung zu erfahren. Die Lehrbücher sagten absolut nichts darüber, daß das Land beschlagnahmt worden wäre oder daß die Menschen gezwungen worden wären, sich einer fremden Herrschaft zu unterwerfen. Sie beschrieben sie als Primitive, die wenig Kleidung trügen, sich von Insekten ernährten und ein elendes Leben führten.

Geoff las das mit sehr gemischten Gefühlen. Er fand wenig in den Büchern, um so etwas wie Stolz auf sein Volk zu entwickeln. Zwar gehörte er nicht richtig zur Familie der Marshalls, aber es erschien ihm immer noch besser, als wenn man ihn bei den Aborigines gelassen hätte.

11

An einem warmen Tag im Jahre 1945, als Freda elf und Beatrice neun war, wurde den Schulkindern etwas sehr Seltenes geboten: Sie durften das Grundstück zu einem Ausflug verlassen und wurden in eine parkähnliche Landschaft an einem nahen Fluß geführt. In den meisten Jahren gab es dort fast kein Wasser, aber diesmal hatte es mehrere Monate lang geregnet. Das Rinnsal war zu einem Fluß angeschwollen und an den meisten Stellen eineinhalb bis zwei Meter tief. Es gab auch zahlreiche tiefere Stellen, an denen das Wasser Strudel bildete. Gegen Mittag entdeckte ein fünfzehnjähriges Mädchen, Hannah, in einiger Entfernung einen alten Baumstumpf direkt am Ufer. Mehrere andere Mädchen folgten ihr, um sie ins Wasser springen zu sehen. Obwohl keine von ihnen jemals Schwimmen gelernt hatte, begriffen sie rasch, daß man es durch einfache Bewegungen mit Armen und Beinen schaffen konnte, wieder ans Ufer zu kommen. Es sah aus, als würde es großen Spaß machen. Ein Mädchen nach dem anderen faßte den Mut, es auszuprobieren. Selbst Beatrice mit ihrer frühen Erinnerung daran, wie sie im Badewasser fast ertrunken wäre, konnte der Erregung nicht widerstehen, etwas auszuprobieren, das aussah, als würde es mehr Spaß machen, als sie je erlebt hatte. Es war faszinierend und tat nur ganz wenig weh, als das Wasser ihr in die Nase drang.

Freda stand in der Reihe und wollte es auch versuchen. Die Gruppe sah zu, wie sie hineinsprang, und wartete darauf, daß Fredas Kopf wieder an die Oberfläche auftauchte, aber er kam nicht. Beatrice wußte nicht, was sie tun sollte. Sie sprang sofort hinterher. Beim Untertauchen tastete sie umher und versuchte, ihre Freundin unter Wasser zu ergreifen. Sie fand sie nicht, und sie war nicht erfahren genug, um zu wissen, wie sie sich im Wasser halten und ihre Suche fortsetzen könnte. Es fiel ihr schon schwer, wieder ans Ufer zu kommen. Hannah rannte los, um Hilfe zu holen. Eine der Schwestern, die sich ärgerte, weil sie ihr Krocketspiel unterbrechen mußte, ging widerstrebend zu dem alten Baumstumpf und begann Fragen zu stellen. Wären die Mädchen denn sicher, daß sich jemand im Wasser befinde? Wer sei es? Wie lange sei das dumme Ding schon unter Wasser?

Die fromme Schwester entfernte sich wieder und kam endlich mit zwei anderen Nonnen zurück. Nach ungefähr zwanzig Minuten riefen sie alle Schülerinnen zusammen und sagten ihnen, sie sollen weggehen. Alle wurden angewiesen, nach Hause zu marschieren. Beatrice konnte Freda nicht im Wasser lassen. Sie schrie und kreischte und versuchte, wieder ins Wasser zu steigen, doch sie erntete nur Ohrfeigen dafür und wurde zum Aufbruch gezwungen.

Wochen vergingen, bis Beatrice nachts wieder durchschlafen konnte. Sie hatte schreckliche Träume von Freda, die um Hilfe schrie, während sich ihr Mund mit Wasser füllte. In ihren Alpträumen verschmolzen die Welpen in dem weißen Sack und ihre beste Freundin, die um sich schlug und um Hilfe schrie, miteinander.

Einige Zeit später hörte Beatrice Schwester Agatha sagen, die Verstorbene sei gefunden worden; ihre Füße hätten im tiefen, dicken Schlamm festgesteckt. Danach wurden Beatrices Träume noch schlimmer. Jede Nacht wurde ihr Schlaf von der Vorstellung gestört, wie Freda im Schlamm um ihr Leben kämpfte, während ihr Mund, ihre Augen und Ohren sich mit Wasser füllten und ihre Füße von riesigen Felsblöcken gefesselt waren.

Niemand vom Verwaltungspersonal nahm den Verlust ihrer besten Freundin überhaupt zur Kenntnis. Es gab weder einen Trauergottesdienst noch eine sonstige Gedenkfeier. Beatrice lernte zu akzeptieren, daß die traditionellen christlichen Handlungen für Wilde nicht vorgesehen waren.

Nachts sprach sie mit ihrer toten Schwester und erzählte ihr von ihrem Tag. Endlich träumte sie von Fredas Erlösung: Freda flog mit weißen Schwingen in den Himmel hinauf. Beatrice spürte weiterhin ihre Gegenwart, vor allem, wenn sie einen bestimmten weißen Vogel sah, der sich in der Pause auf den Zaun setzte und zwitscherte und an vielen Abenden über den Schulhof flog.

Jedesmal wenn ein neues Mädchen im Heim ankam, nahmen die Nonnen ihr alle persönlichen Habseligkeiten weg, verbrannten ihre Kleider und schnitten ihr das Haar. Zum Haareschneiden wurde der Neuzugang auf einem hohen Holzstuhl auf dem Gang vor dem Büro der Oberin festgeschnallt. Binnen dreißig Minuten nach der Ankunft konnten die Waisenkinder mit dem Schauspiel rechnen, wie das neue schreiende Kind gefesselt wurde und sich sein Aussehen dramatisch veränderte. Beatrice lernte, daß dies eine Gelegenheit war, sich mit neuen Mädchen anzufreunden. Mit den Jahren spürte sie allmählich, wie einzigartig jede war, aber auch, wie alle in der Gruppe durch ihre Bedürfnisse und Gefühle aneinander gebunden waren. Dennoch betrachtete sie nie wieder ein anderes Mädchen als ihre Schwester.

Die meiste Zeit konnte Beatrice sich aus Schwierigkeiten heraushalten. Sie war nicht verschüchtert, aber sie vertrat auch nicht kühn ihre Ansichten. Statt dessen führte sie Gespräche in ihrem Kopf, etwa so: »Dies ist nicht richtig, ich weiß, daß es nicht so ist, wie es sein sollte. Es ist ein Spiel, bei dem man so tut, als ob.« Sie glaubte nicht, daß es eine Lüge wäre, wenn sie den Unterschied kannte und nur so tat, als ob. Nach Fredas Tod waren die meisten ihrer Gebete und die Zeit, die sie in der Kirche verbrachte, reine Schau; sie gab vor, sich anzupassen, aber in Wirklichkeit tat sie es nicht.

Das Lesen fiel ihr leicht, und sie verschlang alles, was sie ergattern konnte. Aber was zur Verfügung stand, war begrenzt. Als sie neun war, begann sie überall im Haus irgendwelche Arbeiten zu erledigen, und meldete sich freiwillig dafür, in privaten Büros Staub zu wischen. Dort fand sie wunderbare Lehrbücher, Landkarten, Zeitschriften, Enzyklopädien und sogar persönliche Briefe, die sie lesen konnte. Ein- oder zweimal im Jahr hatten alle Nonnen einen freien Tag, und nur zwei blieben dann im Haus zurück. So hatte Beatrice Zugang zu einer Fülle von Bücherwissen, das nicht hinter Glastüren verschlossen war. Die Kirche war der Auffassung, daß weibliche Ureinwohner an Lesen und Schreiben nicht viel mehr brauchten als die Grundkenntnisse, um Straßenschilder und Etiketten auf Büchsen lesen zu können und irgendwann später einmal ein juristisches Dokument zu unterschreiben. Wichtig wäre das Erlernen praktischer Fertigkeiten wie Haushaltsführung, Waschen, Babypflege, Anbauen und Ernten von Feldfrüchten, Konservieren von Lebensmitteln und – für einige wenige und außergewöhnlich kluge Aborigine-Frauen – vielleicht die Pflege von kranken Stammesangehörigen.

An einem bewölkten kalten Tag wurde Beatrice aus der Schule geholt, um beim Hacken und Stapeln von Holz zu helfen. Im Laufe des Vormittags kam ein älterer Aborigine zu ihr und begann ein Gespräch. Er war der erste Erwachsene ihrer eigenen Rasse, den sie jemals sah. Sie unterhielten sich nicht lange, weil der Priester, der das Unternehmen beaufsichtigte, der junge

Pater Paul, zu ihm sagte, er behindere den Fortgang der Arbeit.

Am späten Nachmittag kam der Mann aus der anderen Richtung zurück, aber er benahm sich eigenartig und roch seltsam. Der Priester wollte ihn verscheuchen und schlug ihn nieder. Dann schrie er den Mann an, er solle aufstehen und verschwinden. Er trat wiederholt nach ihm, um ihn in Bewegung zu setzen, und schließlich gelang es dem Opfer, sich wankend davonzumachen. Auf die Prügel folgte eine Lektion über das Übel von Alkohol.

Beatrice war auch der Meinung, daß es keine gute Sache sei, und gelobte an diesem Abend, während sie aus dem Fenster auf die Sterne am Himmel schaute, sich nie mit Alkohol einzulassen. Sie hatte das Gefühl, dies sei eine so ernste Verpflichtung, daß sie eine besondere Zeremonie verdiente. Sie lieh sich eine Scherbe von einer zerbrochenen Porzellantasse, die das Mädchen im Bett neben ihr mal gefunden hatte, und fügte sich einen Schnitt zu. Als ein paar Tropfen Blut aus ihrer Hand kamen, wiederholte sie ihr Gelübde, keinen Alkohol zu trinken. Für sie war die absichtliche physische Wunde eine herrliche neue Erfindung, aber Jahre später entdeckte sie, daß sie von alters her ein Teil ihres Erbes war.

Diese wenigen Blutstropfen verursachten einen großen Bruch in ihrem Leben. Die Bettwäsche wurde alle zwei Wochen gewechselt. Am folgenden Tag sollte zufällig die Wäsche von Beatrices Schlafsaal gewaschen werden. Der kleine Schnitt hatte während der Nacht ein bißchen geblutet. In der Waschküche entdeckte Schwester Raphael die Flecken. Beatrice wurde ins Büro der Oberin gerufen, wo man sie ausführlich nach dem Blut befragte. Sie konnte ihnen nicht von ihrer Zeremonie erzählen oder warum sie sie durchgeführt hatte, aber sie zeigte ihnen die winzige Wunde. Die beiden Schwestern

wechselten einen Blick miteinander, der ihr verriet, daß
sie ihre Geschichte nicht glaubten. Sie hatte gesagt: »Hier
ist ein kleiner Schnitt, und daher stammt das Blut.« Doch
die Nonnen schienen beide ein Geheimnis zu haben, das
zu enthüllen sie nicht bereit waren. Nämlich, daß das
Blut von etwas anderem stammen könnte als von einer
Wunde.

Eine Woche später wurde eine Gruppe von sechs
Mädchen – Beatrice mit ihren neun Jahren war die jüngste davon – früh geweckt und erfuhr, sie seien ausgewählt worden, um in die Stadt zu fahren. Zum Frühstücken sei keine Zeit, sie würden später essen. Alle
wurden zur Gemeinschaftsgarderobe geführt, bestehend
aus einer Reihe von Holzschränken, die einen Teil der
Halle einnahm. Bei den Barmherzigen Schwestern wurden die Kleider nicht auf Bügel gehängt, sondern zu ordentlichen Stapeln gefaltet. Die Mädchen trugen einheit-
liche Uniformen – weiße Bluse und brauner Rock –, doch
bei seltenen Anlässen, wenn sie etwa vor adoptionswil-
ligen Ehepaaren Aufstellung nehmen mußten, bekamen
sie von außerhalb gespendete Kleider. An diesem Tag erhielt Beatrice ein marineblaues Kleid mit weißem, mit roter Zackenlitze eingefaßtem Bubikragen. Pater Paul fuhr
sie in die Stadt, nicht zum Vergnügen, sondern zu einer
Klinik.

Ein seltsamer, sehr starker Geruch drang Beatrice in
die Nase, sobald sich die Tür öffnete. Das Wartezimmer
war so makellos sauber, daß die Mädchen sich zu unbehaglich fühlten, um sich hinzusetzen, und in einer Reihe
an der Wand Aufstellung nahmen. Eine nach der anderen
wurde in getrennten Zimmern entkleidet und erhielt ein
unförmiges weißes Gewand. Man sagte allen, sie würden
geimpft und untersucht werden. Beatrice erinnerte sich,
wie eine Schwester ihr eine Nadel in den Arm stach und
ihr später eine Maske aufs Gesicht drückte. Als sie er-

wachte, war ihr übel, und sie hatte einen Verband auf dem Bauch. Alle sechs hatten denselben langen Schnitt und mehrere Nahtstiche. Am nächsten Tag kehrten sie ins Waisenhaus zurück und wurden von den anderen getrennt gehalten, bis ihre Narben verheilt waren.

Beatrice war Teil des experimentellen Projekts eines jungen, ehrgeizigen Gemeindepfarrers geworden, das Bevölkerungswachstum der Ureinwohner Australiens zu kontrollieren.

12

In der Schule war Geoff der beste Ballspieler, und das
Lernen fiel ihm leicht. Immer gewann er den Buchsta-
bierwettbewerb seiner Klasse. Aber dennoch war er ein
Einzelgänger. Er wurde von den anderen Jungen in der
Schule nicht gemocht und nicht bewundert. Die Jungen
sagten, ihre Eltern hätten ihnen erklärt, er sei zu dunkel,
um sich mit ihm anzufreunden.

Seine einzige große Liebe war das Zeichnen. Er freute
sich auf den Kunstunterricht, weil da reichlich Papier zur
Verfügung stand und außerdem Zeichenstifte, Buntstifte,
Wasser- und Fingerfarben. Sein Lehrer ließ ihm, wenn die
Aufgaben gestellt waren, freie Hand. Er war immer vor
den anderen Schülern fertig und leistete glänzende
Arbeit, ganz gleich, worin die Aufgabe bestand.

Zu Hause gab es kein Malpapier. Er bekam kein Ta-
schengeld und hatte keine Möglichkeit, sich Geld zu verdienen, bis Mr. Schroeder in sein Leben trat.

Mr. Schroeder war ein Kriegsveteran, der allein gegenüber dem Hintergarten der Marshalls wohnte. Er verbrachte sein Leben im Rollstuhl, weil seine Beine ihn
nicht mehr trugen. Er war ein bedrückter und zorniger
Mann und trank so viel, daß er alle Mitmenschen aus seinem Leben vertrieben hatte.

An einem schönen, warmen Herbsttag, als Geoff hoch
oben im Apfelbaum saß, sah er, wie Mr. Schroeder sich
abmühte, seinen Müll auszuleeren. Obwohl es über den
Zementstufen vor seiner Hintertür eine hölzerne Rampe

gab, war das Öffnen der Tür, das Halten des Abfalleimers auf dem Schoß und das Herabfahren auf der ziemlich steilen Rampe nicht einfach. An diesem Tag kippte der Abfalleimer um und fiel herunter. Ein Karton fiel vor den Rollstuhl und blockierte ihn, so daß er nicht mehr vorwärts kam. Die Rampe war nicht breit genug, um den Rollstuhl zu wenden. Mr. Schroeder saß fest und fluchte.

Zufällig blickte er beim Schimpfen und Fluchen auf und sah den Jungen auf dem Baum. Geoff war deutlich zu erkennen, weil die meisten Blätter schon abgefallen waren.

»He, du da! Komm her! Ich brauche deine Hilfe!« rief Mr. Schroeder über die Höfe hinweg. »Du da, Junge. Kannst du nicht sehen, daß ich Hilfe brauche? Komm her oder hol jemanden, der mir hilft.«

Das Aussehen des unrasierten und ungepflegten Erwachsenen gefiel Geoff nicht. Er hatte ihn schon früher gesehen und draußen auf seinem Hof fluchen hören, wenn er sich mit irgendwelchen Tätigkeiten abmühte. Da der Mann ihn entdeckt hatte, stieg er von seinem luftigen Platz herunter und folgte der Aufforderung. Er verließ das eingezäunte Grundstück der Marshalls, überquerte die ungepflasterte Gasse, die von Mülltonnen gesäumt war, und näherte sich dem im Rollstuhl gestrandeten Mann. Das Vorderrad hatte den Karton teilweise zerdrückt und so geknickt, daß es sich nicht mehr drehen konnte. Geoff versuchte, den Karton herauszuziehen, schaffte es aber nicht.

»Geh hinter mich und zieh mich zurück«, sagte der hilflose Mann. »Vielleicht fällt der Karton dann runter.« Aber das tat er nicht.

»Versuchen Sie, nach unten zu greifen und ihn rauszuziehen, wenn ich Sie zurückziehe«, schlug Geoff vor. »Das ist ein Job für zwei Leute.«

Es war schwer, aber es gelang dem Jungen, den Stuhl

so weit zu bewegen, daß sein Plan funktionierte. Als der Rollstuhl frei war, bekam er sofort Fahrt und rollte die Rampe hinunter. Zusammen brachten der Mann und der Junge ihn zum Stehen. Der Mann war der erste, der lachte.

»Du hattest recht. Das war ein Job für zwei Leute. Danke, daß du mir das Leben gerettet hast. Wie heißt du?«

»Geoff, Sir. Geoff Marshall.«

»Freut mich, dich kennenzulernen, Geoff. Du bist ein kräftiger Bursche. Ich saß ziemlich in der Tinte, bis du kamst. Komm herein«, sagte der verkrüppelte Mann. »Ich werde dir eine Belohnung geben.«

»Nein, das ist nicht nötig«, antwortete der Junge.

»Doch, ist es. Komm rein. Oder hast du Angst vor mir? Mein Name ist Schroeder. Ich werde dich nicht beißen. Ich verspreche dir, ich werde dich nicht beißen.«

Geoff schob Mr. Schroeder wieder die Rampe hinauf und in die Küche. Dort erzählten sie sich Geschichten und wurden so miteinander bekannt. Der Junge meinte, seinem Vater werde es nicht gefallen, wenn er Geld dafür nähme, einem Nachbarn zu helfen. Schroeder erklärte, es könne so etwas sein wie ein Lohn. Vielleicht könne Geoff ein paarmal pro Woche nach der Schule zu ihm kommen, um ihm zu helfen. Er könne sich etwas Geld verdienen.

Es endete damit, daß Reverend Marshall etwas gegen eine Bezahlung für Geoff hatte, aber der Gedanke, daß der Junge einem verkrüppelten Kriegsveteranen helfe, gefiel ihm. Tatsächlich konnte er das Thema für eine seiner nächsten Predigten verwenden.

Schroeder seinerseits gab dem Jungen das Geld nicht direkt. Er erfuhr von den Dingen, die das Kind sich wünschte, kaufte Zeichenpapier und Farben und bewahrte sie in seinem Haus auf, wo Geoff sie jederzeit benutzen durfte. Sie wurden gute Freunde. Schroeder hatte

Freude an der Arbeit des Jungen und an dessen Gesellschaft. Er ließ einige der Zeichnungen rahmen. Geoff hielt die Holzrahmen gegen die Wand, während der alte Soldat sich in einiger Entfernung zurücklehnte und ihm Anweisungen gab, wo er die Nägel einschlagen sollte. Sie lachten, weil fast jedes Projekt, das sie in Angriff nahmen, zu einem Job für zwei Männer wurde.

Schroeder schien durch den Einfluß des adoptierten Kindes milder zu werden, und der Junge reagierte positiv darauf, ernst genommen zu werden. Schroeder fing an, sich mehr für seine Körperpflege und sein Aussehen zu interessieren. Er brachte sich selbst bei, Kekse zu backen, weil er sich auf Geoffs Besuche nach der Schule freute. Und die beiden gestalteten gemeinsam einen Garten.

Es war Schroeders Idee, daß Geoff sich seinen Namen einmal genau ansehen sollte. Eines Nachmittags nach einem besonders anstrengenden Tag in der Schule klagte der Junge darüber, daß er keine Freunde habe und nicht dazugehöre. Der Mann erklärte, auch er habe sonst keine Freunde und hätte nirgends Anschluß. »Du kannst andere Menschen nicht ändern«, sagte er. »Du mußt deine Art ändern, an dich selbst zu denken, und dich mit dem wohl fühlen, was du bist, ganz gleich, wie andere dich sehen. Wenn du stolz auf dich bist und ein gutes Gefühl für deine Person und das hast, was du darstellst, dann spielt es keine Rolle, wie viele Leute dich als ihren Freund bezeichnen. Und aus irgendeinem seltsamen Grund scheint Selbstvertrauen andere anzuziehen. Aber du kannst auch versuchen, dich möglichst wenig von den anderen zu unterscheiden, das kann auch ein bißchen helfen. Dein Name zum Beispiel. Er wird nicht so geschrieben, wie die Amerikaner ihn schreiben würden. Ich bin mir sicher, wenn die Leute ihn zuerst sehen, ohne ihn auszusprechen, haben sie Schwierigkeiten, dich beim

Namen zu nennen. Warum bittest du deine Eltern nicht um Erlaubnis, ihn Jeff zu schreiben statt Geoff? Vielleicht könntest du dir auch einen Spitznamen ausdenken, der dir wirklich gefällt, und wir könnten alle anfangen, dich bei diesem neuen Namen zu nennen.«

Seine Eltern wollten ihm nicht erlauben, die Schreibweise seines Namens zu ändern, aber gelegentlich tat er es trotzdem, zum Beispiel, als er sich bei einer Baseballmannschaft in der Nachbarschaft einschrieb, obwohl er wußte, daß seine Familie niemals zu irgendwelchen Spielen kommen würde. Schroeder fing an, ihn »Slugger« zu nennen, nachdem er gesehen hatte, daß Geoff das einzige Mannschaftsmitglied war, das jemals Home Runs schaffte. Geoff sagte seinem älteren Freund, das sei ein gutes Gefühl. Er glaubte, er sei vielleicht aus seinem australischen Geburtsnamen herausgewachsen. Aber seine Familie erkannte sein Bedürfnis nach einem Platz, der ihm zustand, nie an und erfüllte es auch nicht.

An einem kalten und verschneiten Wintertag hatte Schroeder eine Überraschung für seinen jungen Freund. Er war zur Bibliothek mitgenommen worden und hatte sich ein Buch über die Kunst australischer Aborigines ausgeliehen, das sie gemeinsam studierten. Die Kunstform war einzigartig. Es schien sich um lauter Symbole zu handeln. Menschen wurden durch ein Zeichen dargestellt, das wie ein großes »U« aussah, Flüsse waren Wellenlinien, und die Hintergründe aller Illustrationen waren mit Punkten bedeckt.

Geoff dankte seinem Freund für das Buch. Obwohl seine äußere Erscheinung durchaus von Bedeutung war, fühlte er sich innerlich ganz anders. Für ihn war diese Information einfach ein weiterer Beweis dafür, daß seine Vorfahren primitive, ungebildete Leute gewesen waren. Nichts an ihrer Kunst machte ihn stolz darauf, ein Aborigine zu sein.

13

Die zehnjährige Beatrice liebte die Natur. Sie las alle
Bücher, die sie finden konnte, über die Bäume und Blumen ihres Heimatlandes. Sie war fasziniert von Fotos, die
den Regenwald, die Wasserfälle, kalkhaltige Sanddünen
und die Küstengegenden in allen vier Himmelsrichtungen darstellten. Sie las viel über Tiere, Insekten, Vögel
und Meerestiere. Sie sehnte sich danach, all das selbst zu
sehen, und träumte von der wundervollen Welt außerhalb der Mauern des Heims. Als sie elf wurde, entwickelte sie ein Interesse an Astronomie und begann
Bücher über Planeten und Himmelsmuster zu studieren.
Wenn sie sich nach Einbruch der Dunkelheit ins Freie
schlich, suchte sie deren Standort am Himmel. Als sie
zwölf war, befaßte sie sich mit schwierigen wissenschaft-
lichen Theorien, Experimenten und Beweisen. Natürlich
hatte sie kein Laboratorium und keinen Lehrer. Doch indem sie vorgab, eines Tages vielleicht Krankenschwester
werden zu wollen, bekam sie die Erlaubnis, sich Bücher
aus dem Wissensschatz der öffentlichen Bibliothek aus-
zuleihen. Zweimal im Monat brachte Pater Paul neue
Bände mit und gab die bereits gelesenen zurück.

In diesem Jahr kam Pater Felix zu einem sechsmonati-
gen Aufenthalt ins Waisenhaus, während Pater Paul in
sein ursprüngliches Seminar zurückkehrte. Pater Felix
war über seine spezifischen Pflichten aufgeklärt worden
und hatte auch von besonderen Aktivitäten wie Beatrices
Interesse am Lesen erfahren. Der Unterschied, wie Pater

Paul und Pater Felix ihr die Bücher aushändigten, wurde sofort deutlich.

Als Beatrice das private Büro des Priesters betrat, verschloß er sofort die Tür. Die neuen Bücher lagen auf der Kante seines Schreibtischs. Er nahm den hohen ledernen Bürostuhl hinter seinem Schreibtisch und sagte zu ihr, sie solle sich ihm gegenüber hinsetzen, wo sie den Lesestoff in Reichweite hatte. Er bat sie, sich jeden Band anzusehen und ihm zu sagen, ob er ihr gefiele oder nicht und was sie aus dem Inhalt zu lernen hoffte. Während sie seine Anweisungen befolgte, merkte sie, daß er hinter dem Schreibtisch irgend etwas tat. Seine Hände waren nicht sichtbar, aber seine Oberarme schienen sich zu bewegen.

Nach einigen weiteren Fragen lächelte er und sagte, sie solle zu ihm kommen. Widerstrebend tat sie es; sie wußte nicht, was sie zu erwarten hätte. Irgend etwas in ihrer Magengrube warnte sie und sagte ihr, sein Verhalten sei nicht korrekt. Sie ging um den Schreibtisch herum, wie er ihr befohlen hatte, und sah, daß er mit offener Hose auf dem Stuhl saß, entblößt und sein Glied umfassend. Er scherzte über ihr Interesse an Naturwissenschaft und Biologie und fügte hinzu, sie müsse auch etwas über Anatomie lernen. Er machte keinen Annäherungsversuch, sondern genoß weiterhin das, was er tat. Als Beatrice den Blick abwandte, lachte er. Nachdem er seine Kleidung wieder geordnet hatte, sagte er ihr, es werde ihr nützen zu sehen, was sie für den Rest ihres Lebens versäumen werde. Niemand werde jemals eine Frau mit einem so schlimm vernarbten Gesicht heiraten, die außerdem auch noch chirurgisch unfruchtbar gemacht worden sei. Er schloß die Tür wieder auf und warnte sie, irgend jemandem etwas von dem Gespräch zu erzählen; andernfalls würde er ihr keine Bücher aus der Bibliothek mehr mitbringen.

Ganz benommen verließ Beatrice das holzgetäfelte

Büro. Sie begriff nicht wirklich, was geschehen war, was er getan und was er gesagt hatte. Sie war schockiert von seinem Verhalten und davon, das männliche Zeugungsorgan entblößt gesehen zu haben. Und sie war besonders schockiert zu erfahren, daß ihre Operation im Alter von neun Jahren dazu gedient hatte, jede Möglichkeit einer Schwangerschaft auszuschließen.

Sie hatte nie über diese Dinge nachgedacht, nie an Jungen, an Ehe oder Babys gedacht und schon gar nicht an einen Priester, der sich auszog. Sie erzählte niemandem, was geschehen war, aber sie brachte Schwester Margaret dazu, ihr zu bestätigen, daß die Narbe auf ihrem Bauch von einer gynäkologischen Operation stammte. Sie hatte Angst, Pater Felix' Anweisungen nicht zu befolgen. Zwei Wochen später brachte sie die Bücher zurück, indem sie sie vor der Tür seines Büros ablegte, und danach erhielt sie die neuen Bücher auf die gleiche Weise.

Wenn sie im Alter von dreizehn Jahren einem neutralen Intelligenztest unterzogen worden wäre, hätte sie sich mit ziemlicher Sicherheit für eine höhere Schulbildung qualifiziert. Aber die Barmherzigen Schwestern interessierten sich nicht für Beatrices Intelligenz. Sie legten Wert auf eine Schülerin, die sich still mit sich selbst beschäftigte und keine Schwierigkeiten mehr machte.

14

Reverend Marshalls Familie verbrachte alle Mittwoch-
abende auf einer Kirchenversammlung. Die Wochenenden und die Sommer waren den Zeltlagern vorbehalten.
Das Leben war ständig erfüllt von lautem Gesang, lärmenden Gebeten, weinenden Sündern und schreienden
Erlösten. Geoffs Adoptivvater rief seine Familie während
der Sitzungen immer früh auf die Bühne. Nora hielt
den jüngsten Knaben, der ganz in Weiß gekleidet war,
während der ältere, an ihren Beinen lehnend, gewöhnlich
ein weißes Hemd und eine winzige Fliege trug, die am
frühen Abend noch makellos sauber waren. Reverend
Marshall stellte alle Familienmitglieder vor und schloß
immer mit Geoff, indem er darauf hinwies, wie überaus
christlich es von ihnen sei, den Nachkommen fremder,
heidnischer Wilder in ihren ansonsten sehr weißen Kreis
aufzunehmen. Geoff diente als Beispiel für die Gemeinde. Er lernte, hoch aufgerichtet und mit einem
Lächeln dazustehen, während sein Familien- und Kir-
chenoberhaupt wiederholt erklärte, jeder müsse seine
Feinde lieben, Unwissenheit verzeihen, für die Heiden
beten, die Wilden bekehren und das Böse und Satans
Werk durch die Ausmerzung unzivilisierter Kulturen
auslöschen.

Es war sehr verwirrend für Geoff, der montags und
dienstags das Gefühl hatte, Fortschritte zu machen und
ein Teil von Gottes Familie zu werden, nur um jeden Mittwoch als Beispiel für verlorene Seelen überall zur Schau

gestellt zu werden. Es wurde zu einem Spiel, einem Scherz, einer Rolle, die er spielte und die ebenso überzeugend war wie die Stimme im Radio aus »As The World Turns« und »The Life of Stella Dallas«, denen Nora andächtig lauschte. Inzwischen hatte er gelernt, daß Affen die Attraktion von Leierkastenmännern waren, und verglich seine Situation mit der von gefangenen Tieren. Soweit er wußte, gab es in ganz Vermont außer ihm keine andere dunkelhäutige Person.

An einem Mittwochabend merkte Geoff, daß der Reverend die Bibliotheksbücher über die Ureinwohner Australiens gelesen hatte. Seine Predigt an diesem Abend handelte von einem Volk, das so primitiv wäre, daß es keine geschriebene Sprache besaß, nicht wüßte, wie man Häuser errichtet oder Nahrungsmittel anbaute, und keine Vorstellung von der Liebe Jesu und der Erlösung des Himmels hätte. Geoff fühlte sich gedemütigt. Er hätte den Marshalls gern erklärt, daß sein Interesse an den Aborigines nicht darin bestehe, herauszufinden, wie sie waren, sondern sie wissen zu lassen, wer er war und worum es ihm ging. Aber er schwieg. Australien lag jenseits des Ozeans, und er war sicher, niemals an diese Ufer zurückkehren zu können.

Seine beiden Brüder standen ihm niemals nahe. Sie waren natürlich viel jünger und hielten zusammen. Wenn einer von ihnen ein Spielzeug kaputtmachte, wurde immer Geoff die Schuld gegeben, und ihr Wort stand gegen seines. Er konnte sich nicht verteidigen. Niemand wollte sich seine Seite der Geschichte anhören, und deswegen war es ein ständiger vergeblicher Kampf.

Als er ein wenig älter wurde, war Geoff in der Schule nicht mehr gut. Er begriff zwar den Lehrstoff, aber er hatte kein Interesse an dem, was er lernen sollte, und so tat er nur das Minimum. Er fragte nie, wieso seine Kleider aus Gebrauchtwarenläden stammten, während die

Marshall-Jungen Sachen aus dem Warenhaus trugen, oder warum er in einer dunklen Ecke des Kellers schlief, während die beiden anderen Jungen das sonnige Eckzimmer bewohnten. Er fragte niemals, weil er wußte: *Er gehörte nicht hierher. Er gehörte nirgends dazu.*

Als er vierzehn war, zogen die Marshalls nach Texas. Geoff war sprachlos. Offenbar hatte die Familie darüber geredet und die Jungen langsam dazu gebracht, den Umzug zu akzeptieren, aber Geoff erfuhr erst am Tag ihrer Abreise davon. Er durfte sich nicht von seinem einzigen Freund, Schroeder, verabschieden. In Texas machten Mexikaner, Indianer und Schwarze einen großen Teil der Bevölkerung aus. Geoff wurde oft für einen der einheimischen Farbigen gehalten, da anscheinend niemand in diesem Staat jemals von australischen Aborigines gehört hatte.

Er empfand die Jahre in Texas als seine besten in der Schule, nicht wegen seiner theoretischen Leistungen, sondern weil er akzeptiert wurde, und zufällig gehörte er der härtesten und am meisten gefürchteten Gruppe von Schülern an. Heimlich vertrauten ihm seine Freunde einer nach dem anderen allerdings an, daß sie durchaus den Wunsch hätten, Lesen, Schreiben und Mathematik zu lernen.

Geoff fand es am besten, sich dem neuen Lebensstil anzupassen; dazu gehörte, daß er lernte, wie man flucht, raucht, Alkohol trinkt und stiehlt, aber er kümmerte sich auch fürsorglich um seine Kameraden.

Sobald er Freunde hatte, geriet er in Konflikt mit dem Gesetz. Zuerst nur wegen Schuleschwänzens, dann, weil man ihn bei verbotenem Alkoholgenuß erwischte. Man ertappte ihn auch beim Autofahren, bevor er alt genug für den Führerschein war, und er wurde wegen dieses Verstoßes verhaftet. Er weigerte sich, weiterhin zur Kirche zu gehen, und nahm die Bemerkungen und die körperlichen Mißhandlungen durch die beiden Marshall-Jungen nicht mehr hin. Er blieb für sich, hielt sich so selten wie möglich im Haus auf und löste sich seelisch von seiner Adoptivfamilie.

Mit sechzehn Jahren war er alkoholsüchtig, und an einem regnerischen Donnerstag kehrte er einfach nicht mehr nach Hause zurück. Er trank so viel, daß er in einem alten Schuppen, den seine Freunde für ihre Treffen benutzten, das Bewußtsein verlor. Er hatte vor den Marshalls seinen Alkoholismus verbergen können, weil er niemals so stark getrunken hatte, daß er betrunken wurde. Statt dessen trank er ständig geringe Mengen, so daß er Stunde für Stunde, Tag für Tag unter dem Einfluß von Alkohol stand. Der Bruch mit der Familie Marshall erfolgte schnell und unkompliziert. Sie suchten nicht nach ihm, und er vermißte keinen von ihnen.

15

Im Januar 1952 wurde Beatrice sechzehn. Ihr eigentlicher Geburtstag war kein bemerkenswertes Ereignis. Der Tag kam und ging, ohne daß jemand davon Notiz genommen hätte. In der Missionsstation der Barmherzigen Schwestern hatte es noch nie eine Geburtstagsfeier gegeben.

In der ersten Februarhälfte wurde sie in Pater Pauls Büro bestellt. An einem langen Tisch saßen die Schwestern Agatha und Margaret, Raphael, der Priester, und eine weiße Frau in mittleren Jahren, die ein blaues Kleid und dazu passend einen kleinen Hut mit Schleier trug.

»Dies ist Mrs. Crowley«, stellte Pater Paul die Fremde vor. »Sie ist gekommen, um dir eine Arbeitsstelle anzubieten. Wir sind nur verpflichtet, bis zu deinem sechzehnten Geburtstag für dich zu sorgen. Also ist es jetzt an der Zeit, daß du dich auf eigene Füße stellst. Mrs. Crowley hat eine Pension und braucht Hilfe beim Putzen der Zimmer, beim Zubereiten der Mahlzeiten und bei der Bedienung der Gäste. Dazu solltest du in der Lage sein, meinst du nicht?«

»Ja«, antwortete Beatrice scheu.

»Gut. Nun, dann geh mit Schwester Margaret deine Sachen holen, und nach dem Mittagessen wird Mrs. Crowley dich mitnehmen.« Er stand auf.

Beatrice wußte aus früherer Erfahrung, daß sie damit entlassen wäre. Sie ging zu ihrem Platz im Schlafsaal und setzte sich auf ihr Bett. Ihr Puls raste. Sie hatte sich nicht erlaubt, sich eng und vertrauensvoll mit jemandem anzufreunden, seit sie ihre Schwester Freda verloren hatte. Trotzdem würde sie die anderen Mädchen vermissen, vor allem die jüngeren. Sie zog eine Zigarrenkiste unter ihrer Matratze hervor und drückte sie liebevoll an sich. Die enthielt alles, was sie besaß und was ihr wichtig war: eine leere Jodflasche, Fredas weißen Schleier, einen glänzenden Stein und ein paar Notizen, die Freda geschrieben hatte.

Schwester Margaret kam mit einem Papiersack herein. Beatrice faltete ihre Unterwäsche und ihre Nachthemden zusammen und steckte sie in den Sack; dann legte sie die Zigarrenkiste dazu. Sie durfte zur Gemeinschaftsgarderobe gehen und sich zwei Hauskleider aus Baumwolle nehmen, die sie ihren Besitztümern hinzufügte. In den letzten paar Jahren hatte Beatrice keine Gelegenheit gehabt, Schuhe zu tragen, aber sie fanden ein von einer Nonne abgelegtes Paar, das einigermaßen paßte und mit dem sie in Mrs. Crowleys Haus anständig aussehen würde. Beatrice haßte es, wie die Schuhe sich an ihren Füßen anfühlten.

Um die Mittagsstunde kündigte Pater Paul ihre Abreise an. Sie sagte der ganzen Schule von ihrem Platz am Eßtisch aus Lebewohl. Um ein Uhr saß sie auf dem Rücksitz einer Limousine zwischen frischem Gemüse, zwei Teilen eines blau angestrichenen Liegestuhls aus Metall und einem hölzernen Garderobenständer, der noch vier der ursprünglichen sechs Haken besaß.

Während Mrs. Crowley fuhr, wurde wenig gesprochen. Das spielte aber keine Rolle, denn Beatrice war zu sehr damit beschäftigt, in die Welt hinauszuschauen, von der sie so wenig wußte. Die Tatsache, daß sie nun für den Rest ihres Lebens den Mauern des Waisenhauses entronnen war, raubte ihr fast den Atem. Sie hatte keine

Ahnung, wohin sie fuhr, was dort stattfinden und wie sie damit fertig werden würde. Alles, was sie wußte, war, daß sie heute morgen noch der Missionsschule angehört hatte, und jetzt galt es, festzustellen, wie es wäre, zu jemandem namens Mrs. Crowley zu gehören.

16

Für Geoff Marshall waren die Jahre zwischen sechzehn und dreiundzwanzig wie verschwommen. Er wechselte zwischen alkoholisierten Hochstimmungen und tiefer Depression und stand bei Regengüssen und Schneestürmen, Hagelschauern und brütender Hitze an Autobahnen und Landstraßen.

Im Januar 1953, am Morgen seines siebzehnten Geburtstags, öffnete er die Augen und sah einen bewölkten Tag. Er erwachte auf dem Vordersitz eines Lastwagens, der Lebensmittel auslieferte. Der Fahrer hatte Mitleid mit dem Jungen gehabt, nachdem er ihn fast überfahren hatte, als er im Regen am Rand des Highways stand. Der Laster war unterwegs von einer Firma in Wichita, Kansas, um in Nebraska und Iowa Fracht auszuliefern. Es hatte stundenlang geregnet. Wegen der Wärme in dem geheizten Führerhaus und des eiskalten Regens auf der Windschutzscheibe hatte er regelmäßig die Scheibe blankwischen müssen, um besser sehen zu können. An einer Kreuzung war er abgebogen und hatte im Licht seiner Scheinwerfer die schwarze eisbedeckte Gestalt gesehen. Der Junge trug Blue jeans, die der Regen durchnäßt und dunkel gefärbt hatte. Er hatte eine fadenscheinige blaue Jacke bis zu den Ohren hochgezogen, und seine Haut war dunkel. Auf seiner Kleidung und in seinen Haaren hatte sich Eis gebildet. Als der Fahrer den Wagen wieder unter Kontrolle hatte, hatte er abgebremst und angehalten. Der Junge war zu ihm gerannt.

»Steig ein«, hatte er zu ihm gesagt. »Was zum Teufel machst du hier draußen? Bis zur nächsten Stadt sind es sechzig Kilometer.«

Geoff erklärte ihm, er sei per Anhalter gefahren, und ein Farmer aus der Gegend habe ihn hier abgesetzt. Der Farmer habe die Straße hier verlassen müssen, um nach Hause zu kommen. Als er vor vier Stunden aus dessen Wagen gestiegen sei, um auf die nächste Mitfahrgelegenheit zu warten, hätte es noch nicht geregnet. Der Verkehr sei spärlich gewesen, und niemand habe ihn mitgenommen.

Der Fahrer sagte zu Geoff, er solle seine nasse Jacke und das Hemd ausziehen, und reichte ihm ein altes Badetuch. Geoff legte es sich um die Schultern. In der Thermoskanne war auch noch ein wenig Kaffee, den sie sich teilten. Keiner der beiden hatte viel zu sagen, und binnen kurzer Zeit war Geoff eingeschlafen.

Als er die Augen öffnete, schien keine Sonne. Es war ein grauer Tag, aber er hatte es ja warm hier. Sein Hemd war trocken, und seine Jeans waren zwar noch feucht, aber schon viel weniger unangenehm als vorher. Der Fahrer hatte den Laster vor einer Imbißstube am Straßenrand geparkt. Als er den Motor abstellte, wachte sein Mitfahrer auf. »Laß uns frühstücken gehen. Hast du Geld?« fragte der Fahrer.

Geoff schüttelte den Kopf.

»Schon okay. Ich lade dich ein.« Sie betraten die Imbißstube und setzten sich in die nächstgelegene Nische, die mit abgenutztem und verblichenem gelben Plastik gepolstert war. Eine Kellnerin stand hinter der Theke und beobachtete sie. Sie hatte einen verblüfften Ausdruck im Gesicht, als würde sie den beiden Neuankömmlingen gern ein paar Fragen stellen. Aber sie tat es nicht. Ein paar Minuten später rief der Fahrer: »He, gibt es hier keine Bedienung?«

»Was möchten Sie?« fragte die Frau, ohne den Kopf von der Zeitung zu heben, die sie inzwischen zu lesen begonnen hatte.

»Was haben Sie denn?«

»Das übliche – Eier, Schinken, Toast, Pfannkuchen, Haferflocken. Was wollen Sie?«

»Ich nehme Schinken und Rühreier. Und ich möchte auch Frikadellen. Und du, Junge? Auch Schinken und Eier?«

Geoff nickte.

»Bezahlen Sie für ihn?« fragte die Kellnerin schnippisch.

»Warten Sie's doch ab«, gab der Fahrer barsch zurück. Er zwinkerte dem Jungen zu, der ihm gegenübersaß, und fügte hinzu: »Zu unfreundlichen Leuten braucht man nicht nett zu sein. Sie hat noch nicht kapiert, wie man sich Trinkgelder verdient.« Als ihnen das Frühstück serviert wurde, kam ein Mann herein und setzte sich an die Theke. Er war groß und dünn, hatte schütteres Haar und war Ende Vierzig. Die Kellnerin nannte ihn Lyle. Unaufgefordert goß sie eine Tasse Kaffee ein und stellte sie vor ihn hin. Lyle und die Kellnerin schienen ein Gespräch vom Vortag fortzusetzen: Er hätte noch immer niemanden gefunden, der ihm half, einen großen Lagerschuppen aufzuräumen, und der Verkauf wäre für Samstag angesetzt. Sie bot ihm zwar ihr Mitgefühl an, aber keine Lösung für sein Problem.

»Mein Freund hier ist ein guter Arbeiter«, sagte der Lastwagenfahrer zu dem Mann, während er sein Essen weiterkaute, und wies mit dem Kinn auf Geoff. »Haben Sie Kost und Logis und einen Lohn zu bieten?«

»Ja, wir haben ein Zimmer«, antwortete Lyle. »Aber es ist bloß bis Samstag. Nicht für länger. Ich zahle zehn Dollar am Tag für fünf Tage.«

Der Fahrer grinste und antwortete: »Legen Sie das

Frühstück hier noch drauf, und Sie haben Ihren Mann. Okay, Junge?«

Geoff reagierte verblüfft auf das, was da so schnell vor sich gegangen war. Erst hatte man ihn zum Frühstück eingeladen, und dann war seine Arbeitskraft für fünf Tage angeboten und verkauft worden. Und jetzt handelte er um das Frühstück, das er gerade gegessen hatte. Er sagte kein Wort, bis der Mann zu ihm herüberkam, die Hand ausstreckte und sagte: »Ich bin Lyle Moore. Wie heißt du?«

»Geoff Marshall.«

»Sehr erfreut, Geoff. Ist das mit dem Job für dich okay? Hier scheint bloß dein Freund zu reden.«

»Ja, es ist mir recht«, sagte Geoff. »Ich habe bis Samstag Zeit.«

Und so verließen Lyle Moore und Geoff Marshall in Mr. Moores Ford die Imbißstube. Moores Farm lag nur zehn Kilometer außerhalb der Stadt. Sie bestand aus einem zweistöckigen weißen Haus mit Holzgerüst, einem Pferdestall mit acht Boxen, einer Scheune, die für Heu und Maschinen benutzt wurde, und einer anderen, sehr großen Scheune voller Dinge, die die kürzlich verstorbene Mrs. Moore im Laufe der Jahre angesammelt hatte. Sie und ihr Mann waren im Sommer fast jeden Monat zu Farmauktionen gefahren. Das waren ihre Gelegenheiten zu geselligen Zusammenkünften. Die Farmer veranstalteten Räumungsverkäufe, wenn sie sich neue Dinge kaufen wollten, manchmal aber auch einfach, weil Antiquitäten bei den Stadtbewohnern so beliebt geworden waren. »Das Problem, das Momma, meine Frau, hatte – ich habe sie immer Momma genannt, wie die Kinder –, ja, also, ihr Problem war, daß sie Sachen kaufte, aber niemals verkaufte«, sagte Lyle. »Und jetzt muß ich einfach einiges von dem Zeug loswerden. Am Samstag kommt ein Auktionator vorbei, und ich muß sehen, was wir haben. Ich muß die Sachen sortieren und stapeln. Im Augenblick ist nur noch meine jüngste Tochter Nancy zu Hause. Und für uns beide ist das einfach zuviel Arbeit. Wenn du wirklich anpacken kannst, wirst du uns eine große Hilfe sein. Bist du nur auf der Durchreise? Du kommst sicher nicht hier aus der Gegend. Wie alt bist du übrigens?«

»Ich werde diesen Monat neunzehn«, sagte Geoff, womit er sich zwei Jahre älter machte. »Ich reise zur Zeit herum und versuche rauszukriegen, wo ich leben und als was ich arbeiten möchte.«

»Gute Idee. Die Welt ist groß. Jede Menge Möglichkeiten.«

Das Gästezimmer der Moores war das Schlafzimmer, das Lyles Sohn gehört hatte, als er noch jung war. Jetzt war er erwachsen, verheiratet und lebte in Oregon. Er kam selten zu Besuch in den Mittleren Westen.

Der erste Laut, den Geoff von der Tochter Nancy hörte, war ein Schrei. Auf das »Hallo, ich bin wieder da«, das ihr Vater gerufen hatte, als sie durch die Haustür kamen, hatte sie nicht geantwortet. Lyle hatte Geoff das Schlafzimmer und das Bad gezeigt. Sie traten gerade wieder in den Flur, als Nancy die Treppe heruntergepoltert kam, die Hände um den Kopf gelegt, weil sie sich nach einer Dusche das nasse Haar trocknete. Als Geoff aus dem Zimmer kam, blickte sie auf und schrie. Das war für alle peinlich, aber verständlich. Mr. Moore erklärte, wer der Gast sei, und die Situation schien sich zu beruhigen.

Der Tag verging damit, daß Geoff einige Gegenstände an bestimmte Stellen in der freien Mitte der Scheune trug. Es machte ihm Spaß, und er begann Lyle zu fragen, um was für Sachen es sich handelte. Es gab Hunderte von ungewöhnlichen Dingen, darunter einen hölzernen Pferdeschlitten für sechs Personen. Er entdeckte Sägen mit Griffen an beiden Enden, so daß zwei Männer gemeinsam einen Baum fällen konnten. Geoff schleppte große Eisenkessel, in denen Wachs geschmolzen wurde, und Formen, mit denen man Kerzen goß. In großen Schränken fanden sie alte Radios, Kartons mit Geschirr, verschiedene Butterfässer und mindestens fünfzig kunstvoll geschnitzte Bilderrahmen. Die Geschichten darüber, wozu die alten Gegenstände früher gedient hatten, waren faszinierend, aber der junge Mann konnte sich nicht vorstellen, wieso irgend jemand diesen alten Kram kaufen sollte.

An diesem Abend gab Mr. Moore Geoff ein paar von seinen Sachen zum Anziehen, während er ihrer beider schmutzige Kleidung in die Waschmaschine steckte. Er bereitete auch das Abendessen zu. Inzwischen saß Nancy im Wohnzimmer und rief Geoff zu sich. Anscheinend hatte Mrs. Moore niemals verlangt, daß ihre Tochter ihr im Haus half, und von selbst kam das Mädchen nicht auf die Idee. Sie saßen zu dritt zusammen, und dann gingen die beiden jungen Leute hinaus in die Scheune, um zu sehen, was an diesem Tag ausgeräumt worden war. »Mir liegt wirklich nichts an dem alten Zeug, das ihr da sortiert habt. Mein Dad hat ein Versteck mit Selbstgebranntem drüben in der anderen Scheune«, sagte Nancy. »Er glaubt, ich wüßte das nicht. Komm mit, ich zeig's dir.«

Sie gingen in die Scheune, in der das Heu gelagert wurde. Dort stand ein alter Holzschrank, dessen Anstrich abblätterte. Sie öffnete die Tür und nahm eine Flasche heraus.

»Wir können uns dort hinsetzen«, sagte sie und ging in eine Ecke, wo Heu lag, während sie den Verschluß der Flasche öffnete.

»Das ist wohl keine gute Idee«, meinte Geoff und sah sich in der fremden Umgebung um. »Dein Dad könnte wütend werden.«

»Nein. Ich kenne meinen Dad. Der wird das Geschirr abwaschen, sich ein Radioprogramm anhören, auf der hinteren Veranda die Wäsche auf die Leine hängen und zu Bett gehen. Er wird nicht mal nach uns suchen. Das tut er nie.« Sie hatte recht. Sie tranken das selbstgebrannte Gebräu, und Nancy erzählte ihm, wie langweilig und elend es wäre, im Mittleren Westen zu leben. Sie öffneten eine zweite Flasche. Irgendwann während der Nacht wachte Geoff auf und sah, daß Nancy gegangen war. Er kehrte ins Haus zurück und legte sich ins Bett. Er hoffte, daß sie dasselbe getan hatte.

Der zweite Tag verlief genauso wie der erste. Der einzige Unterschied lag in den Geschichten, die Lyle über jede der Antiquitäten erzählte. Da gab es drei geschliffene Spiegel, jeder ein Meter achtzig hoch, die man aus einem Hotelzimmer gerettet hatte, sowie eine Bar aus Walnußholz mit einer Fußstange aus Messing, zu der die Spiegel gehört hatten. Später fanden sie auch noch schmutzige, mit blauem Samt bezogene Polstersessel, deren Roßhaarfüllung durch den Bezugsstoff drang. Lyle blies dicken Staub von einer schwarzen Kassette, die er öffnete. Sie enthielt merkwürdig geformte Waffen. Es waren Duellpistolen. Er erklärte, daß Männer Streitigkeiten früher gelöst hätten, indem sie aufeinander schossen.

Zum Mittagessen gingen sie in die Küche, und Lyle machte Sandwiches und öffnete eine Dose Suppe. Beim Essen starrte er aus dem Fenster. Es war still im Raum, bis er endlich sagte: »Ich habe ein gutes Leben, junger Mann. Ja, ich habe viel Glück. Mir gehört das Dach über meinem Kopf. Ich besaß die Liebe einer guten Frau. Alle meine Kinder sind gesund. Die Landarbeit ist hart, aber meistens kann ich fischen gehen, wann immer ich will. Ich hoffe, du findest deine Berufung. Ich hoffe, du wirst auch ein gutes Leben haben.«

An diesem Nachmittag hielt der gelbe Schulbus an der Straße zu Moores Haus, und Nancy kam langsam herein. Sie sah, daß Geoff von der Scheune aus zu ihr hinüberblickte, doch sie gab ihm nicht zu verstehen, daß sie ihn wiedererkannte. Als die Männer mit der Tagesarbeit fertig waren und hereinkamen, um sich zu waschen, war sie oben in ihrem Zimmer. Man hörte laute Musik, und es klang, als tanzte sie. Sie machte keinen Versuch, ihrem Vater zu helfen, der wieder die Abendmahlzeit zubereitete und die schmutzige Kleidung in die Waschmaschine steckte.

Nach dem Abendessen gingen Nancy und Geoff zum Heuschober und dem Schrank in der Ecke. Nancy war guter Laune. Sie haßte die Schule, sie haßte diese Farm, sie haßte diese Stadt, aber der heutige Tag war ein guter Tag gewesen. Sie war für eine Rolle in dem Theaterstück ausgewählt worden, das im Frühling in der Schule aufgeführt werden sollte. »Warum hast du deinem Vater nichts davon erzählt?« fragte Geoff, als er die Flasche kippte, um den ersten Schluck zu nehmen.

»Das interessiert ihn nicht. Du kennst meinen Dad nicht. Meine Mum war die erste, die sich um solche Sachen kümmerte. Sie wäre gekommen, um mich spielen zu sehen. Aber jetzt kann sie mich nicht mehr sehen. Ich glaube nicht, daß die Toten wissen, was mit uns geschieht. Und du?«

»Ich weiß nicht. Mein Stiefvater war Prediger. Er redete viel über Sterben und Himmel und Hölle, aber er war ein solcher Heuchler, daß ich ihm nicht mehr zugehört habe. Ich habe lange nicht über solche Dinge nachgedacht.«

»Also, ich glaube, hier kann uns keiner sehen«, sprach Nancy weiter. »Obwohl ich den Leuten gern etwas zu sehen geben würde. Wie ist es mit dir?« Sie knöpfte ihre Bluse auf und fing an, sie auszuziehen. »Ich habe vor dir noch nie einen Neger gesehen. Zieh dich aus.«

»Ich bin kein Neger«, antwortete Geoff. »Ich bin Australier.«

»Oh, es ist mir egal, wo du herkommst. Schwarz ist schwarz, das ist alles, meine ich.« Sie griff nach seiner

Hand und legte sie auf ihren Körper. »Komm, laß uns ein bißchen Spaß haben«, flüsterte sie.

Als er in Texas gewesen war, hatte Geoff seine Freunde über ihre Beziehungen zu Frauen reden hören, aber er war noch nie mit einem Mädchen zusammengewesen. Er zögerte und ging es langsam an. Nancy mußte die Initiative ergreifen. Sie tranken die Flasche leer, und er wußte nicht recht, was passierte. Es war nicht so, wie die anderen Jungen es beschrieben hatten. Sie schien fertig zu sein. Sie zog ihre Kleider wieder an und ging zum Haus. Er wartete ein paar Minuten und folgte ihr dann. Sie war bereits zu Bett gegangen.

Beim Aufräumen der Scheune am dritten Tag entdeckte Lyle einen Eierkarton mit Vertiefungen, in die Mrs. Moore sorgfältig alte Schmuckstücke hineingelegt hatte. Er sagte zu Geoff, er solle den Karton ins Haus tragen. Sie würden sich den Inhalt am Abend genauer ansehen.

Nach dem Abendessen erinnerte Lyle sich an den Fund und bat Geoff, den Karton seiner Tochter zu bringen. Er sagte, sie solle sich alles sorgfältig anschauen, damit ihnen nichts entginge, was möglicherweise wertvoll sein könnte. Er werde zu ihr kommen, wenn er mit dem Aufräumen der Küche und der Wäsche fertig sei. Geoff sah zu, wie Nancy die erste Schicht ausräumte. Sie nahm jeden Gegenstand aus den für die Eier vorgesehenen Vertiefungen. Ringe, Ohrringe, Halsketten und Armbänder kamen zum Vorschein. Keiner der beiden wußte genug, um ihren Wert zu bestimmen, aber Nancy hob eine Perlenkette hoch, und statt sie danach wieder in den Karton zu legen, steckte sie sie in ihre Tasche. Sie sah sich auch die anderen Stücke an und nahm noch einen Diamantring, eine Smaragdbrosche und ein Paar Manschettenknöpfe mit Diamanten heraus, bevor ihr Vater zu ihnen ins Wohnzimmer kam. Er schien erstaunt über die Sammlung, die Mrs. Moore zusammengetragen hatte, und war sicher, daß der Schmuck bei der Auktion am Samstag einen guten Preis erzielen würde.

Am folgenden Tag gegen Mittag hatten die beiden Männer ihre Aufgabe beendet. Lyle sagte zu Geoff, er könne gehen, wenn er wolle, oder noch über Nacht bleiben und seine Reise am nächsten Morgen antreten. Lyle hatte eine Sporttasche herausgeholt, die sein Sohn nicht mehr gewollt hatte, und Kleider zum Wechseln für Geoff hineingelegt. Er gab dem jungen Mann für jeden Arbeitstag einen Zehndollarschein. Dann streckte er die Hand aus und sagte: »Die sind auch noch für dich.« Es waren eine Krawattennadel und passende Manschettenknöpfe. »Ich glaube, die roten Steine könnten Granate oder sogar Rubine sein. Ich bin mir nicht sicher, aber sie sind hübsch.«

»Ja, sie sind schön«, sagte Geoff. »Ich weiß nicht, wo ich sie tragen werde, aber sie sind schön.«

»Jeder junge Mann, der durchs Land reist und sein Schicksal sucht, kann ein Paar Manschettenknöpfe gut gebrauchen«, sagte Lyle scherzhaft.

Als sie zusammen zur Imbißstube zurückfuhren, schaute der junge Beifahrer zum Chauffeur hinüber, der sich auf die tausendmal gefahrene Straße konzentrierte. Er ist ein guter Mann, dachte Geoff. Fair, vielleicht sogar großzügig. Zu schade, daß seine Tochter das nicht sieht, aber wer bin ich, um darüber zu urteilen. Ich kenne sie erst ein paar Tage. Vielleicht hat der Mann das Gefühl, daß er mir zu wenig bezahlt hat, und ist einfach froh, daß ich mich nicht zu sehr mit seiner Tochter eingelassen habe. Er spürte die Manschettenknöpfe in seiner Tasche. Damit kann ich nichts anfangen, dachte er. Sie wurden mir als Bezahlung gegeben, nicht als echtes Geschenk. Aber der Mann ist trotzdem in Ordnung.

Bei der Imbißstube verabschiedete Lyle sich von ihm

und ging auf eine Tasse Kaffee hinein. Geoff blieb draußen stehen und hielt den Daumen hoch, um eine Mitfahrgelegenheit zu finden. Binnen fünf Minuten war er unterwegs.

Er reiste weiter per Anhalter durch die Vereinigten Staaten und stellte fest, daß Trinken billiger war als Essen. In Detroit arbeitete er einen Monat lang als Tellerwäscher. In New Orleans wurde er von einer Müllabfuhr eingestellt. In Miami mähte er Rasen und erledigte Gartenarbeiten. Überall, wohin er ging, schien er ein Magnet für unglückliche Menschen zu sein, die einander gewohnheitsmäßig bestahlen. Die Tellerwäscher stahlen die Trinkgelder der Kellner, die Müllmänner stahlen Fahrräder, die draußen in den Gärten standen, die Gartenarbeiter fragten die Hausbesitzer, ob sie das Badezimmer benutzen dürften, und stahlen dann alles, was sie sich in die Taschen stecken konnten.

Geoff verstand die Diebe. Auch er fühlte sich zurückgewiesen und benachteiligt und war neidisch, aber was ihm am meisten zu schaffen machte und die anderen Empfindungen gering erscheinen ließ, waren die Schuldgefühle, weil Stehlen böse war. Er sah sehr ungern, wie die anderen es taten, und er haßte das Wissen, daß er selbst auch dazu fähig wäre. Geoff hatte keinen Ehrgeiz. Er konnte sich keine Beschäftigung von irgendwelchem Interesse vorstellen, und er konnte vermeiden, irgend etwas zu fühlen, indem er sich mit Alkohol berauschte. Das war immer eine willkommene Erleichterung.

In Arizona wurde er mit neunzehn Jahren verhaftet, weil er Schecks vom Beifahrersitz eines geparkten Autos gestohlen hatte. Man schickte ihn in ein Rehabilitationszentrum. Es sah aus, als sei er auf dem Wege der Besserung, als er von einer Versicherungsgesellschaft als Botenjunge für die Post und zum Kopieren eingestellt wurde. Unglücklicherweise gehörte es zu seinen Pflichten, Alkohol für die Versicherungsagenten zu besorgen. Diese boten ihren Kunden bei Verhandlungen gern einen Cocktail an. Der Zugang zu den Getränken war zu einfach, und bald verlor Geoff seinen Job. Später, in San Francisco, Kalifornien, machte er Bekanntschaft mit dem Rauchen eines besonderen Krauts, das in anderen Staaten nicht so leicht zu haben war. Die zusätzliche Sucht nach diesem illegalen Zeug brachte ihn – neben seinem bereits bestehenden Alkoholismus – vollends auf die schiefe Bahn. Er verlor jedes Zeitgefühl, wußte nicht, wo er war und wie er dort hingekommen war. Über Monate hinweg verging kein Tag, an dem er nicht unter dem Einfluß von Drogen stand.

17

Die Pension Crowley war ein zweistöckiges Schindeldachhaus, das einzige in dem hübschen Viertel, das dringend einen frischen weißen Anstrich gebraucht hätte. Es hatte einen Dachvorbau über der Haustür, der aussah, als solle er Solidität und Kraft repräsentieren. Die beiden Säulen, die ihn trugen, waren aus Pflastersteinen gemauert. Kleine Fenster unterbrachen die Vorderseite, und an jedem hingen Gardinen in unterschiedlichen Farben. Vor dem Haus gab es einen grasbewachsenen Vorgarten von der gleichen Breite, umgeben von einem taillenhohen Eisenzaun. Das Tor war verrostet und ließ sich nicht mehr schließen. Ungestutzte Büsche und ein paar unerschrockene Blumen säumten das Erdgeschoß. Mrs. Crowley zeigte auf ihr Haus, als sie seitlich daran vorbeifuhr, um in der Gasse vor der Hintertür zu parken. Fünf Stufen führten zu einer teilweise mit Fliegendraht versehenen Tür, durch die man auf eine hintere Veranda gelangte, die ungefähr eineinhalb Quadratmeter groß war.

»Stell die Möbelstücke auf die Veranda, und bring das Gemüse in die Küche«, sagte Daphne Crowley barsch, warf die Fahrertür des Wagens zu und verschwand im Haus. Beatrice sah sich um. Ein leiser Hauch von Süße lag in der Luft. Woher mochte der kommen? Sie folgte ihrer Nase und fand einen vernachlässigten und vergessenen Obstbaum, der zwischen diesem und dem Nachbarhaus wuchs. Dann kehrte sie sofort zu ihrer Aufgabe zurück und entlud das Auto. Ihre neue Arbeitgeberin sollte ja nicht schon am Beginn ihrer Beziehung wütend auf sie werden. Sie holte die Teile des Liegestuhls und den hohen hölzernen Garderobenständer aus dem Wagen und stapelte sie auf der Veranda neben einem metallenen Kasten für Milchflaschen, einem schiefen Gestell für Grabkränze und zahlreichen leeren Kisten aufeinander.

Dann holte sie die Nahrungsmittel aus dem Auto. Als sie durch die Tür ging, fand sie sich in Mrs. Crowleys Küche wieder. Die Küche war ein unordentlicher Raum mit einem schwarzweiße Kacheln imitierenden Linoleumboden und Stapeln von schmutzigem Geschirr im Ausguß und auf einem nahen Tisch. Die Schränke, die den ganzen Raum umgaben, hatten keine Türen, so daß es aussah, als hätte die Küche keine Wände, sondern nur Schlitze, die mit Gläsern, Tassen, Schüsseln, Schachteln in allen Farben und Größen und Nahrungsmitteln in verschiedenen Stadien der Fäulnis gefüllt waren. Eine sandfarbene Katze lugte unter dem Tisch hervor, wo sie auf einem Hocker geschlafen hatte. Beatrice wußte nicht, wo sie die Lebensmittel abstellen sollte. Die einzige freie Fläche war der Fußboden, also packte sie die Tüten dorthin.

»Wasch zuerst das Geschirr ab«, ertönte die Stimme der Frau aus dem Nebenzimmer. »Spül es, trockne es ab und räum es ein. Ich komme in ein paar Minuten und helfe dir. Dein Zimmer zeige ich dir später.« Das sah nach einer Riesenaufgabe aus, aber Beatrice war eigentlich froh, sich auf etwas Bestimmtes konzentrieren zu können. Ihre seelischen Probleme mußten ein Weilchen ruhen. Zuerst mußte sie die schmutzigen Teller auf dem Tisch umräumen, um Platz für den Stapel weiterer Geschirrs aus dem Ausguß zu schaffen. Dann konnte sie das Spülbecken mit Seifenwasser füllen. Zwei Stunden und zwei Nachfüllungen mit Seifenwasser später war sie fertig. Die Katze hatte sie inzwischen akzeptiert, rieb sich an ihren Beinen und schnurrte.

»Ach du meine Güte, es wird spät«, sagte Daphne Crowley, als sie geschäftig durch die Tür kam. »Wir müssen den Abendtee vorbereiten. Schäl diese Kartoffeln! Hier ist ein Schälmesser. Ich werde für das Gebäck sorgen.«

Die Vorbereitungen verliefen glatt. Daphne stellte bestimmte Anforderungen, die Beatrice ohne Fragen oder Kommentar erfüllen konnte. »Jetzt wasch dir die Hände, und binde diese saubere Schürze um. Ich möchte, daß dich alle sehen. Hier, trag das mit mir ins Speisezimmer.«

Sie gingen in den Nebenraum, wo vier Männer an einem Tisch saßen. »Meine Herren, das ist Beatrice. Sie ist aus der Mission der Barmherzigen Schwestern. Sie wird mir helfen und Ihnen aus dem Weg gehen, daher hoffe ich, daß wir alle zufrieden sein werden. Beatrice, bring die Suppenterrine rein.«

So vergingen der erste und die meisten folgenden Tage in der Pension Crowley. Beatrice wechselte die Bettwäsche, wischte Staub und putzte die Gästezimmer, den Speiseraum und den Aufenthaltsraum. Sie kochte alle Mahlzeiten, nachdem sie gelernt hatte, wie Daphne jedes Gericht zubereitet haben wollte. Sie bediente bei Tisch, wusch das Geschirr ab, putzte die Küche und die Badezimmer und half sogar mit, im Garten Unkraut zu jäten. Sie beschnitt und goß den vernachlässigten Obstbaum zwischen den Häusern. Er reagierte mit kräftigen neuen Blättern, und die Äste wurden gerader und reckten sich dem Himmel entgegen.

Ihr Zimmer war auf dem Speicher, den man über eine Treppe neben der Hintertür zur Küche erreichte. Der große Speicher diente als Lagerraum für alles mögliche, aber in der Mitte war ein Bereich abgeteilt, indem man alte Quilts an die Dachbalken genagelt hatte, die nun die Wände bildeten. Hier standen nur ein schmales Bett und eine kleine Frisierkommode, aber Beatrice hatte Zugang zu anderen Möbelstücken, die dort zwischen Kartons mit wahrscheinlich längst vergessenem Inhalt herumstanden. Als sie eine Woche da war und sich sehr mutig fühlte, räumte sie den Speicher ohne Erlaubnis um, hängte die Quilts anders auf und stellte noch einen kleinen roten Tisch, einen schwarzen Stuhl mit Sprossenrückenlehne, einen Schaukelstuhl und einen gesprungenen Spiegel in ihrem neuen Reich auf. Indem sie ihren Raum auf diese Weise vergrößerte, hatte sie nun auch ein Fenster, das nach hinten hinausging und durch das sie aufs Dach schauen konnte. Es war wunderbar. Sie konnte durch das Fenster auf einen flachen Bereich des Dachs steigen, wo sie von unten nicht zu sehen war. In der ersten Nacht entdeckte sie, daß sie draußen unter den Sternen sitzen konnte, und fand, dies sei ein Grund zum Feiern. Wegen der Lichter der Stadt waren die Sterne hier nicht so gut zu erkennen wie auf dem Land, aber es gelang ihr trotzdem. Tatsächlich zog sie es vor, unter freiem Himmel zu schlafen. Das harte Dach war nicht viel anders als die harten Betten im Waisenhaus. Nach einer Weile konnte sie die Geräusche ausblenden, die die ganze Nacht über anhielten. Beatrice erinnerte sich nicht, jemals in ihrem Leben so glücklich gewesen zu sein.

Die Gäste im Haus waren wie die Wellen des Ozeans, ein stetiges Kommen und Gehen, aber manche blieben länger als andere. Andrew Simunsen galt als Dauermieter. Er war einundzwanzig, groß, schlank, hübsch und ganz auf Erfolg eingestellt. Die Grundschule hatte er auf dem Land besucht, wo er geboren war und seine Familie noch immer wohnte. Er war in die Stadt gekommen, um die höhere Schule zu besuchen, und dann geblieben. Er interessierte sich weder für Landwirtschaft wie sein Großvater noch für den Gemischtwarenladen seines Vaters, den dieser eines Tages an ihn zu übergeben hoffte.

Andrew dachte voraus in die Zukunft. Er verfolgte die wirtschaftlichen Trends sehr genau und war sich absolut sicher, daß man mit Mineralien ein Vermögen machen könnte: Eisen, Blei oder Öl. Er hatte die Angewohnheit, auf seine Hände zu starren und sich daran einen Ring aus glänzend poliertem Gold mit einem weißen makellosen Diamanten in der Mitte vorzustellen. Das tat er mehrmals am Tag, um sich an sein Ziel zu erinnern, einmal ein reicher Mann zu werden. Im Geiste hatte er den Ring immer wieder neu entworfen. Er wußte, eines Tages würde er ihm gehören, und der Bergbau schien die beste Straße zum Erfolg zu sein. Bedauerlicherweise hatte er kein Geld für Investitionen und verstand absolut nichts vom Bergbau. Er nahm einen Job in einer örtlichen Bank an, wo er Umgang mit den reichsten und mächtigsten Männern des Staates hatte.

Er wohnte bei Mrs. Crowley, weil es dort billig war und er es nicht weit bis zur Bushaltestelle hatte. Er versuchte, einen Teil seines kleinen Gehalts zu sparen, aber das war schwierig, weil er auf sein Äußeres achten mußte und Geld für gute Kleidung eine notwendige Ausgabe war. Er verzichtete auf das Mittagessen und ging oft zu Fuß, statt mit dem Bus zu fahren. Er war noch nicht einmal in Versuchung geraten, sich nach heiratsfähigen jungen Damen umzusehen, obwohl seine Bedürfnisse nach einer Beziehung sich durchaus bemerkbar machten. Statt dessen war er einen Schritt weitergegangen: Er hatte sich der reichen und einsamen Gattin eines Bankchefs angeschlossen, deren Mann viel auf Reisen war. Sie genoß seine Gesellschaft so, daß sie als Entgelt für persönliche Aufmerksamkeit sein Gehalt aufstockte. Ihr Name war Mrs. Henry Holmes, eigentlich Elizabeth. Über Geld hatten sie nie gesprochen. Nachdem sie das erste Mal zusammengewesen waren, fand er ein paar Dollar in seiner Manteltasche, als er fortging. Inzwischen konnte er anhand der Forderungen, die er ihr erfüllte, ziemlich gut beurteilen, welchen Betrag sie ihm in die Tasche stecken würde.

Er erinnerte sich daran, wie seine Großmutter ihm in der Kindheit einmal geholfen hatte, für eine kurze Reise zu packen. Sie hatte eine Socke hochgehalten und gesagt: »Verstecke darin dein überschüssiges Geld. Diebe denken nicht daran, in zusammengerollte Socken zu schauen.« Und so warf er – so albern das auch klingen mochte – abgetragene Socken niemals weg. Er hatte eine Kommodenschublade voller alter Socken, und alle enthielten Dollarscheine, die ihm Elizabeth geschenkt hatte.

Die Pension Crowley hatte fünf Zimmer zu vermieten. Alle waren im Grunde gleich möbliert mit Bett, Frisiertisch, Nachttisch, Schreibtisch, Stuhl und Lampe. Nichts paßte zusammen, aber die Möbel waren solide und hielten einem Mann von beträchtlichem Gewicht stand. Es gab eine Dusche, eine Badewanne und eine separate Toilette im Erdgeschoß und eine Toilette und ein Waschbecken im oberen Stock. Daphne Crowleys persönliches Schlafzimmer war tabu. Sie trug den kleinen Messingschlüssel an einer Schnur bei sich, die mit einer Sicherheitsnadel in ihrer Tasche befestigt war.

John Ramey, ein anderer Mieter, war ein Mann um die Fünfzig, dessen Haar von den Schläfen aus zu ergrauen begann. Er hatte durchdringende blaue Augen, deren Lider sich nie ganz öffneten. Sein Haus war sechs Monate zuvor abgebrannt, und er hatte dabei seine Frau, seinen Sohn und die Schwiegertochter verloren. Er war am Boden zerstört gewesen. Zuerst hatte er bei Freunden gewohnt, doch es war schwer gewesen, sich näherzukommen. Sie wollten reden, wenn er nicht reden wollte. Wenn er nachts nicht schlafen konnte, mußte er spazierengehen; er ging um Mitternacht aus und kam manchmal erst gegen drei Uhr früh zurück. Er versuchte, rücksichtsvoll zu sein und niemanden zu wecken, aber er wollte es auch vermeiden, mit Fragen und Ratschlägen bombardiert zu werden.

Eines Tages sah er sich die Annoncen in der Zeitung an und fand darin Daphnes Pension. Ihm war es egal, wie es dort aussah oder wie das Essen schmeckte. Für ihn war sie einfach ein Ort, wo er würde bleiben können, bis er entschieden hätte, was er weiter mit seinem Leben anfangen sollte.

Er arbeitete für eine Zementfirma, die ihn wegen seiner zweiundzwanzigjährigen perfekten Dienste bis zu der Tragödie hoch gelobt hatte. Er ging weiterhin jeden Tag zur Arbeit, aber er machte Fehler – zu viele Fehler. Der Vorarbeiter wußte nicht, wie er damit umgehen sollte. Er war zehn Jahre jünger als John und hatte nur halb soviel Erfahrung, und er bemitleidete ihn wegen des schrecklichen Verlusts, aber er wußte, daß etwas geschehen mußte. Er bat um ein Gespräch mit seinem Vorgesetzten, um diesen um Rat zu fragen. Gemeinsam versuchten sie, mit John zu reden, aber es war, als spreche man mit einer leeren Hülse. Er lächelte und nickte nur zustimmend.

Das größte verfügbare Zimmer in der Pension Crowley war das vordere Eckzimmer und wurde von einem Barkeeper, Kenneth, und von Charles bewohnt, einem jungen Mann, der als Entertainer in dem gleichen Lokal, in dem auch Kenneth arbeitete, verschiedene Instrumente spielte und sang. Sie arbeiteten nachts und schliefen tagsüber. Das Zimmer hatte Doppelbetten, und jeder bezahlte die volle Wochenmiete, weshalb Daphne mit dem Arrangement sehr zufrieden war. Die beiden Mieter aßen wegen ihrer Arbeitszeiten selten mit den anderen zusammen, und so war die Tatsache, daß sich zwei Männer ein Zimmer teilten, nicht zum Gesprächsthema geworden.

Der rothaarige William Brawley war ein weiterer Mieter. Er war ein muskulöser, fünfunddreißigjähriger Mann von zweihundertfünfundzwanzig Pfund, der in der Brauerei arbeitete und der beste Kunde für sein Produkt war. Er war aus mehr Tavernen, von mehr Sportplätzen und aus mehr Hotels und Pensionen herausgeflogen, als man sich vorstellen konnte. Er sah nicht wie ein Alkoholiker aus. Das typische aufgeschwemmte Gesicht und die rote Nase waren nicht erkennbar, weil sein heller Teint mit dunkelbraunen Sommersprossen übersät und voller Falten war. Die Leute merkten nicht, wann er betrunken war, weil sie ihn niemals nüchtern sahen. Brawley, wie er von allen genannt wurde, benahm sich immer gleich und wurde von drei Bieren zum Frühstück, die er getreulich jeden Morgen trank, und mindestens zwanzig weiteren bis zum Schlafengehen in Gang gehalten. Er war laut, grob, streitsüchtig und besserwisserisch, aber er bezahlte jeden Freitag pünktlich seine vollständige Miete. Das war alles, was bei Mrs. Crowley zählte.

»Beatrice, kannst du bügeln?« fragte Daphne, als die Morgensonne ein Muster auf den Küchentisch malte, an dem sie saß und einen zwei Tage alten Keks in ihren Becher mit heißem Tee tunkte.

»Ich habe schon gebügelt, aber nicht oft.«

»Nun, es ist nicht schwierig. Du mußt genau darauf achten, was du tust, und darfst das Eisen nicht zu lange an einer Stelle lassen, um den Stoff nicht zu versengen. Ich werde es dir heute zeigen. Alle Mieter zahlen etwas zusätzlich, wenn wir ihre Wäsche erledigen, und bisher waren bis auf Andrew Simunsen alle zufrieden. Der zieht eine chinesische Wäscherei vor. Seltsamer junger Mann. Benimmt sich, als hielte er sich für was Besseres. Chinesen, man stelle sich das vor!«

Später an diesem Tag lernte Beatrice, die elektrische Waschmaschine zu füllen, dann, nachdem die Wäsche eine Weile in der Seifenlauge hin und her gewälzt worden war, diese in die Wringmaschine zu befördern, von wo aus sie ins Spülbecken gelangte, und die Wäsche schließlich erneut auszuwringen und in einen Wäschekorb zu legen. Daphne beaufsichtigte sie und gab ihr genaue Anweisungen, wie die Kleidungsstücke auf der Wäscheleine anzuordnen wären. Ein Pfahl mit gespaltener Spitze mußte in den Boden gerammt werden, um die durchhängende Leine zu stützen, und die Laken mußten vorsichtig so aufgehängt werden, daß sie nicht gegen das Auto geweht wurden. Dann gab Daphne ihr Anweisungen, wie sie die Wäsche falten müßte, gefolgt von einer Lektion in Bügeln.

Beim Abendessen beschwerte sich Brawley über das Brot. Er rief Beatrice ins Zimmer und begann sie zu beschimpfen, weil sie schlecht gebacken habe. »Es schmeckt schrecklich; es ist zäh, und sogar der Honig wurde nicht aufgesogen und lief mir über die Finger. Ich werde es Mrs. Crowley sagen, wenn ich sie sehe. Sie sollte dir besser erklären, wie du es machen sollst, Nigger, sonst muß sie es aufgeben und fertiges Brot kaufen. Wenn sich hier nichts ändert, wird irgendeiner gehen, und das wird nicht der alte Brawley sein.«

Das Mädchen war erschüttert über die beleidigenden Worte. Als sie ihre ganze Tagesarbeit getan hatte und hoch oben auf ihrem Ausguck auf dem Dach saß, fragte sich Beatrice zum ersten Mal, was geschehen würde, wenn Mrs. Crowley sie nicht mehr haben wollte. Wohin sollte sie gehen? Was könnte sie tun? Sie hatte das Waisenhaus vor zwei Wochen verlassen, und dies war das erste Mal, daß ihr je Fragen nach der Zukunft in den Sinn kamen.

18

Am folgenden Wochenende putzte Beatrice das Badezimmer im Obergeschoß und fand dort eine goldene Uhr,
die in der Nähe des Waschbeckens lag. Als sie nach unten
ging, um Daphne zu fragen, was sie damit tun sollte, kam
sie an Andrew Simunsens Zimmer vorbei. Die Tür war
offen; er saß am Schreibtisch und las ein Buch. Als er sie
sah, lächelte er und sagte. »Hallo!« Dann knickte er die
Ecke einer Buchseite um, schloß das Buch und fügte
hinzu: »Tut mir leid, ich hab' deinen Namen vergessen.«

»Beatrice«, sagte sie und hielt ihm die Uhr hin. »Ist das
Ihre? Ich habe sie beim Putzen gefunden.«

»Wie? Ja, natürlich«, sagte er und legte das Buch auf
den Schreibtisch. »Ich nehme sie oft ab und vergesse sie
dann. Danke, daß du sie mir gebracht hast.«

»Das ist schon in Ordnung. Ich hoffe, ich habe Sie nicht
beim Lesen gestört«, sagte sie, tat ein paar Schritte in das
Zimmer hinein und reichte ihm die Uhr. »Ich lese auch
gern.«

»Tatsächlich? Ich hab' nie dran gedacht, daß Aborigines gebildet sein könnten. Was liest du denn?« fragte er,
während er die Uhr anlegte.

»Ich interessiere mich für Naturwissenschaften, Biologie, Astronomie, solche Dinge. Natürlich habe ich nichts
mehr gelesen, seit ich die Schule verlassen habe und hierhergekommen bin.«

»In der Innenstadt gibt es eine Bücherei. Die haben
Bücher, die du sicher noch nie gesehen hast. Eine riesige

Bibliothek. Du solltest dich irgendwann von jemandem dorthin mitnehmen lassen.« Dann fügte er schnell hinzu: »Noch besser, ich kann dir sagen, wo sie ist.« Er nahm ein Blatt Papier und einen Stift und begann, ihr den Weg aufzuzeichnen. Dabei fragte er: »Was willst du mit all diesen naturkundlichen Kenntnissen anfangen?«

Beatrice sah den glattrasierten jungen Mann an und fragte: »Anfangen? Wie meinen Sie das?«

Andrew seufzte und stieß ein merkwürdiges kleines Geräusch aus, das einen verständnislosen Gesichtsausdruck begleitete. Gute Frage, dachte er. Ich habe noch nie von einem schwarzen Naturwissenschaftler gehört, und schon gar nicht von einer schwarzen Wissenschaftlerin. Welche Berufe hatten die Aborigines? Er hatte keine Ahnung. Gewiß wurden sie nicht bei Banken angestellt, nicht einmal, um die Papierkörbe zu leeren. »Ich kenne überhaupt keine Aborigines persönlich. Außer dir natürlich. Ich weiß nichts über dein Volk. Erzähl mir von dir.«

»Ja, also«, antwortete sie, »eigentlich weiß ich gar nicht, was ich sagen soll.« Aber dann erzählte sie ihm doch die Geschichte ihres Lebens. Als sie damit fertig war, hatte Andrew verstanden, daß sie nicht viel über ihre Vorfahren wußte.

Beatrice fragte Daphne nach der Bücherei und nach einem freien Nachmittag, um hinzugehen, und die Antwort war immer dieselbe: »Wir werden das irgendwann einschieben.« Einen Monat später, als sie zum Lebensmittelmarkt gefahren waren, erinnerte Beatrice sie wieder daran, und so fuhren sie zur Bibliothek. Die beiden Frauen gingen die Zementstufen hinauf und betraten zwischen mächtigen Säulen und zwei Löwenstatuen das Gebäude. Daß eine Aborigine sich Bücher ausleihen wollte, war eine Art Schock für die ältliche Frau hinter der Theke. Konnte das Mädchen denn richtig lesen? Konnte sie sorgfältig mit Büchern umgehen und sie pünktlich zurückbringen? Welche Art von Büchern würde sie interessieren? Vielleicht konnte sie sich ja in der Bibliothek hinsetzen und lesen. Dann brauchte man sich keine Sorgen zu machen, daß die Bücher nicht zurückgebracht oder beschädigt würden. Ja, am besten solle sie zum Lesen herkommen, wiederholte die Bibliothekarin mehrere Male an Daphne gewandt, nicht an Beatrice.

Beatrice werde der Leserausweis nicht verweigert, sie bekomme nur einfach keinen, erklärte Daphne ihr auf der Heimfahrt. Für ihre neue Angestellte war das eine sehr enttäuschende Erfahrung. Sie saß auf der Veranda, als die Straßenlaternen angezündet wurden und Andrew Simunsen das Haus verließ. Sie hielt ihn an und versuchte, ihm von ihrem Mißgeschick zu erzählen, aber er war sehr in Eile und knurrte nur: »Tut mir leid.«

Am folgenden Mittwoch rief er Beatrice in sein Zimmer und gab ihr drei Bibliotheksbücher, die er auf seinen eigenen Namen ausgeliehen hatte. Das war der Beginn einer langen und komplexen Beziehung. Ihm war es immer noch nicht klar, was all das Studieren einem schwarzen Mädchen nützen könnte, aber er fühlte sich wegen der üblen Behandlung ihres Volkes schuldig. Er hatte Schuldgefühle, weil sie keine Zukunft hatte, und tief in seinem Inneren nagte auch die Schuld an ihm wegen der Art und Weise, wie er sich bei Elizabeth sein Geld verdiente.

Die Vereinbarung mit den Barmherzigen Schwestern sah vor, daß ihr früheres Mündel für seine Dienste einen kleinen Lohn, Kost und Logis erhielte. Zehn Prozent des Lohns waren direkt an die Schule zu überweisen und galten als Beatrices Beitrag zur Sonntagskollekte. Die Details der Vereinbarung wurden Beatrice nicht mitgeteilt, und so wartete und wartete sie auf den Tag, an dem Daphne ihr etwas Geld geben würde.

Sie war schon fünf Monate dort beschäftigt, und Daphne war fast soweit, ein wenig Bargeld herauszurücken, als etwas geschah, das sie ihre Meinung ändern ließ. Ihre zukünftige Finanzsituation sollte sich an dem Tag ändern, an dem das Telefon läutete und die Sekretärin des Zementwerks ihr mitteilte, daß John Ramey tot sei.

Seine Unaufmerksamkeit und sein Mangel an Konzentration hatten ihn schließlich eingeholt. Er hatte eine Maschine eingeschaltet und dabei einen stromführenden Draht auf nassen Boden fallen lassen, den er soeben gewischt hatte. Jetzt mußte Daphne sich mit einem unvermieteten Zimmer herumschlagen.

»Beatrice, bring einen Karton und hilf mir, Johns Sachen zu packen«, sagte Daphne ungerührt, nachdem sie den Hörer wieder auf die Gabel gelegt hatte. »Er ist tot.«

Mr. Ramey hatte zwei Lederkoffer unter seinem Bett liegen, und so brauchten sie den Karton schließlich doch nicht. Er besaß sehr wenig, hauptsächlich Kleidung. Es gab kein Fotoalbum, keinen Schmuck, nur ein paar Toilettenartikel und zwei Päckchen Zigaretten, die Daphne mit nach unten nahm. Sie entdeckte auch einen Aschenbecher, den sie noch nicht gesehen hatte. Sie ließ ihn auf dem Nachttisch stehen und fügte ihn nachher ihrem Inventar hinzu. Die gepackten Koffer standen zwei Tage im Flur und wurden dann auf dem Speicher gelagert, bis jemand käme, um John Rameys persönliche Habe abzuholen. Es kam nie jemand.

Brawley beschwerte sich weiterhin über das Essen. Er kritisierte den Zustand seiner Wäsche, den Staub auf den Möbeln in seinem Zimmer und alles andere, von dem er wußte, daß es von der dunkelhäutigen Frau getan wurde. Mrs. Crowley hatte ihre Reaktion zu einer hohen Kunst entwickelt. Sie schüttelte stets ungläubig den Kopf, setzte ihre aufmerksamste Miene auf und versprach, für Abhilfe zu sorgen oder das Mädchen zu entlassen. Beatrice nahm sich alle Kommentare von Brawley anfänglich sehr zu Herzen und war bedrückt, weil sie es einem der Mieter nicht recht machte. Doch nach und nach kam sie zu der Erkenntnis, daß sie Brawley nur zufriedenstellen könnte, wenn sie verschwände oder ihre Haut weiß anmalte.

John Rameys Zimmer wurde schließlich an eine berufstätige Frau vermietet, die Kenneth und Charles empfohlen hatten. Sie arbeitete in einem Modegeschäft in der Innenstadt und zahlte zwei Monatsmieten im voraus, was allen Fragen der Vermieterin ein Ende setzte.

Helena war sehr groß und dünn. Sie trug die feinsten Kleider und hatte so viele, daß sie aus dem Geschäft zwei eiserne Gestelle für ihre Schuhe, Hüte und sonstigen Sachen mitbringen mußte. Sie trug sehr dick aufgelegtes Make-up und tiefroten Lippenstift und hatte lange Fingernägel. Für jede Farbe ihrer Garderobe hatte sie eine komplette Garnitur passenden Schmucks. Sie führte ein reges gesellschaftliches Leben. Beatrice hörte ihre hohen Absätze zu allen Stunden über den Gehweg zur Haustür klappern, wenn sie die Pension Crowley betrat oder verließ.

Beatrice verbrachte so viel Zeit auf dem Dach, daß sie über jedermanns Kommen und Gehen Bescheid wußte. Sie erkannte alle an ihren Schritten. Sie wußte sogar, daß der Mann, der jeden Tag in der Morgendämmerung die Milch brachte und in den Metallkasten stellte, damit sie kalt und frisch bliebe, derselbe Mann war, der leise über die hintere Veranda kam und durch die Tür eingelassen wurde, die die gute Daphne mit ihrem Messingschlüssel so sorgfältig hütete.

Das erste Jahr bei Mrs. Crowley kam und ging. Daphne fing endlich an, ihre Angestellte zu bezahlen. Niemand fragte Beatrice jemals, ob sie glücklich sei, und auch sie selbst stellte sich diese Frage selten. Sie las die Zeitung und hörte zu, wenn die Mieter sich unterhielten, also war sie sich der Ereignisse der Welt bewußt. Aber alle rassischen Spannungen in der Stadt blieben unerwähnt. Tatsächlich schien sich der ganze Kontinent Australien keiner Konflikte zwischen Schwarz und Weiß bewußt zu sein.

19

Kirschrot glühten die Bremslichter des schnellen 1953er-Chevrolet-Sportwagens auf, als der Fahrer auf die Bremse trat und schleudernd zum Halten kam. Weiße Rauchwölkchen stiegen noch von den Reifen auf, als der Rückwärtsgang eingelegt wurde und der Wagen langsam zu dem Anhalter zurückfuhr, der schnell angelaufen kam, um mitgenommen zu werden. Geoff rechnete halb damit, daß der unsichtbare Fahrer wieder aufs Gas treten und der Wagen einen Satz nach vorn tun und ihn zurücklassen oder sogar anfahren und auf dem Boden liegenlassen würde. Das war schon vorgekommen. Vorsichtig öffnete er die Beifahrertür. Der Fahrer war ein junger Mann mit goldener Sonnenbräune und sehr kurz geschnittenem hellblondem Haar. Mit einer Handbewegung forderte er Geoff auf, einzusteigen. Der Wagen war so neu, daß er noch nach Fabrik roch.

»Wo wollen Sie hin?« fragte der Blonde.

»An keinen bestimmten Ort. Wohin fahren Sie?«

»Fort Irwin, Kalifornien. Bin gerade für zwei Jahre eingezogen worden. Und hab' das hier geschenkt bekommen. Ist der Wagen nicht bildschön?« sagte er und tätschelte das lederbezogene Steuerrad. »Da, wo ich herkomme, gehört fast alles den Burks, auch die Autohandlung. Deren Sohn muß natürlich keinen Militärdienst leisten. Ich vermute, die Burks bezahlen mich dafür, daß ich seinen Job übernehme. Ziemlich schlau, was?«

Geoff lächelte, gab aber keine Antwort. Er wußte den

Burschen bereits einzuschätzen. Er brauchte nur zuzuhören, und dafür würde er eine Mitfahrgelegenheit vom
Mittleren Westen bis an die Westküste bekommen. Er erkannte jemanden, der in sich selbst verliebt war. Er wußte
nicht genau, ob der Wagen gestohlen war oder ob er ihn
von jemandem namens Burk geschenkt bekommen hatte.
Das war eigentlich auch nicht wichtig.

»Harry. Harry Tull«, sagte der Blonde und streckte die
Hand zur Begrüßung aus.

»Jeff«, antwortete der Anhalter.

Die beiden jungen Männer saßen erst fünf Minuten im
Wagen, der jetzt wieder schnell dahinfuhr, als Harry
seinen Beifahrer bat, nach hinten auf den Rücksitz zu
greifen und ihm ein Bier zu geben. »Bedien dich. Es wird
sonst mit der Zeit zu warm, um noch zu schmecken. Wir
halten irgendwo an und besorgen uns dann eine Kühl-
box.«

Sie verbrachten den Tag damit, das restliche Bier zu
trinken, obwohl es warm wurde, und rauchten eine
Schachtel Zigaretten leer, über die sie sich amüsierten,
weil sie bei jeder Kurve auf dem Armaturenbrett hin und
her rutschte. Der Fahrer redete, der Beifahrer hörte zu. Ab
und an fuhr Harry an den Straßenrand. Dann urinierten
sie rasch, indem jeder eine Tür öffnete und den anderen
herausforderte, festzustellen, wer am meisten loswerden
mußte. Gegen elf Uhr abends hatten sie alle ihre Vorräte
aufgebraucht. Bei eingeschaltetem Fernlicht erkannten
sie in der Ferne eine Imbißstube mit einer einzelnen Benzinpumpe, die das fliegende rote Pferd, das Symbol der
Mobile Oil Company, trug. Harry beschloß, hinzufahren.

Lachend stiegen die beiden Jungen aus dem Auto und
torkelten zu dem Gebäude. An der Tür hing ein Schild,
auf dem GESCHLOSSEN stand, aber die Tür war nicht
abgeschlossen. Innen begrüßte sie der starke Geruch von
gebratenem Fleisch und gerösteten Zwiebeln.

»Davon will ich einen haben«, sagte Harry zu dem runden rosa Gesicht, das aus der Küche schaute. Der Koch antwortete nicht sofort, aber irgendwie ahnte er Schwierigkeiten und reagierte schließlich mit: »Wovon?«

»Was da so gut riecht. Hamburger, oder? Geben Sie uns zwei. Nein, geben Sie uns vier. Wir sind hungrig, was, Kumpel?« Dabei trommelte Harry mit den Fingern auf die rosafarbene Theke und wandte den Blick nicht von der Küche. Der Koch erhob keine Einwände und legte vier Hamburger auf die flache Bratfläche des Herdes, den er gerade gesäubert hatte. Er nahm ein Streichholz und zündete die Gasbrenner an.

»Warte hier«, wies Harry Geoff an. »Ich gehe tanken.« Er ging zur Registrierkasse, tastete auf der Ablage darunter herum und nahm einen seltsam aussehenden Schlüssel heraus. Dummes Volk, dachte er. Immer lassen sie den Schlüssel an derselben leicht zugänglichen Stelle liegen. Er ging nach draußen, steckte den Schlüssel in die Benzinpumpe, schaltete sie ein und füllte den Tank des Chevy. Er hatte den Schlüssel wieder zurückgelegt und sich neben Geoff auf einen Hocker an der Theke gesetzt, als die fleischigen rosigen Arme, die zu dem runden Gesicht in der Küche gehörten, ihnen die Sandwiches servierte.

»Geben Sie mir 'n Bier.«

»Mir auch.«

Der Koch nahm Bier aus dem Getränkekühler und stellte es vor die Kunden. Dann ging er zurück in die Küche. Die beiden aßen schweigend. Als sie fertig waren, ging Harry hinter die Theke, öffnete den Kühlschrank und nahm zwei Sechserpackungen Bier heraus.

»Nimm die«, sagte er, holte zwei weitere Packungen heraus und trug sie zum Auto.

Geoff wußte, daß der Koch nichts unternehmen würde. Er würde nicht die Polizei rufen und vermutlich nicht einmal dem Besitzer Bescheid sagen, falls er nicht mit der Notwendigkeit konfrontiert würde, das Fehlen von vier Sechserpackungen Bier zu erklären. In Texas war er so oft Zeuge gewesen, wie manche Leute von Schlägern schikaniert wurden, daß er ihr Verhalten leicht vorhersagen konnte. Anscheinend bestand sein Leben mehr und mehr daraus, andere Leute zu beobachten und selbst kaum etwas zu tun.

Die nächsten paar Tage verliefen genauso wie die vorherigen. Harry verließ den Highway, und sie wurden bewußtlos oder schliefen, sie wußten es beide nicht genau. Sie stahlen Autokennzeichen und wechselten sie zweimal; nur ein einziges Mal bezahlten sie für eine Tankfüllung. Harry schien die Spannung zu genießen, beinahe geschnappt zu werden.

Am Morgen des vierten Tages waren sie auf dem Highway 66 vor einem Lebensmittelgeschäft, dem Cottonwood Market. Die Stadt hieß Linwood, Kalifornien. Zwei Metallschilder standen am Straßenrand. Auf dem oberen stand LINWOOD, 37 EINWOHNER, auf dem unteren FORT IRWIN, und ein Pfeil zeigte auf die Abfahrt vom Highway.

»Ich denke, hier mußt du aussteigen, Partner«, sagte Harry. »Nimm das restliche Bier.«

»Danke«, antwortete Geoff. »Hast du wirklich Lust, zur Army zu gehen?«

»Na, wir werden sehen. Vielleicht bleibe ich mein Leben lang dabei. Bevor ich zu Hause wegfuhr, habe ich gehört, daß man mich, solange ich meinen Militärdienst leiste, nicht wegen irgendwelcher Zivilsachen verhaften kann. Für mich hört sich das an wie 'ne Lizenz zum Klauen.« Harry startete den Wagen, verließ den ungepflasterten, mit Kies bestreuten Parkplatz und schaute sich nicht mehr um.

Geoff betrat das Geschäft und kaufte sich eine Tüte Kartoffelchips. Als er wieder draußen war, ging er langsam in westliche Richtung, aß immer wieder mal einen Bissen von seinem Frühstück und hob zwischendurch den Daumen, wenn Autos vorbeikamen. Linwood – so hatten sie von einem Verkäufer in dem Supermarkt gehört – lag noch in der Mojave-Wüste, und bis zur Küste waren es weitere dreihundert Kilometer. Geoff war fünfzehn Minuten gegangen, als er hörte, wie hinter ihm ein Wagen langsam an den Straßenrand fuhr und hielt. Als er sich umdrehte, erkannte er die Zeichen auf den Seiten des Autos. Der Wagen gehörte zur California Highway Patrol. Er blieb stehen; ein Uniformierter stieg aus und kam auf ihn zu.

»Was machst du hier, Junge?«

»Ich bin unterwegs nach Los Angeles.«

»Zeig mir deine Papiere.«

»Ich habe keine.«

Der Uniformierte musterte ihn und sagte schließlich: »In dem Fall muß ich dich zur Vernehmung mitnehmen und Fingerabdrücke von dir machen. Steig in den Wagen.«

Geoff tat wie geheißen, ohne einen Kommentar abzugeben oder zu protestieren. Er wurde fünfzig Kilometer bis in die Stadt Victorville gefahren, wo die Highway-Patrouille ein Büro hatte. Dort sagte man ihm, er solle seine Taschen leeren, und nahm ihm die Fingerabdrücke ab. Er wurde in einen Raum gebracht, in dem ein Tisch und zwei Stühle standen, und dort für die nächsten zwei Stunden eingeschlossen. Er wußte nicht, warum man ihn aufgegriffen hatte. Er wußte nicht, ob es etwas damit zu tun hätte, daß er mit Harry zusammengewesen war. Endlich, als ein Fremder hereinkam, um mit ihm zu reden, beantwortete er alle Fragen so ausweichend wie möglich und behauptete, er gehe bloß zu Fuß nach Los Angeles. Sie schienen keinen Grund finden zu können, ihn festzuhalten, also wurde er am Nachmittag entlassen.

Als er verlangte, man solle ihm den Inhalt seiner Taschen zurückgeben, sahen zwei Uniformierte einander an und schüttelten die Köpfe. »Deine Taschen waren leer, weißt du das nicht mehr?« Plötzlich waren die Rollen klar definiert. Er war nicht länger ein Zuschauer, der einen Schikanierer und sein Opfer beobachtet. Jahrelang hatte er geglaubt, die anderen seien Schwächlinge, und nicht verstehen können, warum sie sich mißbrauchen ließen. Jetzt war er in der Situation, sich entweder zu wehren oder zu unterwerfen. Die Schmuckstücke bedeuteten ihm nichts. Er hatte nicht das Gefühl, sich die verdient zu haben, sondern hatte sie eher als Bestechung empfunden, damit er die Finger von der Tochter des Farmers ließ. Vermutlich waren sie ohnehin nicht viel wert. Er würde die Manschettenknöpfe und die Krawattennadel einfach als Bezahlung für seine Freiheit ansehen. Die Entscheidung war leicht. Er wählte den Weg der Unterwerfung und ging.

Zum ersten Mal in seinem Leben sah er das Wort »Feigling« in einem neuen Licht. Vielleicht war es unter bestimmten Umständen klüger, den anderen gewinnen zu lassen. Vielleicht sollte man die Sache von beiden Seiten betrachten, innerlich und äußerlich, also sowohl in sich hineinschauen als auch die äußere Situation beobachten und weise handeln.

Geoff erschrak über sich selbst. Wenn er nicht trank, hatte er schwerwiegende Gedanken. Zu schwerwiegend. Er ertappte sich dabei, daß er Fragen stellte und nach Antworten suchte, von denen er nicht einmal gewußt hatte, daß sie ihn interessierten. Er wußte, daß er unten im Schuh einen Fünfdollarschein hatte. Den hatte er vor Harry versteckt. Er blieb stehen und nahm ihn heraus.

Ich werde mir ein oder zwei Bier kaufen, dachte er, dann hören alle diese Gedanken in meinem Kopf auf. Und das tat er.

20

Als sie achtzehn war, in ihrem zweiten Arbeitsjahr, besaß Beatrice die perfekte Routine in all ihren Aufgaben. Sie stellte fest, daß sie zusätzliche Zeit herausschinden und nach ihrem Gutdünken verwenden könnte, solange sie das als Arbeit ausgab. Sie fing an, auf unterschiedlichen Wegen zum Einkaufen zu gehen, und wagte sich weiter und weiter in andere Stadtteile vor. Das Busfahren schüchterte sie nicht mehr ein. Sie trug das Fahrgeld in Münzen bei sich und zählte es genau ab, so daß sie sich, wenn sie eingestiegen war, ruhig allein irgendwo hinsetzen, vor sich hin schauen und ohne Zwischenfälle ihr Ziel erreichen konnte. Bei einer dieser Forschungsreisen entdeckte sie einen Stadtteil, in dem nur Aborigines wohnten. Dort gab es keine gepflegten Rasenflächen, keine Blumenkästen, keine bunten Beete, wo man Besucher begrüßen konnte, die sich dem Vordereingang näherten. Die ganze Gegend bestand aus alten, verkommenen Häusern; bei vielen waren die Fenster zersplittert. Zerbrochene Holzkisten und Metallstücke lagen herum. Butterbrotpapier, leere Coladosen und anderer Abfall sammelten sich an den Mauern und in den Rinnsteinen.

Immer saßen da Leute auf den Treppenstufen, unter Bäumen und auf dem Gehsteig. Als sie eine Gruppe Kinder dort spielen sah, setzte sie sich hin, um sich auszuruhen und sie zu beobachten. Eine junge Frau, die etwa in ihrem Alter zu sein schien, kam zu ihr und fragte: »Ist eins davon deins?«

»Nein«, antwortete Beatrice. »Ich habe keine Kinder.«

»Der da ist meiner«, sagte die Frau und zeigte auf einen kleinen Jungen, der kurze rote Hosen trug und einen dichten Schopf lockiger Haare hatte. »Ich glaube, ich hab' dich hier noch nie gesehen. Bist du neu?«

»Ja, ich arbeite in einer Pension, und ich habe nicht viel von der Stadt gesehen, also bin ich einfach so herumgelaufen.«

»Du arbeitest, sagst du? Du hast einen richtigen Job?« fragte das Mädchen.

Durch dieses Zusammentreffen mit Pansy, der jungen Mutter, lernte Beatrice eine ganze Gruppe der Gesellschaft kennen, von der sie nichts gewußt hatte. Die Leute waren in zweiter, dritter und vierter Generation hier in dieser abgelegenen Gemeinschaft oder ganz in der Nähe geboren. Die Urgroßeltern waren vom Land vertrieben worden, als die weißen Siedler gekommen waren. Man hatte ihnen Tee, Zucker, Mehl und Tabak dafür gegeben, daß sie das Land, ihre Lebensweise und all ihre Überzeugungen und Bräuche aufgegeben hatten. Sie kampierten an den Rändern der Stadt und sahen zu, wie sie sich entwickelte. Mit der Zeit war die weiße Bevölkerung umgezogen und hatte ihre Häuser aufgegeben. Da die untersten Klassen der weißen Zivilisation nicht mit den Schwarzen hatten leben wollen, war die Gegend zu einem reinen Aborigine-Viertel geworden.

Im Jahre 1954 sah Beatrice, daß Schulen errichtet wurden, um ihr Volk zu unterrichten, daß die Waisenhäuser der Mission eins nach den anderen geschlossen wurden und daß die Aborigines von der Sozialfürsorge unterstützt wurden. Man sprach auch über gleiche Rechte für alle, indem der Verkauf von Alkohol an die Aborigines legalisiert werden sollte. Gleiches Wohnrecht und gleiche Chancen auf Arbeit sowie eine Kampagne zur Überwindung des Rassismus lagen noch in weiter Ferne.

Beatrice arbeitete bei Mrs. Crowley fleißig und schnell, um alle ihre Aufgaben zu schaffen und mehr Zeit im Aborigine-Viertel der Stadt verbringen zu können. Sie gewann Freunde und hörte stundenlang zu, wenn von historischen Ereignissen erzählt wurde, aber am liebsten mochte sie die ältesten Leute ausfragen, um mehr vom Leben vor dem weißen Mann zu erfahren.

Das Verlangen, ihre Wurzeln kennenzulernen, begann ihre Gedanken zu dominieren. Sie lernte von den alten Sprachen, was sie konnte. »Weiter nördlich gibt es Menschen, die noch immer auf die alte Weise leben«, sagte man ihr. »Sie jagen und fischen und leben im Busch. Es sind nicht mehr viele, aber ein paar gibt es noch.«

»Wo im Norden?« fragte Beatrice einen sehr alten Mann.

»Weiß ich nicht. Geh einfach los. Du wirst schon richtig hinkommen. So wird es gemacht. Glaube an dich selbst und vertraue auf den Weg. Ich bin zu alt. Habe zu lange hier gesessen. Ich weiß nicht, warum man meinem Volk solches Leid zugefügt hat, und ich sehe keinen Ausweg, aber ich hänge an dem alten Gesetz, das besagt, daß die Welt mit jeder Inkarnation eine Gelegenheit bekomme zu zeigen, daß wir die Hüter sind und in der Göttlichen Einheit leben, wie es sein soll. Vielleicht werden die Jüngeren es richtig machen. Ich weiß nicht. Lange, lange Zeit war es nicht richtig. Du bist jung. Du versuchst es. Du versuchst, es richtig zu machen. Du gehst nach Norden und lernst.«

Die Sonne schaute zwischen den Wolken hervor, als Beatrice am nächsten Morgen das Frühstück zubereitete, die Küche putzte, Kleidungsstücke wusch und zum Trocknen aufhängte und im Garten Unkraut jätete. Während sie Helenas unordentliches Zimmer abstaubte und säuberte, kam ihr immer wieder der Satz »Glaube an dich und vertraue« in den Sinn. Gab es irgendwo da draußen wirklich Menschen, die ihr sagen konnten, wer sie war? Vielleicht lebten ihre eigenen Eltern bei diesen Leuten oben im Norden! Ihre Gedanken wurden unterbrochen, als sie Helenas viele Medizinflaschen umstellte, um die Schreibtischplatte zu säubern. Die Frau mußte ziemlich krank sein. Sie hatte alle möglichen freiverkäuflichen Tabletten für Frauen und zwei verschiedene Medikamente mit weiblichen Hormonen. Sie tat Beatrice sehr leid. Obwohl die Frau gesund aussah und wirkte, war sie es offenbar nicht. Sie brauchte all diese Medikamente. Als Beatrice sich den Fußboden ansah, der schon wieder das mühsame Aufsammeln von Haaren erforderte, wurde ihr klar, daß die arme Person eine Menge Zeit damit zubrachte, unerwünschten Haarwuchs zu entfernen. Es muß schrecklich sein, dachte sie, eine Frau zu sein und auf Armen, Beinen, Brust und Gesicht so viele Haare zu haben wie ein Mann.

Eines Tages am Frühstückstisch, als Beatrice wie üblich Tee und Bier servierte, las Brawley wie gewöhnlich die Morgenzeitung und kommentierte die Artikel, indem er jedem Ereignis seine persönliche Note gab. Er las den Bericht über den Mord an einer Frau. Sie war eine reiche Frau aus der High Society gewesen, eine gewisse Mrs. Henry Holmes. Der Ehemann war verhört und wieder freigelassen worden. Er war gerade von einer Reise zurückgekommen. Er entsprach nicht der Beschreibung eines Mannes, den man früher an jenem Tag in ihrer Begleitung gesehen hatte. Andrew Simunsen, der sich noch mehr Milch in seinen Tee goß, fragte, ob es kein Foto von Mrs. Holmes gebe. Er könnte sie ja von der Bank her kennen. Und ob da irgendeine Beschreibung des Mannes stehe, den sie vernehmen wollten? »Nein«, antwortete Brawley, »aber sie haben ein Beweisstück, das sie überprüfen. Hier steht nicht, was es ist, nur, daß es sich um ein Schmuckstück handelt.«

An diesem Abend warf Andrew einen großen Papierbeutel in die Mülltonne in der Gasse und zündete ihn an. Normalerweise war es Beatrices Aufgabe, allen Abfall des Hauses nach draußen zu bringen. Sie sah vom Dach aus zu und fand dieses Verhalten für einen Pensionsgast eigenartig. Die Tonne war fast voll, also hätte sie am nächsten Tag selbst den Müll verbrannt. Eines der Stücke, die unten aus dem Gitter herausgefallen und nicht verbrannt waren, war ein Fetzen von einer zerrissenen Fotografie. Es handelte sich um ein Bild von zwei Leuten mit breitem Lächeln, die spielerisch die Köpfe zusammensteckten. Der Mann auf dem Foto war Andrew. Das Gesicht der Frau war dasselbe, das Beatrice in der Zeitung gesehen hatte. Es war Mrs. Henry Holmes. Beatrice fiel auch auf, daß Andrew seine Armbanduhr nicht mehr trug. Er hatte sich anscheinend eine Taschenuhr gekauft. Sie fragte nie danach und sprach auch mit niemandem über ihre Beobachtung. Das Geheimnis von Elizabeth Holmes' Tod wurde nie gelöst.

Drei Jahre lang hatte Beatrice ihr Geld gespart. Es gab ihr ein gutes Gefühl, wenn sie ihre Zigarrenkiste herausnahm und ihren Lohn zählte. Im Laufe des letzten Jahres hatte sie angeboten, den Aborigines zu helfen, die sich in Not befanden, aber Pansy hatte ihr davon abgeraten. Die Leute könnten immer noch die nächste Sozialstation um Hilfe angehen, und sie erinnerte Beatrice daran, daß sie Mrs. Crowley vielleicht nicht immer haben würde.

Beatrice war fasziniert von der Vorstellung, daß sie eine Zukunft vor sich hätte und vielleicht nicht ihr ganzes Leben lang für Daphne würde arbeiten müssen. Oft erinnerte sie sich an den Rat des alten Mannes, einfach loszugehen. Mit dem Glauben an sich selbst und Vertrauen auf den Weg würde sie schon richtig ankommen. Aber sie hätte vielleicht nie nach ihrem tiefsten Wunsch gehandelt, wenn das Feuer nicht gewesen wäre …

Um drei Uhr morgens erwachte sie durch den Geruch von Rauch und einen stetigen Schwall aus dünnem grauem Qualm, der aus dem Speicherfenster zu ihrem Schlafplatz auf dem Dach herüberwehte. Die Unruhe begann, als einige Mieter schreiend und mit ein paar Wertsachen aus dem Haus gerannt kamen. Die Nachbarn wurden wach und liefen ins Freie.

Beatrice ging in den verqualmten Speicherraum, fand ihre Zigarrenkiste und legte die Hand auf einen sehr heißen Türknopf. Sie drehte ihn und öffnete die Tür. Die ganze Treppe stand in Flammen. Durch die geöffnete Tür hatte sie so viel Rauch hereingelassen, daß sie kaum noch Luft bekam. Sie konnte das Fluchtfenster nicht sehen, aber sie kannte die Richtung. Sie hielt den Atem an und rannte darauf zu. Sie fand es und kletterte hinaus. Zuerst sahen die Feuerwehrleute sie gar nicht, die sich auf die Vorderseite des Hauses konzentrierten. Niemand hatte ihnen gesagt, daß unter dem Dach des Gebäudes jemand wohnte. Endlich sah einer der Männer, daß sie am Rand des Daches stand und ihre Ersparnisse umklammerte. Sie brachten eine Leiter. Während der Feuerwehrmann ihr beim Absteigen half, brach das Dach zusammen und versprühte überall winzige rote Funken.

Daphne Crowley stand mitten auf der Straße, rosa Lockenwickler auf dem Kopf. Sie trug einen schwarzen Satinmorgenrock. Brawley hatte nur Unterhosen an. Sein Bierbauch wirkte viel dicker, als wenn er einen Gürtel trug. Kenneth und Charles in zwei gleichen Frotteebademänteln hielten einander umschlungen. Helena war nirgends zu sehen, aber ein Nachbar berichtete, ein Mann mit langen Haaren in einem Frauenmorgenrock sei, eine Tasche umklammernd, die Straße hinuntergelaufen. Beatrice nickte nur mit dem Kopf, als sie das hörte. Es wäre ihr nie in den Sinn gekommen, daß ein Mann versuchen könnte, wie eine Frau zu erscheinen. Das beantwortete die Frage, warum Helena immer so geheimnisvoll gewesen war.

Andrew Simunsen war in dieser Nacht nicht nach Hause gekommen. Beatrice ging hinüber, um Daphne zu trösten, doch sie konnte nicht in ihre Nähe gelangen. Die Hausbesitzerin erzählte dem Feuerwehrhauptmann gerade, wie wertvoll ihr Haus und ihre Möbel seien. Gleich darauf vertraute sie dem Nachbarn an, alles sei versichert und sie habe das Haus ohnehin verkaufen und wegziehen wollen. Wenn die Versicherungsgesellschaft sie anständig bezahlte, wäre sie bestimmt besser dran. Dann, als falle es ihr nachträglich ein, sagte sie noch zu dem Nachbarn: »Ich hoffe, die Feuerwehr kann verhindern, daß die Flammen auf Ihr Haus übergreifen!«

Beatrice schaute nicht weiter zu. Sie machte sich keine Sorgen darüber, was sie tun, wohin sie gehen oder was jetzt aus ihr werden sollte. Sie drückte die Zigarrenkiste an das Baumwollkleid, das sie nachts auf dem Dach draußen trug, und ging barfuß die Straße hinauf. Ohne bewußt eine Entscheidung zu treffen, bog sie um die Ecke und folgte ihrem Herzen. Sie ging nach Norden.

21

Am 14. Juli 1960 wurde Geoff Marshall bewußtlos in der Gasse hinter einem Schnapsladen gefunden. Er hatte keine Wunden, doch seine Kleider waren blutgetränkt. Ein Messer wurde entdeckt – nur ein paar Meter entfernt –, auf dem die Fingerabdrücke von jemandem identifiziert wurden, der als Jeff Marsh aktenkundig war, und sie stimmten mit denen des Betrunkenen überein. Drei Männer wurden aufeinanderliegend gefunden, Jeff war der oberste. Die beiden unter ihm waren tot. Er konnte sich an nichts erinnern, nicht einmal daran, wie er wieder nach Florida zurückgekommen war. Er kannte die toten Männer nicht, aber auch sonst kannte sie niemand. Selbst das Gericht konnte sie nicht identifizieren und bezeichnete sie als John Doe Nummer eins und John Doe Nummer zwei. Das Blut auf seiner Hose und seinem Hemd entsprach dem der beiden John Does. Man nahm an, daß er sie getötet hatte. Er wußte es nicht. Sein Kopf war vollkommen leer.

Er machte sich nicht die Mühe, die Behörden bezüglich des Namens Jeff Marsh zu korrigieren. Irgendwo war er in den vergangenen Jahren verhaftet worden und hatte den Beamten anscheinend diesen Namen genannt. Er hatte nichts dagegen. Ihm war es gleich, wie er hieß.

Er hatte kein Geld für einen Anwalt, und man stellte ihm einen Pflichtverteidiger, der ihm riet, sich schuldig zu bekennen. Wenn er das täte, behauptete der Anwalt, werde das Urteil wahrscheinlich milder ausfallen, als wenn der Fall vor einem Schwurgericht verhandelt würde und man ihn für schuldig befände. Geoff wußte nichts über das Gesetz und vertraute seinem Anwalt. Er bekannte sich schuldig und erhielt die Höchststrafe: Er wurde zum Tode verurteilt.

Für Geoff Marshall war die erste Tür seines Lebens zugefallen, als er weniger als vierundzwanzig Stunden alt gewesen war. Die zweite hatte sich geschlossen, als er sieben Jahre alt war und von allem abgeschnitten wurde, was er je gekannt hatte. Und nun, als er vierundzwanzig war, fiel die dritte Tür – diesmal aus Stahl – mit lautem und endgültigem Knall zu. Er war zum Häftling 804781 geworden und verurteilt, den Rest seines Lebens hinter Gefängnismauern zu verbringen.

Er bekam Gefängniskleidung. Als er den langen Gang hinunterging, sein Kissen, seine Decke und sein Handtuch tragend, hörte er Pfiffe und Rufe aus den Zellen der Männer in den Etagen über und unter ihm. Er versuchte, Schwierigkeiten zu vermeiden, aber der Entzug von Alkohol und Drogen bewirkte, daß sein Verstand ihm einen Streich spielte. Zwei Tage lang krallte er sich an nichtexistierende Gegenstände. Schließlich, am dritten Tag seiner Inhaftierung, steckte man ihn in Einzelhaft. Als er zwei Wochen später wieder auftauchte, war sein Kopf klar, aber die Probleme waren noch immer da.

Er paßte in keine der Gruppen, die sich in der Anstalt gebildet hatten. Es gab Cliquen nur aus Weißen, Afro-Amerikanern, Lateinamerikanern, gebürtigen Amerikanern und Asiaten, die sich von den anderen abschotteten, und innerhalb dieser Cliquen gab es noch Untergruppen mit verschiedenen religiösen Überzeugungen. Für einen Aborigine war da kein Platz. Er wurde zur Zielscheibe der Aggressionen aller, die Lust hatten, »jemandem das Licht auszublasen«.

Gegen Ende seines ersten Monats sprang ihn in der Gemeinschaftsdusche jemand von hinten an und hielt ihm – mit dem Arm um seinen Hals – den Kopf fest. Ein anderer Mann spuckte ihm ins Gesicht. Als der nach Knoblauch stinkende Speichel ihm über die Wange lief, bekam er einen Schlag, der ihm den Atem raubte. Er fiel auf die Knie, als ein weiterer Schlag in die rechte Niere traf. Der Tritt kam von einem Stiefel mit Stahlkappe und wurde geduldet, weil zwei Wächter bestochen worden waren. Geoff verlor das Bewußtsein. Als er wieder zu sich kam, floß ihm Blut aus Mund und Nase und aus einer tiefen Wunde auf dem Kopf. Er taumelte auf den Gang, wo ein Wächter ihm einen Blick zuwarf und sagte, er solle sich anziehen. Als er das zweite Mal zu sich kam, fragte man ihn, ob er einen Arzt haben wolle. Das Blut floß noch immer aus der offenen Kopfwunde. Er nickte.

Nach diesem Ereignis war er auf der Hut vor jeder Bewegung um sich herum. Er erwarb sich den Ruf, ein Einzelgänger zu sein. Er mußte gegen andere kämpfen und kam immer wieder in Einzelhaft, bis er schließlich als jemand galt, der bösartig wäre und den man am besten in Ruhe ließe.

22

Die Sonne ging auf und schien über Beatrices rechte Schulter. Sie war also nach kurvenreichen Straßen, an- und absteigenden Hügeln, Wohnvierteln und später auch Industriegebieten noch immer in nördlicher Richtung unterwegs. In der Nähe eines Highways zeigte ein blau-weißes Emailschild an, daß in Entfernungen von 20, 80, 120 und 250 Kilometern vier Städte lägen. Autos zischten an ihr vorbei, aber sie schaute nicht auf. Obwohl ihr Blick nach unten gerichtet war, war sie nicht so sehr in Gedanken vertieft, wie es den Anschein hatte. Tatsächlich war ihr Kopf leer. Sie befand sich in einer Art Niemandsland. Ein unsichtbarer Magnet schien ihren Körper wie aus weiter Ferne anzuziehen. Ihr Gehirn, benommen von dem Ereignis in der Nacht, bewegte sich wie ein rollendes Spielzeug an einer Schnur.

Ihre Füße waren nicht mehr so abgehärtet wie vor vier Jahren, bevor sie angefangen hatte, auf Mrs. Crowleys Wunsch hin Schuhe zu tragen. Steine und spitze Gräser verletzten ihre Fußsohlen, die anzuschwellen begannen. Sie merkte es nicht. Gelegentlich hupte ein Auto, dessen Fahrer sie grüßen oder warnen wollte, ihm aus dem Weg zu gehen. Sie nahm sie nicht wahr. Sie ging einfach weiter.

Als sie aus ihrer selbsterzeugten Betäubung erwachte, stand sie auf einem Eisenbahngleis. Die Pfeife des Zuges ertönte, und sie war verblüfft, als sie das herannahende schwarze Monster erblickte. Der vorbeirasende Zug brachte sie in die Gegenwart zurück. Sie beschleunigte ihre Schritte und überquerte die Gleise, um die Stadt zu erreichen, die vor ihr lag. Dort gab es Häuser, jedes ein weißes Quadrat mit einem grünen Rasenstück davor, und einen Park mit Bänken und verschlungenen Wegen. An einem Brunnen stillte sie ihren Durst. Sie konnte fast spüren, wie die Flüssigkeit durch ihren Körper pulsierte. Sie spritzte sich kaltes Wasser ins Gesicht und kehrte in die Realität zurück. Sie war zwanzig Kilometer gelaufen und konnte sich nicht erinnern, irgend etwas wahrgenommen zu haben.

In der Luft lag der Geruch von gebratenen Hähnchen. Sie folgte ihm, ging durch den Park und erreichte die Geschäfte auf der Hauptstraße. Die Milchbar war zur Straße hin weit offen, weil die Wand während der Geschäftszeit ganz zur Seite geschoben werden konnte. Auf einem Schild stand, welche Gerichte es gäbe und was sie jeweils kosteten, aber Beatrice blieb nicht stehen. Sie ging zur nächsten Straße, bog um die Ecke, und dort, wo sie außer Sicht war, öffnete sie die Zigarrenkiste. Sie nahm etwas Geld heraus und steckte es sich in die Tasche; dann ging sie wieder dem köstlichen Essensgeruch nach. Der Koch hinter der Theke nannte zuerst den Preis und streckte die Hand aus. Er wollte erst das Geld haben, bevor er ihr das gewünschte Gericht einpackte und aushändigte. Sie trug den Schatz zurück in den Park und setzte sich unter einen Baum, um das goldbraune Hähnchen und die Pommes frites zu genießen.

Zu ihrer Rechten ging gerade ein Rasenbowling-Spiel zu Ende. Das Spielfeld war von einem Drahtzaun umgeben und mit Laternen versehen, die sich automatisch ein- und ausschalteten. Gerade als sie hinschaute, gingen die Lichter an. Von dem plötzlichen Aufleuchten sahen all die uniformierten Spieler wie eine bewegliche weiße Masse aus. Die Leute trugen weiße Mützen, weiße Hemden, weiße Hosen oder Röcke und weiße Schuhe. Beatrice hatte von dem Sport gehört, aber noch keinen Rasenbowling-Club gesehen. Das war ein Teil der weißen Welt und kein Ort, an den man sie einladen würde. Sie war müde und sah sich nach einer unauffälligen Stelle um, wo sie sich niederlegen könnte. Sie fand eine Ecke mit großen, üppigen Büschen. Sie versteckte die Zigarrenkiste unter dem Laub, legte sich hin und schlief ein.

Die Sonne war schon aufgegangen, als sie erwachte, weil jemand sie an der Schulter rüttelte. »Wach auf und verschwinde! Du kannst nicht hier in unserem Park wohnen«, sagte der Polizist, der über ihr stand. »Rühr dich! Komm schon!« Beatrice griff unter den Busch, nahm ihre Zigarrenkiste, stand auf und strich sich ihr abgetragenes Kleid glatt. Sie brauchte einen Moment, um sich zurechtzufinden, und steckte dann einen weiteren Dollar aus der Kiste in ihre Tasche, während sie zu dem Imbißladen zurückkehrte. Heute morgen würde sie sich einen Doughnut und eine Tüte Milch kaufen und dann aus der Stadt gehen.

Auf dem Highway ging sie direkt neben dem Asphalt. Ein stetiger dünner Strom von Autos zog an ihr vorbei, ungefähr eines alle fünf Minuten. Ein alter roter Lastwagen passierte sie, verlangsamte das Tempo und hielt hundert Meter vor ihr an. Als sie näher kam, sah sie hinten eine Aborigine-Frau mittleren Alters und einen Jungen von etwa zwölf Jahren, die zwischen einigen mit Seilen befestigten Möbelstücken saßen. Eine andere Frau beugte sich aus dem Beifahrerfenster heraus und fragte, ob sie mitfahren wolle. Als Beatrice das Angebot annahm, sagte man ihr, sie solle auf die Ladefläche klettern. Es war zu windig, um eine Unterhaltung zu versuchen, aber die drei Fahrgäste auf der Ladefläche lächelten einander gelegentlich an oder zeigten auf etwas in der Ferne. Die folgenden sechzig Kilometer legte Beatrice viel schneller zurück.

Endlich hielt das Fahrzeug an und parkte seitlich neben einem kleinen gelben Haus, aus dem sofort mehrere Leute herauskamen. Alle waren Aborigines. Beatrice hatte Gelegenheit, sich vorzustellen, und erfuhr, daß dies die Familie McDaniel sei. Die vier im Wagen hatten die Möbel aus dem Haus eines Verwandten geholt, der verstorben war. Sie bestanden darauf, daß Beatrice über Nacht bei ihnen bliebe. Die Familie schien bereit, alles mit ihr zu teilen, was sie hatte, und Fremde aufzunehmen, als seien sie durchreisende Angehörige.

»Ich bin Pauline«, sagte die Frau, als sie aus dem Lastwagen stieg. »Hier, trag diese Uhr«, fügte sie hinzu und reichte dem Jungen eine altmodische Standuhr. Er trug sie ins Haus.

»Ich heiße Beatrice. Wie kann ich euch helfen? Vielen Dank für die Fahrt.«

»Wir können diesen Tisch auf die Veranda tragen«, war die Antwort, gefolgt von: »Freddy, komm und hilf!« Zwei ältere Männer näherten sich. Sie luden sich den schartigen und rostigen Chromtisch auf, während Beatrice und Pauline je einen Stuhl trugen. Der Tisch wurde auf die Veranda gestellt, weil im Haus kein Platz war. Es gab schon einen Tisch und vier Stühle, die den größten Teil der Küche einnahmen. Die anderen Zimmer von Paulines Vierzimmerhaus enthielten Betten, Sofas und Schränke sowie Matratzen auf dem Fußboden. Das Badezimmer lag neben der Küche, und die Toilette war ein winziges Kabuff, das man von der Hauptdiele aus erreichte.

Kaum hatten sie das Haus betreten, rochen sie den wunderbaren Essensduft. »Nimm einen Teller«, sagte Pauline. »Dann können wir uns irgendwo hinsetzen, und du kannst uns deine Geschichte erzählen.« Beatrice hatte ihr Leben oder die Umstände ihrer Reise nicht als Geschichte angesehen, aber vielleicht war das eine gute Bezeichnung dafür.

Sie berichtete von dem Brand bei Mrs. Crowley und ihrem Interesse daran, die alte Lebensweise kennenzulernen.

»Warum interessierst du dich dafür?« fragte Pauline, während sie sich noch einen Bissen süße Yamwurzel in den Mund steckte. »Das bedeutet, rückwärts zu gehen. Wir müssen vorwärts gehen. Wir brauchen mehr Geld von der Regierung und mehr Häuser und bessere Jobs. Wenn du anfängst, wie die alte Tante hier zu reden, machst du die Dinge nur schlechter und nicht besser!« Die alte Tante war die Frau in der Ecke der Veranda, nahm Beatrice an.

»Das mag sein«, gab Beatrice zu, während sie lächelte und sich das Gesicht der alten Frau genau ansah, »aber woher wissen wir, wofür wir in der Zukunft kämpfen müssen, wenn wir nicht mal wissen, was wir aufgegeben haben?« Sie sah die anderen an und sagte: »Ich wünschte nur, ich könnte ausführlich mit jemandem reden, der mir von der Vergangenheit erzählen kann, davon, wie es früher war, warum manches so und nicht anders war und wie und warum es sich geändert hat.«

»Es gibt noch ein paar, die auf die alte Art leben«, trug Freddy zu dem Gespräch bei. »Geh nach Arnhem Land oder in die innere Wüste. Wir haben Freunde, die im Northern Territory leben, und andere in Westaustralien. Ich kann dir helfen, dort oben Leute kennenzulernen, wenn du möchtest.«

»Aber die Dinge stehen dort genauso schlecht«, warf Pauline ein. »Alles ist so ungerecht. Niemand von der Regierung will auf uns hören. Kein Weißer kümmert sich um uns, und sie haben alle Macht. Ich bin mir sicher, sie wünschen sich, wir würden alle in die Wüste ziehen und ihnen das ganze Land überlassen, damit ihre Rinder und Schafe überall grasen können, außer dort, wo sie die Erde mit Zement bedecken und ihre Einkaufsläden hinbauen wollen. Ich habe kein Interesse am Weglaufen; ich bleibe hier, um für unsere Rechte einzutreten. Wenn wir ihre Art akzeptieren müssen, dann muß es uns auch gestattet sein, so zu leben wie sie. Wir brauchen unsere eigenen Ärzte und Rechtsanwälte, Rundfunksprecher und Fabrikarbeiter in der Brauerei und ...« Doch sie wurde von einem lauten Lachen der Männer auf der Veranda unterbrochen.

»Ja, Pauline, Arbeit in der Brauerei würde ganz bestimmt alles bestens regeln«, scherzten sie.

»Das ist ein Traum«, sagte Freddy. »Daß Schwarze mit Weißen zusammenarbeiten. Dasselbe bezahlt bekommen. Die gleiche Arbeit tun. Tür an Tür mit weißen Leuten wohnen. Das ist alles ein Traum.«

Da meldete sich die winzige Stimme der alten Tante, fast flüsternd. »Wir sind die Kinder der Traumzeit – die einzigen, die verstehen, was es heißt, Menschen zu sein. Wir müssen die Träume leben. Das ist der einzige Weg. Der einzige Weg, unserem Volk zu helfen, der Welt zu helfen. Der weiße Mann denkt, alle Aborigines wären aus der Wüste gekommen, aber mein Volk stand vor Tausenden von Jahren hier an dieser Stelle, und dies war unser Land. Unser Land reichte vom Meer bis in die Berge. Es gab keine Landkarten aus Papier zum Entrollen. Die Grenzen waren ›songlines‹. Alles wurde durch Lieder und Rhythmen beschrieben und verankert. Die benachbarten Stämme kannten unser Lied und erkannten die Bäume, die Flüsse, die Felsen und die Berge, die wir besangen. Unsere Vorfahren schufen diesen Ort für uns durch ihr Träumen, und es war ein Ort der Ehre, der Würde und des Glücks. Wir waren gute Hüter unserer Mutter Erde.

Aber der weiße Mann kam und brachte andere in Ketten mit, und die lernten unseren Gesang nicht. Tatsächlich machten sie sich über unsere Musik und unsere Lebens-

weise lustig. Ihre Köpfe waren unseren Träumen verschlossen.« Sie begann zu singen: »*Na na num que, num
que, num que.*«

Beatrice war fasziniert von der alten Sprache, an die
sich die alte Frau noch aus ihrer Kindheit erinnerte. Als
sie fertig war, einigten sie sich darauf, daß Beatrice noch
ein paar Tage bleiben und einige der Wörter und Lieder
lernen würde. Aus den paar Tagen wurde schnell ein
Monat. Sie half mit, wo sie konnte, und steuerte Geld zur
Verpflegung der Gruppe bei. Pauline nahm sie zu einem
Billigladen mit, wo Kleidungsstücke, die früher einmal
jemand anderem gehört hatten und gespendet worden
waren, zu sehr geringen Preisen verkauft wurden. Beatrice kaufte sich zwei Kleider, ein Paar Leinenschuhe und
eine kleine blaue Reisetasche, um ihre Sachen darin zurückzubringen.

Bei einem der täglichen Gespräche zwischen Beatrice
und der alten Tante ging es um die Religion. »Ich mag das
Christentum«, sagte die alte Frau, während sie ihren ge-
beugten, buckligen Rücken dehnte und sich an einen
Baum lehnte, um bequemer zu sitzen. »Ich mag die Je-
susgeschichten und die schöne Orgelmusik. Aber diese
zehn Regeln, auf die sie so stolz sind, die hab' ich nie verstanden. Gott hat einem Mann gesagt, er soll sie auf
Steine schreiben, aber ich denke, etwas stimmt da nicht.

Eine Regel sagt, man solle seine Eltern ehren. Warum
sollte die Göttliche Einheit das aufgeschrieben haben
wollen, wenn sie uns so geschaffen hat, daß wir mit der
Liebe zu unseren Eltern geboren werden? Das braucht
man einem Kind nicht beizubringen. Vielleicht lautete
die Regel eigentlich: ›Tue nichts, wodurch deine Kinder
ihre Liebe zu dir verlieren.‹ Vermutlich hat der Mann gedacht, das wäre zu lang, um es aufzuschreiben, und hat
es darum abgekürzt.

Es gibt noch eine Regel, die sagt, daß man nicht stehlen solle, aber jeder weiß, wenn du auf deine Gefühle hörst, würdest du dich immer schlecht fühlen, wenn du dir ohne Erlaubnis etwas nimmst. Und sie sagen, es wäre eine Regel, daß man sich an einem Tag in der Woche an Gott erinnert. Ich kann nicht glauben, daß die Göttliche Einheit je gesagt hat, das solle aufgeschrieben werden. Wir ehren die Einheit in allen Dingen, jeden Tag, den ganzen Tag lang. Es ist zu schade, daß die Zeremonien, die Tänze und die Sprachen unserer Völker vergessen werden, aber irgendwie wird das Gute kommen, das weiß ich. Es dauert vielleicht noch einmal tausend Jahre«, sagte sie scherzend, »aber irgendwann wird es kommen. Wir dürfen unser Träumen nicht aufgeben. Beatrice, wenn du das Träumen lebst, werden die Menschen, die du kennenlernen mußt, dich finden.«

Am folgenden Mittwoch rupften Pauline und Beatrice Hühner im Hof. Sie hatten einen großen Eisentopf mit kochendheißem Wasser, in das sie das Geflügel eintauchten, bevor sie die gelockerten Federn mit vollen Händen herauszogen. Während rote Federn an ihren Armen und der Vorderseite ihres Kleides klebten und sie den eigenartigen Geruch von nassen Federn einatmeten, sagte Beatrice: »Ich muß gehen, Pauline. Ich muß unbedingt mit den Leuten im Norden zusammensein.«

»Bleib hier. Zusammen können wir vielleicht etwas für unser Volk tun. Zwei Menschen sind besser als einer. Ich brauche hier deine Hilfe, und die Leute im Norden brauchen dieselben Dinge wie wir«, erwiderte Pauline ungehalten.

»Vielleicht wird es uns allen auf andere Weise helfen, unsere Wurzeln zu finden«, sagte Beatrice besänftigend. »Nur herumsitzen und klagen bringt nichts. Ich muß wissen, wer wir sind und wer wir waren. Irgendwie hab' ich das Gefühl, solch einen richtigen Job wie die Weißen zu bekommen und in solchen Häusern zu leben, ist nicht die

Lösung für mich. Ich weiß nicht, was es ist, aber ich denke, ich kann es rauskriegen, wenn ich meinen Gefühlen folge. Mein Herz sagt mir, ich solle darauf vertrauen, daß ich geführt werde und glauben, daß dort draußen ein Weg auf mich wartet, den ich gehen soll. Ich werde dir helfen zu kämpfen, Pauline, ich verspreche es. Aber ich muß wissen, wofür ich kämpfe, nicht nur, wogegen.«

23

Am nächsten Morgen nahm Beatrice Abschied und begann wieder den Highway entlangzuziehen. Ihre Zigarrenkiste war jetzt nur noch halb voll und lag zusammen mit dem Proviant, den die McDaniels ihr unbedingt hatten mitgeben wollen, in der blauen Tasche. Sie hatte einen ausrangierten Armeekanister für Wasser an den Riemen der Tasche gebunden, die über ihrer Schulter hing.

An diesem Tag wurde sie mehrmals mitgenommen. Zuerst hielt ein älteres weißes Ehepaar. Sie fuhr mehr als drei Stunden auf deren Rücksitz mit, bevor sie die Abzweigung erreichten, an der sie den Highway verlassen mußten. Danach nahm eine ausländisch aussehende Frau, die ihren Urlaub hier verbrachte, sie auf und fuhr in die nächste Stadt, wo sie sie an der Tankstelle absetzte. Beatrice aß ein Sandwich, füllte neues Wasser in ihren Kanister und machte sich dann wieder auf den Weg. Plötzlich ertönte ein lautes Geräusch hinter ihr, als der Fahrer eines riesigen Fernlasters hupte und anhielt. Er würde die ganze Nacht fahren und könnte etwas Gesellschaft brauchen. Sie kletterte ins Führerhaus, dankbar für seine Großzügigkeit.

»Wo willst du hin?« fragte er, eine Zigarette im Mundwinkel.

»Nach Norden.«

»Viele Schwarze leben im Norden, nicht? Muß besseres Buschfutter geben da. Ich kann nicht verstehen, wie ihr manches von dem Zeug essen könnt. Mir sind eine ordentliche Scheibe Rindfleisch mit reichlich Brötchen und hausgemachter Marmelade lieber!« Für den Rest der Nacht redete er immer dann auf Beatrice ein, wenn ihm ein anderes Thema in den Sinn kam. Gelegentlich stellte er ihr eine Frage, aber ein bloßes »Hm« genügte ihm gewöhnlich als Antwort. Sie war rechtschaffen müde, aber da er ihr die Mitfahrgelegenheit angeboten hatte, um Gesellschaft zu haben, zwang sie sich, wach zu bleiben. Sie tat so, als sei sie interessiert an allem, womit er prahlen oder worüber er sich beklagen wollte.

Am Morgen hielten sie, um zu tanken und damit er frühstücken könnte. Sie aß von den Vorräten aus ihrer Tasche. Sie fuhren weiter bis gegen Mittag; dann sagte er, er müsse anhalten und etwas schlafen. Ein anderer Laster war mit ungefähr der gleichen Geschwindigkeit gefahren. Sie hatten sich mehrmals gegenseitig überholt. Er blinkte den anderen Laster an, und beide hielten am Straßenrand. Ihr Fahrer erklärte dem anderen, er müsse anhalten und sich ausruhen, aber er habe eine Anhalterin bei sich, die mitgenommen werden wolle. Würde der andere Fahrer das tun? Der willigte ein. Beatrice stieg aus einem Führerhaus aus und kletterte in das andere.

Dieser zweite Fahrer war groß; er maß an die ein Meter achtzig. Als er Beatrices Tasche ergriff und auf den Boden warf, bebten seine Armmuskeln, als wären sie enttäuscht, nicht auf eine Herausforderung von mehreren hundert Pfund Gewicht zu stoßen. Auch er schien mit einer brennenden Zigarette zu leben, die ihm wie angewachsen aus dem Mund stand. Sie fuhren den ganzen Tag und hielten nur zum Tanken. Der Besitzer einer Tankstelle verweigerte Beatrice den Zutritt zur Damentoilette. Er behauptete, die sei kaputt. Seine Frau reichte Beatrice einen Pappbecher und sagte: »Hier, vielleicht kannst du das benutzen!« Beatrice wußte nicht recht, wie, also ging sie hinter das Gebäude und hielt sich den Becher zwischen die Beine. Als sie fertig war, schüttete sie den Urin auf den Boden und beschloß, den Becher für ähnliche Anlässe aufzubewahren. Er kam mit in die Tasche.

In dieser Nacht, mehrere Stunden nach Sonnenuntergang, fuhr der Fahrer den großen Laster an den Straßenrand und stieg aus. Er streckte die Arme aus und bewegte den Hals, als wolle er die verkrampften Muskeln lockern. Er öffnete Beatrices Tür und sagte: »Komm raus und vertritt dir die Beine. Es ist eine schöne Nacht.« Es war wirklich eine schöne Nacht. Die Sterne flimmerten über ihnen, und ohne jedes elektrische Licht aus der Stadt, Kilometer entfernt, konnte man die Leuchtkraft des Mondes als einzige Lichtquelle genießen. Nachdem Beatrice aus dem Wagen gestiegen war, hob auch sie die Arme und streckte ihre Wirbelsäule. Der Fahrer packte sie um die Taille und warf sie zu Boden. Er kniete nieder, ein Knie fest auf ihrem Bein, und hielt mit der Hand ihren Arm und ihr Haar fest. Seine freie Hand zerrte an ihrem Kleid und betastete ihren Körper. Sie schrie und wehrte sich, aber er sagte nur immer wieder: »Halt den Mund!« Das Gewicht seines Knies auf ihrem Bein hinderte sie daran, sich zu bewegen. Sie versuchte, sich seinem Griff zu entwinden. Aber er schlug sie. Dann ballte er die Faust und versetzte ihr einen mächtigen Hieb, und sie verlor das Bewußtsein.

Als sie wieder zu sich kam, stellte sie fest, daß sie allein am Straßenrand lag. Der Fahrer und sein Laster waren nirgends zu sehen. Sie war bedeckt mit Schmutz, Schweiß und Blut. Das linke Auge konnte sie kaum öffnen, und ihr Bein, das auf den doppelten Umfang angeschwollen war, fühlte sich taub an. Schließlich zwang sie sich, sich aufzusetzen und dann aufzustehen und ein paar Schritte zu gehen. Sie konnte nichts anderes tun als zu gehen versuchen. Einige Minuten später entdeckte sie ihre blaue Tasche, wo der Fahrer sie aus dem Fenster geworfen hatte, vermutlich gleich, als er abgefahren war.

Sie wußte, sie könnte ihre zerrissenen und schmutzigen Sachen wechseln, aber sie hatte nicht die Kraft dazu. Statt dessen zwang sie ihre Füße, weiterzuschlurfen, und schleppte die Tasche hinter sich her.

Als sie das nächste Geräusch hörte, raste ihr Herz. Hier unter freiem Himmel trugen die Geräusche weit. Sie konnte einen Lastwagen schon lange hören, ehe sie seine Scheinwerfer auftauchen sah. Sie mußte sich verstecken. Ihr erster Impuls war, von der Fahrbahn wegzulaufen und sich flach auf den Boden zu werfen, aber sie konnte nicht rennen. Sie konnte sich nur umdrehen und auf die Büsche zugehen, aber es war zu spät. Der Lastwagenfahrer hatte sie erspäht und fing an zu bremsen. Er hielt an, stieg aus und rief ihr zu: »He, he! Bist du das, Mädchen?« Er rannte ihr nach. Als er sie einholte, legte er einen Arm um sie, um sie anzuhalten. Sie war so schwach, daß es ihn keine Anstrengung kostete, sie zum Umdrehen zu zwingen. Als er ihr Gesicht sah, sagte er nur: »O mein Gott! O mein Gott!«

Es war der redselige Fahrer. Er half Beatrice wieder in den Lastwagen hinein. Bis er die Beifahrertür geschlossen hatte, um den Wagen herumgegangen war und sich hinters Steuer gesetzt hatte, war Beatrice schon eingeschlafen. Am späten Vormittag hielt er, um zu frühstücken und zu tanken. Jemand in der Raststätte sah sie in dem Wagen sitzen und fing an, Bemerkungen über seine offensichtlich verprügelte Beifahrerin zu machen. Er antwortete nicht. Statt dessen aß er zu Ende, bezahlte die Rechnung und ging; Beatrice brachte er zwei Brötchen, Tee und etwas Eis für ihr geschwollenes Gesicht mit.

An ihrem dritten gemeinsamen Tag hatte Harry sich vorgestellt. Zuerst, als er so mit Reden beschäftigt gewesen war, hatte er sich damit nicht aufgehalten. Da er sich für das, was geschehen war, verantwortlich und schuldig fühlte, tat er sein Bestes, um es an der jungen schwarzen Frau wiedergutzumachen. Sie war jetzt im Norden.

24

Bei Geoff Marshall dauerte das routinemäßige Beru-
fungsverfahren acht Jahre. Er wurde von Pflichtverteidi-
gern vertreten und nahm weder an dem teil, was geschah, noch interessierte er sich dafür. Bei Nacht schaute
er oft an die Decke und stellte sich den klaren Himmel
vor, den er als Kind auf der Schafsfarm der Willetts so geliebt hatte. Er sehnte sich danach, in diese Freiheit seiner Kinderjahre zurückzukehren. Selbst der Gedanke an
seine Vorfahren – wild und ungebildet, aber frei – schien
ihm anziehend. Er sehnte sich danach, mehr über sie zu
erfahren, zögerte aber, seinen Ruf des Gewalttätigen zu
beschädigen, indem er nach einem Buch aus der Gefäng-
nisbibliothek gefragt hätte.

Eines Tages, als der Büchereiwagen an seiner Zelle vor-
beigeschoben wurde, sprach er den dafür verantwortlichen Häftling an.

»He, Mann, warte eine Minute«, sagte er. »Mich würde
interessieren, ob du mir ein bestimmtes Buch besorgen
kannst.«

»Klar«, kam die Antwort des alten Mannes, der diesen
Posten schon mehr als dreißig Jahre innehatte. »Welcher
Titel?«

»Das weiß ich nicht«, sagte Geoff. »Als Kind hab' ich
mal ein Buch gesehen, das die Kunst der australischen
Aborigines erklärte. Ich bin aus Australien. Ich würde
gern was darüber lesen, aber weiß keinen Titel oder
Autor oder so. Kannst du mir helfen?«

»Sicher«, meinte der weißhaarige Mann zuversichtlich. »Aber ich werde es erst bestellen müssen. Wird ein
paar Wochen dauern.« Er nahm einen Stift und Papier
heraus und machte sich eine Notiz. Dann schrieb er die
Zellennummer auf und fragte Geoff, wer er sei.

»Ich bin 804781.«

25

Die Sonne stand senkrecht am Himmel, es herrschte eine glühende Hitze. Als sie sich der Gemeinde näherte, wußte Beatrice, dies war der Ort, an dem sie sich von Harry trennen sollte. Es war kein eindrucksvoller Ort, er sah nicht einmal einladend aus, aber irgendwie hatte sie das Gefühl, das sei der richtige. Auf allen Häusern lag Staub; entweder hatte es kürzlich gestürmt, oder in diesem Teil der Welt wehte der Wind jeden Tag. Zwischen Gehsteig und Straße wuchs kein Gras, und die Hauptstraße sah wie tot und vergessen aus, aber auf einer Seite sah Beatrice einen grünen Park mit hohen, Schatten spendenden Bäumen. In dem Park sah sie einige Schwarze, und ein paar andere hatten sich unter die Menschen auf der Hauptstraße gemischt. Plötzlich wurde ihr bewußt, daß sie einen Ort erreicht hatte, an dem ihr Volk nicht mehr die Minderheit der Einwohner ausmachte. Harry hielt an der Ecke vor einem zweigeschossigen Hotel, das man durch einen Pub betrat. Im oberen Stockwerk standen mehrere Fenster offen, und Vorhänge wehten nach draußen und warteten darauf, daß eine neue Brise sie wieder in die Gästezimmer zurückblies.

Beatrice kletterte aus dem Fahrerhaus, verabschiedete sich und beruhigte Harry, sie werde es schon schaffen. Sie hatte die beiden Backenzähne, die sie gestern verloren hatte, als sie ein Stück Fleischpastete gegessen hatte, nicht erwähnt. Ihr Auge war blutunterlaufen und öffnete sich noch immer nicht ganz, aber ihr Bein schien allmählich zu heilen und verursachte ihr von Tag zu Tag weniger Schmerzen. Mit ihrer Tasche überquerte sie die Straße und ging auf den Park zu. Direkt vor ihr brachte eine ältere weiße Frau gerade ein Schild mit der Aufschrift HILFS-KRAFT GESUCHT an der Verkaufstheke einer Milchbar an. Ohne zu zögern, ging Beatrice durch die offene Tür auf die Frau zu und sagte: »Dazu bin ich hergekommen!«

Die verblüffte Frau schaute auf, sah das entstellte Gesicht und erschrak fast über das abstoßende Auge, das sie da anschaute.

»Was?« fragte sie. »Was hast du gesagt?«

»Ich bin hier, um Ihnen zu helfen. Wie es auf dem Schild steht! Ich kann so ungefähr alles, wenn Sie mir zeigen, wie ich es machen soll.« Dann holte sie Luft, spürte den argwöhnischen Blick der Frau und fügte hinzu: »Machen Sie sich keine Gedanken darüber, wie ich heute aussehe. Ich hatte einen Unfall, aber es war der erste. Ich neige sonst nicht zu Schwierigkeiten, und ich kann Ihnen helfen. Das kann ich wirklich.«

»Ich hänge das Schild gerade erst auf«, sagte die Frau ziemlich entrüstet. »Du bist die erste, die sich bewirbt.«

»Lassen Sie mich zwei oder drei Tage für Sie arbeiten, dann sehen Sie, wie es geht. Wenn es nicht funktioniert, schulden Sie mir nichts und können das Schild ja wieder aufhängen. Wenn ich gute Arbeit leiste, bezahlen Sie mich, und ich habe den Job. Wie wäre das?«

»Ich weiß nicht«, sagte die Frau mit besorgtem Unterton. »Wer bist du, und wo kommst du her?«

»Ich heiße Beatrice, und ich komme von Sydney herauf. Ich habe ausgezeichneten Unterricht in Englisch und Mathematik und so gehabt, und ich habe vier Jahre Erfahrung im Arbeiten und Helfen. Ich weiß, daß ich heute ziemlich schlimm aussehe, aber das wird jeden Tag besser. Nächste Woche wird alles so gut verheilt sein, daß Sie staunen werden, wen Sie da eingestellt haben.«

Die grauhaarige Frau lächelte. Sie hätte sich selbst keine überzeugendere Geschichte ausdenken können. »Bist du verheiratet? Hast du eine Familie? Wo wohnst du?«

»Nein. Nein. Vorerst noch nirgends!«

Sie lachten beide. Die Fragen waren albern gewesen und ebenso albern beantwortet worden.

»Also gut. Komm mit nach hinten, Beatrice. Ich zeige dir das Geschäft, und wir werden sehen, was du in den nächsten beiden Tagen tun kannst.«

Die Eigentümerin des Ladens hieß Mildred McCreary. Sie führte das Geschäft im gleichen Haus schon seit mehr als zwanzig Jahren. Zuerst hatten sie und ihr Mann es geleitet. Als er starb, wurde der Sohn ihr Partner. Aber er war aus dieser entlegenen Gemeinde herausgewachsen. Hier war es zu ruhig, zu langweilig, zu weit vom Rest der Welt entfernt, also ging er fort. Sie hatte ein paar Briefe und vor fünf Jahren eine Weihnachtskarte bekommen, aber seither nichts mehr von ihm gehört. Jeden Tag hoffte und erwartete sie, er würde durch die langen Plastikstreifen des Fliegenvorhangs am Eingang hereingeschlendert kommen, aber das tat er nie.

Die Milchbar war lang und schmal. Die vordere Hälfte war von den Gästen einzusehen. Sie enthielt ein buntes Sortiment an Lebensmitteln in Büchsen, Schachteln und Kartons. Es gab einen Kühlschrank, wo die Getränke kalt gestellt wurden. Mildred berechnete ein paar Cents mehr, wenn der Kunde ein gekühltes statt desselben warm im Regal stehenden Getränks haben wollte. Sie bereitete auch jeden Tag Essen für Stammkunden zu, das diese kauften und mitnahmen. Es handelte sich dabei im wesentlichen um die Mittagsmahlzeit, aber meistens wurden abends bei Ladenschluß die letzten Reste verkauft. Die Leute, die im Hotel wohnten, kamen manchmal herüber, um sich Zutaten für ihre Sandwiches zu kaufen, statt die teureren Gerichte in dem Pub zu essen. Ein paar Blocks entfernt gab es zwei Unternehmen, die nach Perlen tauchten, und die Angestellten fanden Mildreds Essen preisgünstig und von guter Qualität.

In der hinteren Hälfte des Ladens lagerten alle Kartons zum Auffüllen der Regale, sobald diese sich leerten. Es gab ein Badezimmer mit Toilette, einen kleinen Herd, einen Ausguß, einen Oberschrank und einen weiteren Kühlschrank. Gleich hinter der Tür, die die beiden Hälften voneinander trennte, hatte Mildred ein hohes altmodisches Radiogerät stehen, wo sie in einem Polstersessel sitzen und zuhören und während der Stunden, in denen im Geschäft nicht viel zu tun war, die Eingangstür im Auge behalten konnte. Rechts von der hinteren Tür führten Stufen in das Obergeschoß zur Wohnung der Familie McCreary.

Mildred ließ Beatrice die Regale mit fehlenden Waren auffüllen, beide Hälften des Geschäfts fegen und den Bereich putzen, in dem das Essen zubereitet wurde. Sie war beeindruckt, wie hingebungsvoll die junge Frau sich jeder Aufgabe zu widmen schien. Am Ende des Tages schlug sie vor, Beatrice solle nach oben gehen und ein Faltbett holen, das man im hinteren Teil des Geschäfts aufstellen könnte. In den nächsten zehn Tagen verließ Beatrice den Laden nur, um den Gehsteig vor dem Eingang zu fegen und hinter dem Haus einen Teppich auszuklopfen. Sie erbot sich, Mildreds Wohnung zu putzen, und machte das viel besser, als die Besitzerin es jemals selbst getan hatte, und so wurde auch das ein Teil ihrer Pflichten.

Die beiden Frauen kamen gut miteinander aus. Keine neigte zu müßigem Gerede, und da Beatrice ständig beschäftigt war, hatte Mildred das Gefühl, eine Perle als Angestellte gefunden zu haben. Sie brachte ihrer neuen Helferin sogar bei, ihre Bücher zu führen, Einnahmen und

Ausgaben auszugleichen und die Konten für jene Leute zu führen, die anschreiben ließen.

Im vierten Monat ihrer Anstellung wurde Beatrice die Aufgabe anvertraut, die Einnahmen zur Bank zu tragen und dort jeden Monat einen Umschlag abzuliefern, der das Geld für die Miete zur Einzahlung auf das Konto von Malcolm Houghton enthielt.

Mr. Houghton war in zweiter Generation Besitzer einer Schafsfarm. Ihm gehörte zwanzigmal mehr Land, um seine Schafe weiden zu lassen, als die ganze Stadt groß war. Das Gebäude, in dem sich das Hotel befand, und alle Häuser auf Mildreds Straßenseite gehörten Malcolm Houghton. Er saß im Aufsichtsrat der Bank, unterstützte die Praxis eines durchreisenden Arztes, indem er die Räumlichkeiten für dessen Sprechstunden zur Verfügung stellte, die an zwei Tagen in der Woche abgehalten wurden, und trug auch zur Einrichtung eines Parks und eines Spielfeldes für Sportveranstaltungen bei. Außerdem beschäftigte er Aborigines. Beatrice hatte den Mann noch nie gesehen und bezweifelte auch, daß sie ihn je zu Gesicht bekommen würde, aber sie hörte seinen Namen fast jeden Tag.

Als sie die alltäglichen Aufgaben, das Geschäft zu öffnen, zu schließen und zu führen beherrschte, fand sie endlich Zeit, sich mit den anderen Aborigine-Frauen und -Familien bekannt zu machen, die von Zeit zu Zeit in den Laden kamen.

Es war wunderbar zu sehen, daß im Norden die schwarzen Kinder endlich dieselbe Schule besuchten wie die weißen. Obwohl ihr Einkommen noch immer staatlich bezuschußt wurde, um ihren Lebensstandard zu erhöhen, waren wesentlich mehr von ihren Leuten berufstätig, als sie es in der Nähe der Hauptstadt erlebt hatte. Sie wurde mit dem Kunsthandwerk eines alten Wüstenstammes vertraut und lernte einiges über seine Geschichte kennen. Weiterhin äußerte sie ihren Wunsch, mehr über ihren Hintergrund als Aborigine zu erfahren. Ein Mann namens Bill, der außerhalb der Stadt mit einigen anderen in Behelfsunterkünften wohnte, sagte, hin und wieder würden sie von einem Wüstenbewohner besucht. Er versprach, ihr Bescheid zu sagen, wenn wieder einmal einer käme.

An einem hellen Mittwochmorgen hielt rumpelnd ein Lieferwagen vor dem Laden und lud mehrere Kartons aus, die Beatrice in den hinteren Teil tragen mußte. »Die sind wirklich schwer. Was ist da drin?« fragte sie Mildred, die an einem Stück Toast kaute.

»Leere Flaschen«, antwortete Mildred, während sie nach der Erdbeermarmelade griff.

Ein paar Wochen blieben die Flaschen unausgepackt in den Kartons stehen. Dann bekam Mildred mit der Post ein Paket von einem Spielzeughersteller. Beatrice sah zu, wie sie einen Karton voll bunter Luftballons auspackte. Sie war neugierig zu erfahren, warum ihre Chefin so etwas bestellt hatte, aber sie fragte nicht.

Schon ein paar Tage später wurde der Zweck klar. Beatrice wurde aufgefordert, die Glasflaschen auszupacken und jede zu spülen. Dann sah sie zu, wie Mildred Traubensaft, Zucker und noch etwas Geheimnisvolles in jede Flasche füllte. Sie wurde angewiesen, jeden Flaschenhals mit einem Ballon zu überziehen. Sie machten Wein, und man würde die Ballons sorgfältig überwachen und periodisch die sich bildenden Gase ablassen müssen, um zu vermeiden, daß sie platzten. Ein Teil von Mr. Houghtons Miete wurde nicht in Geld, sondern mit Alkohol bezahlt. Er verließ sich auf Mildreds Sachkunde bei der Fortführung einer Tradition, die sein Vater und Mildreds verstorbener Mann begründet hatten. Mildred hatte keine Probleme, dabei mitzumachen. Die Aborigines würden ohnehin trinken. Sie würden sich irgendwo Schnaps beschaffen, also konnte es genausogut bei ihr sein, und sie konnte anstelle von jemand anderem in der Stadt daran verdienen.

Beatrice war enttäuscht von ihrer Freundin, weil sie wußte, daß das Trinken ihr Volk schneller tötete als Gewehre, aber sie konnte nichts tun. So war das Leben anscheinend.

Sie arbeitete fast ein Jahr für Mildred McCreary, als sie eines Morgens vor Tagesanbruch von Bill, dem Mann aus den Behelfsunterkünften, geweckt wurde, als dieser durch die offene Tür den hinteren Teil des Ladens betrat. Sie solle schnell losgehen und die Straße nehmen, die zu der riesigen Schafsfarm führte, sagte er, dort werde sie vielleicht einen Aborigine-Wüstenläufer sehen, wie er ihn ihr beschrieben hätte.

Es war noch früh; sie wollte Mildred nicht wecken. Sie würde ja rechtzeitig zurück sein, um den Laden zu öffnen; also streifte sie sich Rock und Bluse über und ging.

26

Geoff, der nun legal Jeff Marsh hieß, saß nun seit acht Jahren in der Todeszelle, und alle seine Berufungsmöglichkeiten waren erschöpft. Er war ein verbitterter Mann, hatte sich aber mit dem Sterben abgefunden, als an einem Dienstagmorgen die Wärter ohne Vorwarnung in seine Zelle traten, ihm Hände und Füße fesselten und ihn ins Büro des Gefängnisdirektors brachten. Dort, in dem holzgetäfelten Büro, las der Direktor, der in einem hohen Ledersessel las, dem stehenden Häftling ein offizielles Dokument vor. Geoff wurde darüber informiert, der Staat habe ein Gesetz erlassen, das die Todesstrafe aufhebe. Sein Todesurteil sei deshalb in lebenslängliche Haft ohne Bewährung umgewandelt.

Es war ein Schock. Er war mit seinen Todesängsten fertig geworden. Er haßte die Marshalls, und er haßte ihre Religion, aber er hatte Stunden damit verbracht, über all die Predigten nachzudenken, die er im Laufe der Jahre gehört hatte. Er hatte über Himmel und Hölle, die zehn Gebote, Jesus und den Teufel nachgedacht. Nichts davon sagte ihm zu. Es gab zu viele unbeantwortete Fragen. Und jetzt sagte ihm der Direktor, er werde nicht sterben. Er würde weiterleben. Er würde weiterhin ein Opfer sein, eingesperrt in einen Käfig, bis er ein alter, alter Mann wäre. Etwas in ihm war erleichtert, etwas anderes erschrocken, enttäuscht und deprimiert.

In den nächsten paar Wochen wurden alle Insassen der Todeszellen, die in Isolationshaft gesessen hatten, wieder mit den anderen Gefangenen zusammengelegt. In all den Jahren seines Gefängnislebens hatte Geoff noch nie eine Zelle mit jemandem geteilt. Jetzt wurde er zu einem Italiener gesperrt, der sich Shorty nannte. Das einzige, was sie gemeinsam hatten, war ihr Alter. Shorty war klein, nur etwa ein Meter sechzig und wog hundertdreißig Pfund. Er trug das Haar so lang, wie die Gefängnisverwaltung es gerade noch zuließ, und hatte mehr Tätowierungen als Zähne. Er besaß ein langes Vorstrafenregister, das schon begonnen hatte, als er noch minderjährig gewesen war. Im Laufe der Jahre war er fünfmal inhaftiert und wieder entlassen worden, und zwar wegen Autodiebstahls, Raubes, der Mitgliedschaft in einem Ring für Prostitution und illegales Glücksspiel und jetzt wegen versuchten Mordes. Er redete gern. Geoff dagegen sprach selten und war daran gewöhnt, tagelang hintereinander mit niemandem zu reden. Shorty hatte Angst vor Geoff. Er traute keinem, der so still war. Geoff war sicher, daß Shorty ihn mit seinem unablässigen Geplapper wahnsinnig machen würde, aber schon nach ein paar Wochen schienen sie gut miteinander auszukommen. Shorty erklärte seinem Zellengenossen, wie man ein Auto kurzschließt, so daß man es ohne Zündschlüssel fahren kann, wie man viele Arten von Safes aufbricht und wie man bei Pferderennen gewinnt.

Geoff hörte zu, weil Shorty jemanden brauchte, der ihm zuhörte, und während er das tat, schaute er sich die Gesichtszüge des kleinen Italieners genau an. Sie regten sein Interesse am Zeichnen wieder an, das seit seiner Kindheit geschlummert hatte. Im normalen Strafvollzug war es einfacher, sich Gegenstände wie Papier und Stifte zu beschaffen, und so begann er wieder damit, sich als Zeichner zu betätigen.

Zuerst zerriß er alle Bilder in kleine Stückchen und spülte sie durch die Toilette. Er wußte nicht, wie die

Reaktion auf sein neues Hobby ausfallen würde. Aber es gab einen Bedarf an Mustern, die jene Häftlinge verwenden konnten, die andere tätowierten. Die Männer wollten Bilder von Drachen, Schlangen oder Totenköpfen haben und freuten sich über alles Neue und Einzigartige. Bald gewann Geoff den Ruf, solche individuellen Wünsche erfüllen zu können. Er entdeckte auch etwas über sich selbst. Für jedes abstoßende Muster, das er entwarf, mußte er zum Ausgleich etwas zeichnen, was dem Auge angenehm war. Er wußte nicht, woher dieser Drang nach Gleichgewicht käme, aber er war so überwältigend, daß er dessen Existenz nicht leugnen konnte. Schließlich widmete er sich ganz offen beiden Kunstformen. Er konnte ein Monster mit langer schwertförmiger Zunge entwerfen, das dann mit Tinte auf den Bizeps von jemandem tätowiert wurde, und am gleichen Tag eine Blumenwiese malen, die irgendein Häftling seiner Mutter zum Geburtstag nach Hause schicken wollte.

Im Laufe der Jahre hatte er keinen einzigen Besucher. Die Pflichtverteidiger waren mit ihm fertig. Außerhalb der Gefängnismauern hatte er weder Freunde noch Verwandte. Er bekam keine Post. Anscheinend gab es niemanden auf der Welt, der von seiner Existenz wußte oder sich darum kümmerte, aber er hatte sich mit seinem Leben hinter Mauern abgefunden. Er machte das Beste aus der Situation, obwohl er in seinem Herzen fühlte, daß er im australischen Outback auch nicht einsamer hätte sein können.

27

Beatrice ging den staubigen roten Weg entlang, der um die Schafsfarm des mächtigen Malcolm Houghton herumführte. Der Zaun war in gutem Zustand, wie er es verlangte, und das struppige Gras wuchs allmählich nach, wo die Herde es fast abgefressen und den Boden kahlgetreten hatte. Es wehte eine ganz leichte Brise, was die Morgentemperatur so vollkommen machte, daß jemand, der neu in Australien angekommen war, leicht hätte denken können, heute würde es nicht so heiß werden wie gestern. Beatrice aber war nur dankbar, daß ihre nackten Füße hart und schwielig und gegen jeden Wechsel der Jahreszeiten gefeit waren. Die wilde Vegetation der Gegend grünte nach den letzten Regenfällen. Vor Beatrice hob sich ein kleiner Hain aus Bäumen vom Himmel ab, wo der Zaun eine Biegung machte und die westliche Begrenzung des Houghton-Geländes bildete. Es sah so aus, als hinge ein regloser blauer Gegenstand mitten in der Baumgruppe. Beatrice dachte, es sei vielleicht irgendein Zeichen des Wüstenläufers, den sie treffen wollte.

Sie ging weiter und starrte das blaue Gebilde an, bis ihr klar wurde, daß es sich nicht um einen Gegenstand handelte. Es war eine Aborigine-Frau, die mit dem Rücken oben an einen Baumstamm gelehnt dasaß, die Beine über einen Ast gelegt, als ruhe sie in einem bequemen Liegesessel. Sie trug nur eine offene, blaukarierte Bluse, die ihre schwarze Brust und ein um die Lenden geschlungenes Tuch freigab. Beatrice konnte ein Lächeln nicht unterdrücken. Das Grinsen der Frau in ihrer Stellung dort oben verriet kindliches Entzücken und zeigte gleichzeitig, daß ihr ein Schneidezahn fehlte. Die dunklen Augen der etwa fünfzig Jahre alten Frau, glänzend wie blankpolierte Flußkiesel, glichen denen von Beatrice, aber das ergrauende Haar auf dem Kopf, der vor stiller Begeisterung auf und nieder hüpfte wie das Jojo eines Kindes, war ein Kontrast zu Beatrices dunkelbraunen schulterlangen Locken.

Das junge Mädchen sprach einen Gruß in einer der Stammessprachen, die sie gelernt hatte, und wartete auf eine Antwort. Sie versuchte es nochmals, aber vergeblich, denn die ältere Frau fuhr nur fort zu lächeln und zu nicken. Nach dem dritten Versuch sagte die Frau in einer der Stammessprachen: »Es ist heute!« Sofort stellte Beatrice sich vor und versuchte, ein Gespräch zu beginnen, aber die winzige Frau kletterte überraschenderweise von dem Baum herunter und schickte sich an fortzugehen. Sie war nicht groß, und ihre kräftigen Beine trugen einen kleinen, aber starken und muskulösen Körper. Sie wandte der Farm Houghtons und der nahen Stadt den Rücken zu und ging in Richtung Outback, wo die Vegetation immer spärlicher wurde und schließlich in die kahle Wüste im Herzen des australischen Kontinents überging. Ohne sich umzudrehen, als spreche sie zu dem offenen Gelände vor sich, sagte die Frau auf englisch ganz entschieden: »Wir gehen!«

»Warte«, antwortete Beatrice verblüfft. »Du sprichst Australisch!«

Ihre neue Bekannte blieb stehen, wo sie war, drehte sich um und sagte: »Ja, ich habe auch in der Stadtwelt gelebt. Aber jetzt müssen wir gehen, wir müssen in mein Land gehen. Unser Volk hat deinen Hilfeschrei gehört. Du stellst viele Fragen. Wir werden dir helfen, deine Antwort zu finden. Komm, wir gehen!« Und sie setzte sich wieder in Bewegung.

Beatrice hatte gehofft, daß irgendwann ein Wüstenbewohner kommen würde, aber sie hatte angenommen, sie würden zusammen in die Stadt gehen, und sie selbst würde sich von ihrer Arbeitgeberin verabschieden und jemanden suchen, der ihre Habseligkeiten für sie aufbewahrte. Dann, nachdem alles geregelt wäre, würde sie der Stammesfrau in ihre Heimat folgen. Es lief nicht so, wie sie es geplant hatte.

Sie schaute auf das Blumenmuster ihres Kleides hinunter, und aus irgendeiner fernen Ecke ihres Geistes tauchte eine Frage auf, über die sie jahrelang nachgedacht hatte und die den letzten Tag eines Menschen auf Erden betraf. Fühlte es sich irgendwie anders an, wenn er am Morgen seines letzten Tages aufwachte? Hatte er, wenn er die Kleidung anzog, in der er sterben sollte, eine Ahnung von der Zukunft? Sie würde heute nicht sterben, aber ganz gewiß schloß sie eine riesige Tür hinter sich. Irgendwie hatte die Frage sich selbst beantwortet. Nein, sagte sie sich, du weißt nicht, wann ein Tag dein letzter ist und die besten Pläne nicht mehr ausgeführt werden, aber du kannst in einer Gemütsverfassung sein, die das akzeptiert. Du kannst glauben, daß etwas Gutes dabei herauskommen wird!

Sechzehn Jahre lang hatte sie nichts anderes gekannt als das Leben in einem Missionswaisenhaus, ohne Familie, ohne Ahnen, ohne Individualität, eine von vielen Aborigine-Mädchen, die im Heim aufwuchsen. Die folgenden vier Jahre hatte sie ohne einen Ratgeber verbracht, ohne Anleitung, ohne Vertraute, und sie hatte gesucht, ohne eine Ahnung zu haben, wonach sie eigentlich suchte. Sie war eine Verlorene gewesen, die niemandes Tochter war. Heute war der Tag, an dem auch das zu Ende ging. Heute schien es einen Hoffnungsschimmer zu geben, daß sie endlich zu jemandem oder zu etwas in Verbindung treten und tatsächlich fühlen würde, da zu sein, wohin sie gehörte.

So laut, daß die sich entfernende Wüstenbewohnerin sie hören konnte, rief sie: »Warte, ich komme. Ja, warte auf mich, ich komme!«

Sie gingen, ohne zu sprechen, die junge Frau ein wenig hinter der älteren, bis Beatrice schließlich das Schweigen brach und fragte: »Wie weit ist dein Land entfernt? Wie lange werden wir unterwegs sein?«

Die Frau zeigte mit dem Zeigefinger nach vorn, zog den Finger dann zurück und berührte ihre Handflächen, streckte ihn wieder aus, zog ihn zurück und streckte ihn nochmals aus. Drei von irgend etwas. Es konnten keine drei Kilometer, es mußten drei Tage sein. Tagelang zu gehen war kein Problem. Sie hatte in den letzten Jahren genug Zeit damit verbracht, auf Straßen und über Land zu gehen.

Beatrice war erstaunt, daß die Frau wußte, in welche Richtung sie gehen mußten. Es gab keinerlei Markierungen, und alles sah gleich aus. Die Erde war von einem rötlichen Grau, die Büsche blaßgrün bis dunkelgrün, die Steine hatten dieselbe Farbe wie die Erde, und vereinzelte Eidechsen verschmolzen so gut mit der Landschaft, daß nur ihre hin und her huschenden Augen sie verrieten. Nachdem die Schafsfarm außer Sicht war, verlor Beatrice jegliche Orientierung. »Woher weißt du, wohin wir gehen müssen?«

Die Frage wurde mit einer Geste beantwortet. Die Frau hob die Hand, drei Finger zurückgebogen, den Daumen in Richtung Erde, den kleinen Finger Richtung Himmel gestreckt. Beatrice verstand die Geste nicht und begriff auch nicht, warum die Frau nicht einfach redete und die Frage beantwortete. Vermutlich bedeutete sie, daß sie etwas am Himmel und etwas auf der Erde folgte, aber das spielte keine Rolle. Von allem fortzugehen, was sie je gekannt hatte, mußte richtig sein. Je weiter die Blechhütten hinter ihnen lagen, desto sicherer wußte sie, daß ihr richtiger Platz irgendwo da draußen vor ihnen wäre. Mit jedem Schritt fühlte sie zuversichtlicher, daß sie ihn finden würde.

Dreißig Minuten später blieb die Frau stehen, wandte sich nach Beatrice um und sagte: »Hier danken wir unserer Mutter, der Erde. Unser Körper ist aus ihr gemacht. Sie gibt uns unsere Mahlzeiten und Nahrung, sie liefert uns unsere Medizin, sie reinigt uns mit ihren Tränen. Wir schlafen in ihren Armen. Wenn wir sterben, nimmt sie unsere verbrauchten Knochen auf, um sie mit den Leibern unserer Vorfahren und der noch Ungeborenen zu verschmelzen. Es ist Zeit, daß wir das zurückgeben, was ihr genommen wurde und was wir nicht mehr brauchen.« Sie sprach zu der Erde und bat um Erlaubnis, sie zu öffnen. Dann ging sie auf die Knie und begann mit den Händen ein Loch zu graben.

»Darf ich helfen?«

Die Antwort war ein zustimmendes Nicken. Beatrice kniete sich ihr gegenüber hin, und sie gruben zusammen. Endlich zog die Frau ihre knopflose karierte Bluse aus und ließ sie in das Loch fallen. Dann band sie ihr Lendentuch ab, legte es ebenfalls hinein und stand auf. Ein geflochtenes Band wurde sichtbar, das um ihre Hüften gebunden war und an dem ein kleiner Lederbeutel hing. Die Frau gab keine Erklärung für den Beutel ab; sie sah Beatrice an, als wolle sie sagen: Du bist an der Reihe. Alle Predigten in der Missionsschule fielen Beatrice wieder ein, die Gefühle der Scham und Verlegenheit, die mit dem nackten menschlichen Körper verbunden gewesen waren. Beatrice zögerte nur kurz und legte dann ihren geblümten Rock und die Bluse auf das Kleiderhäufchen. Wieder sprach die Frau zur Erde und dankte der Kleidung, während diese verschwand, als die beiden Frauen sie mit Erde bedeckten und dann den Boden glattstrichen. Zuletzt spitzte die ältere Frau die Lippen und blies auf den Sand, entfernte alle Spuren, die ihre Hände und Knie hinterlassen hatten. Es war nichts mehr davon zu sehen, daß diese Stelle jemals berührt worden war. Dann wandte sie sich an Beatrice und sagte: »Du wirst dich nicht mehr so unbehaglich fühlen, wenn du die anderen kennengelernt und mehr über die Bräuche meines Volkes erfahren hast, des Stammes der ›Wahren Menschen‹.«

»Aber du hattest auch etwas an!« bemerkte Beatrice.

»Ja, es ist notwendig, diese Denkungsart zu respektieren. Wir stimmen nicht damit überein, aber wir urteilen nicht. Wir beobachten statt dessen. Manchmal, wenn das Wetter kalt ist, ist Kleidung notwendig, aber sie scheint zu mehr Urteilen und Trennung unter den Menschen zu führen, nicht zu weniger. Ich bin sicher, du hast bemerkt, wie verwirrend es ist, wenn man nach dem Eindruck urteilt, den die äußere Erscheinung macht. Der Mensch kann ganz anders sein als das Bild, das er darbietet. Du wirst entdecken, wie ich es entdeckt habe, daß es keine Scham gibt, außer dann, wenn die Gruppen sie selbst erzeugen. Wenn du weiterhin Rock und Bluse tragen würdest, dann würdest du dich nur als Außenseiterin in einem Stamm fühlen, der möchte, daß du ein Teil von uns wirst.«

Sie gingen weiter. Beatrice war froh darüber, daß ihr Kontinent insofern einzigartig war, als die meisten seiner vierbeinigen Tiere und der Reptilien nicht aggressiv waren. Es gab keine großen, menschenfressenden Tiger oder Bären. Statt dessen hatten sie hier hüpfende Känguruhs in allen Größen, so klein wie Nagetiere und bis zu zwei Meter hoch; den kleinen Koalabären, der nichts Produktives zu tun schien, als die Welt an die Wunder der Berührung zu erinnern; und den Emu mit seinen majestätischen Federn, der nicht flog, sondern sehr schnell lief. Es gab natürlich einige giftige Schlangen, aber das machte ihr nichts aus, weil ihre Führerin sicherlich wußte, wie man mit ihnen umzugehen hatte.

Stunde um Stunde gingen sie durch niedriges Gebüsch und ab und zu durch einige Baumhaine. Endlich, später am Tag, redete die Frau wieder. »Wenn es zu unserem Besten ist, werden wir heute wieder essen, also laß uns schauen, welche Gabe die Göttliche Einheit uns bietet. Es gibt bei jedem Schritt Dinge zu sehen und zu bedenken.« Sie begann auf kleine Hinweise auf der Erde zu zeigen, kaum sichtbar, bis Beatrice sich darauf konzentrierte. Sie entdeckte Spuren von Pfoten, Krallen, gleitenden Leibern, hüpfenden, langsam gehenden, hungrigen, müden, alten und jungen, suchenden Geschöpfen. Sie kamen an eine Stelle mit höheren grüngesprenkelten Pflanzen mit dickeren Stengeln als andere, die sie während des Tages gesehen hatte. Die Frau blieb stehen und sprach zu den Pflanzen. Sie beugte sich nieder, pflückte ein Stück ab, brach es auf und enthüllte darin Kerne, die aussahen wie dicke braune Beeren. Mit dem Daumen schob sie sie auf die gleiche Weise heraus, wie Beatrice gelernt hatte, Erbsen aus ihren Schoten zu schieben. Die beiden Frauen teilten sich die wenigen Kerne. Dann nickte die Frau Beatrice zu, sie solle ein Stück abpflücken und aufbrechen. Während Beatrice der Anweisung folgte, fragte sie: »Wie in aller Welt hat jemand entdeckt, daß man dies gefahrlos essen kann?«

»Es gibt eine Methode, die Verträglichkeit festzustellen, wenn du auf etwas Neues triffst. Sie beginnt mit deinem Geruchssinn. Es ist sehr wichtig, daß du lernst, alles zu riechen, nicht bloß Pflanzen. Rieche die Luft, das Wasser, Tiere, sogar andere Menschen. Gerüche sind sehr unterschiedlich, und du darfst nicht vergessen, wie etwas riecht. Wenn du genug Vergleiche hast, wirst du merken, daß giftige Stoffe oft einen sehr starken, eigenwilligen Geruch haben. Wenn eine Pflanze nicht nach einem Gift riecht, das du kennst, dann solltest du als nächstes ein Stück davon abbrechen und damit über deinen Körper reiben. Benutze eine empfindliche Stelle, beispielsweise dein Augenlid, die Haut um die Nüstern herum oder unter dem Arm. Warte ab, ob sich irgendein Stechen oder ein Unbehagen oder Jucken einstellt, ob die Haut anschwillt oder Blasen bekommt. Wenn nicht, kannst du einen Bissen probieren, aber nimm ihn seitlich in den Mund oder schiebe ihn unter die Oberlippe und warte wieder auf die Reaktion des Körpers. Wenn keine eintritt, kannst du einen etwas größeren Bissen probieren. Gurgle mit dem Saft ein wenig in der Kehle, spucke ihn dann wieder aus und warte noch einmal, wie er sich anfühlt, ehe du etwas davon runterschluckst. Wenn du versuchsweise einen kleinen Bissen gegessen hast, mußt du warten, um festzustellen, ob du Magenschmerzen bekommst oder ob dein Körper die Nahrung zurückweist und sie wieder aus dir herausgezwungen wird. Warte lange genug, um zu erfahren, ob sie dein Denken oder dein Gehen beeinflußt.

Alle neuen Begegnungen sind Prüfungen – ob mit Essen, mit Menschen oder mit Ideen. Rieche zuerst an allem. Wenn dir jemand etwas sagt, rieche es! Wenn es unschädlich riecht, dann probier ein wenig davon, um den Geschmack kennenzulernen, aber kaue es immer. Kaue lange, bevor du etwas hinunterschluckst. Selbst Worte sollten lange gekaut werden, ehe man sie schluckt, weil es viel leichter ist, etwas wieder auszuspucken, als es loszuwerden, nachdem man es erst einmal zu sich genommen hat. Wenn du Worte in dich aufnimmst, aber deren Sinn für dich nicht stimmt, dann wird dir das Probleme bereiten. Es wird Knoten und Beulen, Kopf-, Brust- und Magenschmerzen und schwärende Wunden bei dir verursachen, bis du es wieder von dir gibst. Zum Glück ist es mit der Nahrung einfacher, die kann man erbrechen oder durch Durchfall loswerden und so den Fehler schnell wiedergutmachen. Siehst du, es gibt Dinge, die die Welt außerhalb dieser Wüste tut und die vieles im Leben verändert haben. Am besten unterstellt man nicht, daß etwas, das normal erscheint oder einfach ungefährlich aussieht, in Wirklichkeit auch ungefährlich ist.

Unsere schwierigste Herausforderung war die, die Worte und Überzeugung der weißen europäischen Welt zu riechen und zu schmecken und dann höflich auszuspucken. Es gibt nur noch wenige freie eingeborene Völker. Jedes Jahr nimmt ihre Zahl ab, da mehr und mehr Stämme von ihrem Land vertrieben werden und sich dem Leben in der weißen Welt unterwerfen oder sterben müssen. Ich meine nicht wirklich die weiße Welt. Ich muß mich selbst berichtigen, weil die Hautfarbe keine Bedeutung hat. Es sind das Denken und die Lebensart, die Veränderung der Werte der ursprünglichen Gesetze, die die Menschen verändert haben. Solche ›Veränderten‹ gibt es in allen Hautfarben.

Unsere Ältesten sind einverstanden, meine Schwester. Wir haben deinen Hilfeschrei gehört, der viele von uns im Wachen oder im Schlafen erreicht hat. Es stimmt, dein Leben ist durch Suchen geprägt, und du hast die Gabe, wichtige Antworten zu finden und vielen verirrten Menschen zu helfen, ihren Weg zu finden. Aber es wird nicht leicht für dich sein. Anders als ein kleines Kind, das unbedingt lernen will und einen leeren Raum in sich hat, der mit Wissen gefüllt werden muß, bist du schon voller Informationen. Du wirst für dich selbst entscheiden müssen, was du ablegst, was du durch anderes ersetzt und was du akzeptierst. Ich weiß das, weil es mir vor langer Zeit auch so ergangen ist.«

Beatrice nahm eine kleine Handvoll Samenkörner entgegen. Langsam kaute sie jedes einzelne, genoß das nußähnliche Aroma und fragte sich nach deren Nährwert. Sie gingen weiter, und Beatrice dachte sehr ernsthaft über das nach, was die Frau ihr gerade gesagt hatte.

»Ich bin mir nicht sicher, daß ich das kann«, sagte Beatrice endlich mit einer Stimme, die kaum lauter als ein Flüstern war.

»Ich bringe dich zurück.«

»Nein, ich möchte nicht zurück. Ich meine nur, ich fühle mich wirklich unwohl ohne Kleider. Der Gedanke, andere Menschen zu treffen, vor allem Männer, ist ...« Sie verstummte und beendete den Satz nicht.

»Das ist schon in Ordnung«, sagte ihre Begleiterin und schaute sie verständnisvoll an. »Wir werden eine angemessene Bedeckung herstellen. Wir werden die Dinge, die wir dazu brauchen, unterwegs finden. Und ich werde dir zeigen, wie man es macht. Die ›Wahren Menschen‹ tragen gelegentlich etwas, das sie bedeckt. Das ist gut. Ich denke, du wirst dich trotzdem ohne Rock und Bluse wohler fühlen. Wir können etwas viel Bequemeres und weniger Hinderliches machen. Ich verstehe, daß du es anstößig findest, deinen Körper zu zeigen, aber das ist in Wirklichkeit eine Einstellung, die du erlernt hast.« Mit einem breiten Grinsen fügte sie hinzu: »Ich glaube, ein Opossumfell wäre wunderbar. Wenn wir diesen Gedanken in den Dunst hinausschicken, wird das Opossum, das zu diesem Zweck geboren wurde, uns vielleicht dadurch ehren, daß es unseren Weg kreuzt.«

Gegen Ende des Nachmittags kamen sie an einen kleinen Bach und knieten beide dort nieder, um zu trinken. Genau in diesem Augenblick glitt rechts von ihnen eine braungestreifte Schlange mit glänzendschwarzem Kopf über einen Felsblock. Bevor Beatrice den Mund öffnen und etwas sagen konnte, hatte die Frau die Schlange schon direkt hinter dem Kopf gepackt. Sie nahm eine Steinklinge aus ihrem Beutel und tötete sie. Dann hängte sie die Schlange an ihren Gürtel. Ohne ein Wort gingen sie weiter.

Als die Sonne am Horizont versank, hielten sie für ein paar Minuten inne. Die Frau sprach darüber, wie prachtvoll jeder Sonnenuntergang sei. Die Dämmerung dauerte nur eine kurze Zeit, als die Sonne erst einmal versunken war; es wurde schnell dunkel. Wie Diamanten strahlten die Sterne am Himmel. Nachdem sie ein kurzes Stück weitergegangen waren, sagte die Frau, sie würden nun anhalten, um zu essen und sich auszuruhen.

Zusammen sammelten sie trockene Äste und Gräser und etwas Kaninchenkot. Die Schlange wurde gehäutet, in Stücke geschnitten und auf einen Stein in der Mitte der Feuerstelle gelegt. Mit zwei Stückchen Feuerstein aus ihrem Beutel erzeugte Beatrices Gefährtin einen Funken, der ein Feuer entzündete.

»Wir dürfen diesem Fleisch nicht alles Wasser entziehen«, sagte sie, »aber es muß erhitzt werden, sonst bilden sich kleine weiße Würmer in unseren Mägen.« Sie griff in die Mitte der Feuerstelle, nahm ein gebratenes Stück Schlangenfleisch heraus, reichte es Beatrice, nahm sich selbst dann auch eines und sagte: »Das ist unsere Art, dieser Schlange dankbar zu sein, daß sie geboren wurde und heute unseren Weg gekreuzt hat. Ihr Geist wird sich unserem anschließen, wenn ihr Fleisch sich mit unserem Körper verbindet und wir das Leben zusammen fortsetzen.« Das Fleisch war noch immer ein wenig feucht und bemerkenswert sättigend.

Nachdem sie gegessen und einige Zeit geschwiegen hatten, fragte Beatrice die Frau: »Wie heißt du?«

»Heute bin ich Benala, und das bedeutet: braune Ente, eine, die gerne ins Wasser eintaucht und einfach zum Spaß da herumschwimmt. Es ist unsere Art, von unseren Namen zu lernen. Wir wachsen aus jedem Namen heraus, wenn wir an Weisheit zunehmen, und wählen von Zeit zu Zeit einen neuen, der besser beschreibt, wer wir sind. Nachdem ich dieses Leben gelebt habe, finde ich es interessant, daß ich als ›Veränderte‹ bei der Geburt einen Namen bekommen habe, den ich für mein Leben lang behalten sollte.«

»Ja«, antwortete Beatrice. »Zumindest verhält es sich bei Leuten wie mir so, die nie einen Familiennamen bekommen haben. Ich habe festgestellt, daß es auch für Menschen in der weißen Welt galt. Aber wenn weiße Frauen heiraten, nehmen sie den Familiennamen des Mannes an. Sie behalten denselben Vornamen und benutzen manchmal einen Spitznamen oder Ersatznamen. Meistens leben die Leute einfach mit ihrem Geburtsnamen, auch wenn der ihnen vielleicht nicht gefällt oder sie, wie du meinst, glauben, sie wären aus ihm herausgewachsen. Einmal hat man mir gesagt, daß es die Möglichkeit gebe, zur Regierung zu gehen, dort Geld zu bezahlen und seinen Namen ändern zu lassen. Mein Freund sagte, daß das komisch sei, weil die Familie die Person gewöhnlich trotzdem weiterhin bei ihrem ursprünglichen Namen nennt.«

»Menschen, die sie lieben?« fragte Benala. Der orangefarbene Schein des Feuers ließ ihren verwirrten Ausdruck erkennen.

»Ja«, sagte Beatrice und hielt einen Augenblick inne. »Ich nehme an, sie lieben diese Person einfach nicht genug, um sie so anzureden, wie sie genannt werden möchte!« Beide Frauen lachten und verstummten dann wieder.

Gedankenversunken saßen sie da. Nachdem Beatrice beobachtet hatte, wie ein verkohltes Stück endlich ganz verglüht war, sagte sie: »Du hast über die Notwendigkeit gesprochen, daß die ›Wahren Menschen‹ die Überzeugungen der Europäer ausspucken. Woher weißt du, daß das, was sie zu lehren versuchten, falsch war?«

Benala zog die Augenbrauen hoch, seufzte und antwortete: »Für sie war es nicht falsch, aber anscheinend nehmen sie nicht wahr, daß die Gesetze des Lebens sich niemals verändern. Es sind ewige Gesetze. Ich meine, deine Erfahrungen im ersten Teil deines Lebens formen das, was du glaubst. Später bestimmt das, was du glaubst, die Erfahrungen, die du machst, oder die Art, wie du Geschehenes betrachtest. Aber dadurch wird es nicht wahr. Die Menschen neigen dazu, die Wahrheit durch Glauben zu ersetzen.«

»Ich verstehe nicht, was du sagst. Kannst du mir ein Beispiel nennen?«

Benala nickte. »In der Welt der ›Veränderten‹ gibt es ein religiöses Gesetz. Sicher kennst du es. Es lautet: ›Du sollst nicht töten.‹ Das ist deutlich genug, aber trotzdem töten sie in Kriegen, im Verkehr, bei medizinischen Versuchen, zur Verteidigung ihrer Habe oder ihres eigenen Lebens, im Zorn oder aus Rache. Die Auslegung des einfachen Gesetzes, daß man nicht töten soll, wird verändert, um das Denken eines Menschen unter veränderten Umständen zu rechtfertigen. Das ist in Ordnung, wenn eine Gesellschaft sich für diese Art zu glauben entscheidet, aber die Wahrheit ist eine Feststellung: ›Du *kannst* nicht töten!‹ Und nicht: ›Du *sollst* nicht töten.‹ Das hat nichts mit den Umständen, mit der Erlaubnis oder der Deutung bereits geschehener Handlungen zu tun. Die Formulierung ist sehr klar. Es ist unmöglich, zu töten. Du hast diese Seele nicht geschaffen, du kannst sie nicht töten. Du kannst die menschliche Form vernichten, aber dadurch kehrt der Geist nur in die Ewigkeit zurück. Die Seelen haben keinen Anfang und kein Ende, sie dauern fort. Der Tod ist nichts Endgültiges. Er bedeutet Leben in einer anderen Form in der Ewigen Welt. Bestimmt gibt es eine Verantwortlichkeit dafür, wenn man ein Leben hier auslöscht; das Leben ist eine so kostbare Erfahrung. Aber diese Verantwortlichkeit kommt in den Begriffen der europäischen Gesetze nicht vor. Anscheinend sind die

Auffassungen einiger weniger Menschen als universale Gesetze dargestellt worden, und Millionen von Menschen haben sie für gültig erklärt. Die Gesetze unserer Schöpfung ändern sich nicht mit der Zeit und sind sicherlich nicht unterschiedlich für Männer und Frauen. Jeder Mensch hat die Gabe des freien Willens. Die kann ihm nie genommen werden. Also ist jeder von uns frei, seinen eigenen Weg zu gehen, sein eigenes Schicksal zu suchen, sein eigenes höchstes Selbst zu entdecken. Die Gruppe, mit der du durchs Leben reist, wird dich entweder auf positive Weise unterstützen, oder dir ständig Gelegenheit bieten, auch gegen sie auf deine eigene positive Ebene zu gelangen.«

»Aber warte«, unterbrach Beatrice sie, »ich hatte nicht die freie Wahl; ich habe es mir nicht augesucht, daß meine Eltern mich bei der Geburt verlassen haben und ich meine Kindheit in einem Waisenhaus verbringen mußte.«

»Wenn es das ist, was du glaubst, dann ist es das, was du glaubst«, antwortete Benala. »Wird es dadurch zur Wahrheit oder nur zu dem, was du glaubst? Bevor du geboren wurdest, warst du in der Ewigkeit, und du bekamst die Gelegenheit, diese menschliche Erfahrung zu machen. Du kanntest die Situation deiner Eltern und sahst es trotzdem als wunderbare Gelegenheit an, deine Erleuchtung voranzubringen. Warum rückwärtsschauen auf das Was-wäre-gewesen-Wenn und irgendwelche logischen oder rationalen Gründe zur Erkärung der Vergangenheit suchen? Heute ist ein neuer Tag. Wir schreiten mit jedem neuen Tag voran. Die Entscheidung von heute ist die Entscheidung von heute. Dir sind in der Vergangenheit viele Situationen beschert worden, in denen du Toleranz, Geduld, Ausdrucksmöglichkeiten, Akzeptanz, Freundlichkeit, Liebe, Ehrlichkeit, Rechtschaffenheit und so weiter lernen konntest. Wenn du das als Kind in dieser Waisenhausumgebung nicht gelernt hast, wirst du erneut damit konfrontiert werden, das versichere ich dir. Wenn du es gelernt hast, um so besser! Die Situationen sind unwichtig. Wichtig ist, daß du vorankommst. Und jetzt ist es Zeit zu schlafen. Wir werden noch viele wichtige Gespräche miteinander führen.«

Benala zeigte Beatrice, wie man ein Stück Boden zum Schlafen glättet und eine kleine Vertiefung gräbt, die den Körperformen entspricht. Als Benala sich niedergelegt hatte, kam der Schlaf fast sofort. Beatrice konnte nicht anders, sie mußte noch zum Himmel aufschauen, über das nachdenken, was sie gerade gehört hatte, und sich Fragen und Argumente zurechtlegen, um sie später zu diskutieren.

Ein plötzliches Blitzen am Himmel lenkte Beatrice ab; es war eine Sternschnuppe, die über den schwarzen Himmel zischte. Ach, dachte sie, ich weiß nicht, was das bedeutet, aber es muß etwas bedeuten. Sie kicherte lautlos und dachte: Das ist das, was ich glaube, aber es ist nicht die Wahrheit!

Augenblicklich empfand sie einen tiefen Frieden in ihrer Seele und fiel in einen tiefen Schlaf.

28

Benala begann sich zu rühren, als sich die Sonne noch auf der anderen Seite der Erde versteckte. Der Himmel veränderte sich von Dunkelblau in ein etwas helleres Blau mit dünnen aquarellartigen Streifen von Rosa und Orange. Benalas Bewegungen bewirkten, daß Beatrice die Augen öffnete und sich für einen Moment fragte, wo sie sei. Sie setzte sich in ihrer schmalen Schlafmulde auf und rieb sich den Sand ab, der ihr noch an Gesicht und Armen haftete. Sie war überrascht, wie gut sie ohne irgendeine Trennung zwischen ihrem Körper und der Erde geschlafen hatte.

»Guten Morgen«, sagte Beatrice im Sitzen.

»Spitze des Morgens«, lautete die Antwort. Beide Frauen lachten, und Beatrice meinte: »Das ist ein hübsches Bild. Es ist die Spitze des Morgens.«

»Ja, ich glaube, die Leute in Irland sagen das. Mir gefällt es auch. Mein Volk würde jetzt sagen: ›Es ist heute.‹«

»Sollten wir nicht in der Sprache deines Volkes reden?« fragte Beatrice. »Ich habe sicher etwas Übung nötig.«

Benalas Gesicht wurde traurig, und sie wandte den Blick ab, ehe sie antwortete: »Das ist nicht so einfach. Siehst du, in den letzten dreißig Jahren haben sich die Dinge sehr verändert. Früher einmal gab es Hunderte von Stämmen, viele verschiedene Sprachen und noch mehr Dialekte von jeder Sprache. Jeder kannte sein Gebiet, respektierte andere Staaten, die Bräuche und Lebensweisen der anderen, aber unter der fremden Aufsicht ist jetzt der Stamm für uns ein Zufluchtsort. Unsere Sprache ist notgedrungen eine gemischte Sprache geworden. Unsere jeweilige Lebensweise hat sich verändert, um die anderer, die sich uns angeschlossen haben, zu respektieren. Einige beispielsweise sprechen niemals über jemanden, der nicht anwesend ist, und andere kommen aus einem Stamm, der niemals jemanden erwähnt, der verstorben ist. Natürlich haben wir von diesen Traditionen erst erfahren, als wir die Fehler begangen hatten, dagegen zu verstoßen. Die anderen haben gelernt, indem sie geduldig waren und uns unsere Unwissenheit vergaben. Allein um eine unverheiratete Frau wie dich zu bezeichnen, könnte es sechs oder sieben Begriffe geben. Ich glaube, es ist am besten, wenn wir Englisch sprechen; du wirst die notwendigen Wörter, die du brauchst, in Zukunft lernen.«

Wie am Vortag kniete Benala nieder und brachte ihr Erdbett wieder in den ursprünglichen Zustand. Beatrice tat es ihr nach und stellte fest, daß es nicht so einfach war, wie es aussah, die Abdrücke ihres Körpers fortzublasen.

»Warum gab es vor langer Zeit so viele Stämme?« wollte Beatrice wissen, deren Kopf bereits voller Fragen war.

»Ich glaube, die Natur ist einfach so. Als die Menschen sich vermehrten, schlossen sie enge Freundschaften. In erster Linie der Nahrung wegen gingen Freunde vermutlich zusammen fort und lebten auf eine Weise, mit der alle Beteiligten einverstanden waren. Aber Werte, Überzeugungen und Zeremonien waren im ganzen Land ein wenig unterschiedlich.«

Die Schlangenhaut von der gestrigen Mahlzeit hing an einem nahen Busch. Benala nahm sie und hängte sie sich für die weitere Wanderung wieder an den Gürtel. Dann stellte sie sich breitbeinig hin, die Arme über den Kopf erhoben und sagte lautlos etwas zu dem Tag.

Als ihr Morgenritual beendet war, betrachtete sie ihre neue Reisegefährtin. Ohne zu reden, einfach nebeneinander hergehend, begannen sie die nächste Tagesreise. Eine Frau ging denselben Weg zurück, den sie schon viele Male gegangen war; die andere betrat eine ganz neue Welt.

Die Wanderung dieses Morgens führte sie durch dichtes Buschland, wo grüne Äste, manchmal voller Dornen, aus dem Weg gehalten werden mußten, damit sie darunter durchkriechen konnten. Während sie sich vorankämpften, stellte Beatrice ihrer Freundin eine ernste Frage: »Benala, warum – glaubst du – hat unser Volk hier seit Zehntausenden von Jahren gelebt und niemals ein Alphabet oder eine Schriftsprache entwickelt? Ich habe unsere Kultur gegen die Kritik von Leuten verteidigt, die behaupten, wir wären intellektuell minderwertiger. Kennst du den Grund?«

»Ja«, antwortete die ältere der beiden Aborigine-Frauen. »Der Preis war zu hoch! Unsere Leute sagten zu den Briten, die die Gefangenen in Gebäude steckten und zwingen wollten, Lesen und Schreiben zu lernen, sie würden lieber sterben. Der Preis wäre zu hoch! Sie würden sterben, bevor sie den Preis verlorener Erinnerung bezahlten. Wenn unseren Kindern etwas vermittelt wird, einem Schüler, dann geschieht das nicht durch einen einzigen Lehrer. Es geschieht im Kreis einer Gruppe von Lehrern. Auf diese Weise wird nichts vergessen, nichts wird hinzugefügt, und die Deutung durch eine Person wird nicht als Tatsache gelehrt. Wir lernen aus der Geschichte, die in Liedern und Tänzen in Musik umgesetzt ist, und das ist nicht viel anders als in der Welt der ›Veränderten‹, wo das Abc mit einer Art musikalischem Rhythmus gelehrt wird. Dinge, die niedergeschrieben sind, bleiben selten viele Jahre lang unverändert. In der Vergangenheit benutzte unser Volk die stille Kommunikation von Kopf zu Kopf und Herz zu Herz. Du wirst sehen, daß mein Stamm diese Fähigkeit nicht verloren hat, aber sie basiert darauf, daß man keine Geheimnisse hat und keine Lügen ausspricht. Wenn du dir etwas aufschreibst, glaubst du leicht, du brauchtest es dir nicht einzuprägen, weil du es ja später nachlesen kannst. Leider führt das zu geistiger Faulheit. Deine Macht geht auf ein Stück Papier über. Die Menschen können sich an die einfachsten Dinge nicht erinnern, etwas, was sie gestern getan oder vorgestern gegessen haben. Die Menschen, die aufs Schreiben versessen sind, schauen sich um, vergleichen sich mit anderen in ihrer Gesellschaft und kommen zu dem Schluß, es sei normal, daß Menschen ein schlechtes Gedächtnis haben. Das führt zurück zu der Frage: Ist das eine Tatsache oder nur eine Überzeugung?«

Benala grinste, und die geöffneten Lippen ließen ihre von Natur aus schneeweißen Zähne sehen, als sie fortfuhr: »Unsere Menschen haben sich mit hundert Jahren doppelt soviel eingeprägt wie mit fünfzig. Wir haben uns selten darauf verlassen, eine Information weiterzugeben, indem wir sie niederschrieben. Für uns war das weder notwendig noch angemessen. In vielen Kulturen funktioniert es gut, aber es geht dabei nicht um besser oder schlechter. Du hast eine Schule besucht und kennst den Wert des geschriebenen Worts und auch dessen Fallstricke. Bei meinem Volk wirst du das Leben ganz anders sehen. Dann kannst du selbst entscheiden. Wir haben die Schrift von Symbolen auf unseren Nachrichtenstäben für zukünftige Reisende Tausende von Jahren benutzt. Wir haben die Geschichte in Höhlen und Schluchten aufgezeichnet, aber unser Volk hat sein Leben immer gelebt, indem es sich auf den Geist verließ, nicht auf materielle Dinge. Wir haben nie daran gedacht, die Natur zu manipulieren, die Elemente zu kontrollieren oder uns selbst zu Übermenschen zu entwickeln. Die Entstehung der Welt ist noch nicht beendet. Es ist nicht vernünftig, wenn der Mensch entscheidet, er sei das Beste, was existiert. Noch immer passen Pflanzen sich an, Tiere entfalten sich, und die Menschen müssen noch einen langen Weg zurücklegen, bis ihr spirituelles Bewußtsein ihr bloßes Reden davon einholt. Wir dagegen haben unsere Lebensweise so entwickelt, weil unser Wunsch der nach Langlebigkeit und Harmonie für alles Leben ist. Beatrice, ich bin mir sicher, daß du eines Tages nicht mehr das Bedürfnis empfinden wirst, dein Erbe zu verteidigen, und daß du genau wie ich zu schätzen wissen wirst, welch ein Segen es ist, daß wir Aborigines sind.«

»Ja«, antwortete Beatrice. »Ich finde, es ist bedeutsam, zu einer Kultur zu gehören, wo die Menschen nicht Farmer, Kaufleute und Anwälte sind, sondern Künstler, Dichter, Musiker und Magier. Du hast recht. Wir haben Grund, stolz zu sein!«

Aus dem Gebüsch ragte eine Ansammlung von Felsen heraus, wo sich in einer Vertiefung Regenwasser gesammelt hatte. Der Boden war mit Federn bestreut, und die Kadaver von zwei Vögeln schwammen in der dunklen Flüssigkeit. Benala nahm die getrocknete Schlangenhaut von ihrem Gürtel und wedelte mit der Hand im Wasser herum, um eine Stelle von Verunreinigungen zu befreien. Dann schöpfte sie mit der Schlangenhaut etwas Wasser heraus und sagte zu Beatrice, sie solle die so gefilterte Flüssigkeit trinken. Danach wechselten sie sich ab, und die Führerin stillte ihren Durst am stetigen Tröpfeln des gesäuberten Wassers.

Nach einer Ruhepause wanderten sie weiter, und irgendwann flog über ihnen ein kleiner Schwarm farbenprächtiger gelbgrüner Vögel. Bald sahen sie die gleiche Art von Vögeln auch einzeln fliegen oder auf nahen Ästen sitzen. Benala hielt Ausschau nach einem Nest. Als sie es entdeckte, nahm sie ein Ei heraus und ließ zwei weitere zurück, damit das Leben weitergehen könnte. Benala bohrte ein Loch in die Eierschale und saugte einen Teil des Inhalts aus. Dann reichte sie Beatrice das Ei, damit sie es leertränke. Danach nahm Benala die leere Schale, wickelte sie in Blätter und steckte sie in den Beutel an ihrem Gürtel.

Gegen Abend lief ihnen eine ausgewachsene blauzüngige Eidechse über den Weg, und damit war ihr Speiseplan für den Tag vollständig. Später am Abend, als sie unter dem hellen Sternenhimmel saßen, schlug Benala vor, ihre Gefährtin solle über einen neuen Namen nachdenken. »Du kannst den behalten, den du hast, wenn du dich damit wohl fühlst, du kannst dir aber auch einen anderen wählen. Es gibt keine Einschränkung. Du kannst dir jeden Namen aussuchen, den du haben möchtest.«

»Was ist, wenn ich einen Namen nehmen möchte, den schon jemand anders trägt?«

»Kein Problem. Er symbolisiert bei verschiedenen Menschen verschiedene Dinge. Dein Name ist die Art, wie du von der Welt angesprochen werden möchtest. Er erinnert dich an irgendein bestimmtes Thema, dem du auf diesem Teil deines spirituellen Weges deine Aufmerksamkeit widmest. Mein Name beispielsweise, Benala, braune Ente, wurde gewählt, weil ich für den größten Teil meines Lebens nicht allzu ernsthaft war. Es muß ein Gleichgewicht zwischen Lernen und Spiel geben. Ich bewundere die Fähigkeit der Ente, einfach zum Spaß herumzuschwimmen, nicht auf der Suche nach Nahrung, nicht, um einer Gefahr zu entgehen, nicht, um Zuschauer zu beeindrucken, sondern einfach um des Vergnügens willen. Ich verbringe nicht viel Zeit auf diese Weise, und ich arbeite daran, eine etwas freier schwimmende Persönlichkeit zu entwickeln!« Sie kniff die Augen zusammen und zog die Brauen hoch, während sie das sagte.

»Ich werde darüber nachdenken«, antwortete Beatrice.

An diesem Abend zeigte Benala ihrer Freundin, wie man sich mit den weichen Blättern naher Büsche und Bäume einen bequemen Schlafplatz zurechtmacht. Der Tagesanbruch begann erneut mit dem Morgenritual.

Das Gelände veränderte sich allmählich; die Pflanzen wuchsen in größeren Abständen. Nur an bestimmten Stellen schienen sie dichter zu stehen, und Benala erklärte, dort folgten sie einem unterirdischen Flußlauf. Ab und an hielten sie inne und sammelten getrocknete Blätter und Beeren, die Benala in ihren Beutel steckte. Während sie nach den Beeren suchten, entdeckten sie das Opossum. Es war ein großes, fettes graues Tier, das gelassen an einem Blatt knabberte, als habe es auf die Ankunft der Zweibeiner gewartet. Benala hob einen großen Stein auf, und indem sie ihn mit aller Kraft auf das Tier schleuderte, tötete sie es auf der Stelle. Sie sprach ihre Dankesworte, während sie den Bauch des Opossums aufschnitt und die Innereien entfernte. Beatrice erbot sich, das tote Tier zu tragen. Auch sie sagte dem Geist des Opossums stumm ihren Dank.

Am frühen Nachmittag führte Benala sie an einen großen Teich. Der felsige Grund und der ständige Zufluß aus einer unterirdischen Quelle sorgten für so klares Wasser, daß man bis auf den Grund schauen und den mosaikartigen Boden erkennen konnte, den die Natur geschaffen hatte. Direkt am Rande des Teichs, wo das Wasser zu einer schlammigen Stelle hin abfloß, gab es braune wurstähnliche Gebilde, die aussahen, als würden sie von den hohen Schilfgräsern, die sie aufrecht hielten, durchbohrt und aufgespießt. Beatrice kniete zu einem erfrischenden Trunk nieder, während Benala die hohen Pflanzen und einen Armvoll neuer zarter Sprossen pflückte. Einige Meter entfernt befand sich ein einzelner großer, flacher Felsblock, der offensichtlich nicht von der Natur dorthin gestellt worden war. Auf seiner Oberfläche lag ein glatter ovaler Stein von viel dunklerer Farbe.

»Dieser Fels ist seit Hunderten von Jahren von den Angehörigen dieses Staates benutzt worden, um Pulver zu mahlen. Heute werden wir ihn verwenden, um unsere Nahrung zu mahlen, und damit diesem Ort unsere Geistesenergie hinzufügen und gegen solche Geister eintauschen, die bereits hier sind.« Sie nahm den Inhalt ihres Beutels heraus: Beeren, Blätter und die Eierschalen. Eines nach dem anderen wurde fein zermahlen. Wassertropfen wurden hinzugefügt, bis eine Paste entstanden war. Das Schilfgras wurde zu einem Behälter geflochten und die Paste hineingefüllt. »Das werden wir später essen«, sagte Benala, während sie die Stelle reinigte und wieder in den ursprünglichen Zustand versetzte.

Der Tag und die Wegstrecke schienen gemächlich zu schwinden, während sie dahinschritten. Benala nahm längliche Blätter aus ihrem Beutel und verflocht sie miteinander, während sie sich unterhielten.

»Wie viele Mitglieder hat der Stamm der ›Wahren Menschen‹?« fragte Beatrice.

»Im Augenblick neunzehn. Du wirst Nummer zwanzig werden. Aber die Anzahl ändert sich häufig. Du wirst nicht alle gleichzeitig kennenlernen. Wir können nicht mehr so zusammenleben wie früher. Es gibt an einem einzigen Ort nicht mehr genug Nahrungsvorräte für neunzehn Personen. Und – was noch wichtiger ist – die Gefahr ist groß, daß wir ertappt werden, wenn man zu viele von uns zusammen sieht. Wir können verschwinden und zu Felsen oder Baumstümpfen werden, wenn wir wenige sind. Es wurde entschieden, daß dies jetzt für uns der beste Weg sei.«

»Warum wechselt die Anzahl?«

»Weil viele der Mitglieder so sind wie du und ich. Sie sind Flüchtlinge von irgendeinem anderen Staat. Ihnen steht das Leben in den Missionsstationen offen, wo es Nahrung und Tabak kostenlos gibt und man nichts von ihnen verlangt. Die einstigen Gefangenen haben jetzt Kinder und Enkel, die dort geboren wurden. Alle Stammesbräuche sind verboten. Und es gibt auch das Leben draußen in den kleinen Dörfern und großen Städten. Die Regierung fängt an, Geld zu verteilen, so daß sich die Leute ein paar Dinge kaufen können, was ein großer Anreiz ist. Aber es ist eine verlorene Existenz zwischen zwei Welten, die beide außer Reichweite sind. Ein paar Leute finden uns und klammern sich an uns – als Unterstützungsinstanz. Wir bewahren uns unsere Energie, um unser Leben so positiv wie möglich einzurichten.«

Als sie an diesem Abend haltmachten, um zu übernachten, zündeten sie ein sehr kleines Feuer an. Benala wartete, bis es zu Holzkohle heruntergebrannt war, bevor sie die Küchlein aus zermahlenen Samenkörnern aus ihrem Hüftbeutel nahm und in die Glut legte. Als das Essen fertig war, aß jede von ihnen zwei von den Pflanzenkeksen.

»Hier ist etwas für dich«, sagte Benala. Sie legte das Ding, woran sie den ganzen Tag gearbeitet hatte, über das Feuer hinweg in die ausgestreckte Hand ihrer Freundin. »Später werde ich dir zeigen, wie du aus Häuten so etwas wie meines machen kannst, aber einstweilen wird dies genügen.« Beatrice sah sich Benalas Tragevorrichtung genauer an. Es handelte sich um eine erstaunliche Erfindung: Der Beutel war aus Quadraten zusammengesetzt und ließ sich so klein wie eine Brieftasche zusammenfalten. Wenn er gebraucht wurde, ließ er sich immer weiter auseinanderfalten, bis er die Größe einer Einkaufstasche hatte.

Und die Leute glauben, wenn man nicht in einer Stadt lebt, wäre man ungebildet und nicht erfindungsreich, dachte Beatrice. »Vielen Dank«, sagte sie herzlich. »Ich fange an, mich wohler zu fühlen.«

Benala hob das Opossum auf. Nachdem sie ihm den

Kopf abgeschnitten hatte, zog sie ihm das Fell ab. Sie legte das Fleisch auf die Kohlen und die Haut auf den Boden. Mit Hilfe eines Schabemessers aus ihrem Beutel kratzte sie Fett und anderes Gewebe ab, das noch daran haftete. Sie entfernte das Gehirn aus dem Schädel und sagte zu Beatrice, das werde gebraucht, um die Haut damit abzureiben, wenn sie in den folgenden Tagen trocknete. »Wenn wir dein Kleidungsstück fertig haben, wirst du dich darin wie zu Hause fühlen!« fügte Benala hinzu, als sie den Tag beendeten.

Beatrice lächelte und dachte bei sich: Ich fühle mich schon jetzt mehr und mehr zu Hause, dabei bin ich im Begriff, heimatlos zu werden.

29

An ihrem vierten, fünften und sechsten gemeinsamen Tag wachte Beatrice vor Sonnenaufgang auf und wußte, was von ihr erwartet wurde. Sie füllte die Schlafmulde wieder aus, die sie am Vorabend hergerichtet hatte, und strich den Sand an der Oberfläche glatt. Mit gespitzten Lippen blies sie alle Spuren menschlichen Eingreifens fort. Benala schloß sich ihr bald an. Beide Frauen begrüßten den Morgen und beendeten das Ritual, indem sie den Tag der Göttlichen Einheit weihten. Beatrice verstand jetzt, daß, was immer an diesem Tag ihren Pfad kreuzte – jedes Geschöpf, jede Person und sogar das Wetter –, einen einzigartigen Daseinszweck hätte. Ihr Ziel war es, jedes Geschehen zu ehren, indem sie es akzeptierte, wenn sie es auch nicht unbedingt verstand. Das Leben im australischen Outback war nicht kompliziert. Es ging einfach darum, den Großen Geist zu ehren.

Beatrice nahm den gewobenen Gürtel und den Beutel aus Schilfgras, den die Gefährtin ihr gegeben hatte, und legte beides an. Der Gürtel saß bequem auf ihrer Hüfte über der Opossumhaut, die nun in zwei kleinen Stücken daran hing, eines vorne, eines hinten. Ihre Brust blieb nackt, aber das störte sie nicht. Sie schüttelte den Kopf und fuhr sich mit den Fingern durchs Haar. Der Schmutz, der sich während der letzten paar Tage angesammelt hatte, vermischte sich jede Nacht, wenn sie schlief, mit mehr Sand. Sie wußte nicht, wann oder wie sie in der Lage sein würde, ihn wieder zu entfernen, also mußte gründliches Schütteln ausreichen. Benalas Beispiel folgend nahm sie Sand zwischen den Daumen und zwei Finger und steckte ihn in den Mund. Sie massierte ihr Zahnfleisch und fuhr sich mit dem Sand über die Zähne, bevor sie ihn ausspuckte. Ihr Mund fühlte sich frischer an. Gemeinsam reinigten die beiden Frauen die kleine Stelle, an der gestern abend ihr Lagerfeuer gebrannt hatte, und versetzten sie in ihren unberührten Zustand zurück, ehe sie sich in der weiten Ebene wieder auf den Weg machten.

Es wehte eine leichte Brise, so sanft wie von einem Liebhaber, der auf sich aufmerksam machen will, indem er jemanden schelmisch über die Wange bläst. Der ferne blaue Himmel hob sich mit einer klaren Linie von der braunroten Erde ab. In allen vier Himmelsrichtungen sah man die gleiche Landschaft: eine weite Ebene mit wenig Vegetation. Sie hatten einen Teil des Kontinents erreicht, der zu trocken und karg war, als daß die großen roten oder grauen Känguruhs dort hätten leben können. Die einzigen hüpfenden Geschöpfe waren verschiedene Wüstennagetiere und immer mehr Kaninchen.

Nachdem sie zwei Stunden gegangen waren, gelangten sie in ein Gebiet mit struppigem Gebüsch. »Wir warten hier«, riet Benala. »Dies ist die Grenze einer ›songline‹, die zwei Staaten voneinander trennt. Es wird jetzt zwar von meinem Volk betreut, aber weil ich dich mitbringe, werden wir stehenbleiben und auf die Erlaubnis warten, das Gebiet betreten zu dürfen.« Still und erwartungsvoll saßen sie da.

»Wie lange wird es dauern, bis jemand entdeckt, daß wir hier sind?« fragte Beatrice.

»Sie wissen es schon«, lautete die Antwort.

»Aber woher können sie es wissen?« fragte Beatrice mit verblüfft gerunzelter Stirn.

»Sie wissen es!«

»Was müssen wir tun? Woher wissen wir, wann wir weitergehen können?« setzte die junge Städterin ihre Fragerei fort.

»Du wirst sehen«, antwortete Benala.

Schweigend saßen sie da, bis Beatrice sehnsüchtig bat: »Bitte, während wir hier warten, erzähl mir mehr über unser Volk.«

»Nun«, begann Benala mit einem tiefen Seufzer, »Aborigine-Völker sind Kinder der Natur. Die Erde ist unsere Mutter, und wir tun nichts, was sie verletzen würde oder respektlos wäre. Wir sind verwandt mit dem Himmel, den Sternen, der Sonne und dem Mond. Unsere Verwandtschaft besteht zu allem Leben – die Tiere, Vögel und Pflanzen sind gesegnet, hier in diesem Paradies geboren worden zu sein. Tausende von Jahren war dies wirklich ein Paradies. Alle Menschen schätzen einen Ort, in dessen Nähe es einen Gebirgszug gibt, einen Fluß, der daraus hinabfließt wie eine faule, fette Schlange und kleine Nebenflüsse speist, so daß es fruchtbare Täler gibt, bis der Fluß an einem Ufer mit weißgoldenem Sand und prachtvoll geschwungenen blauen Wogen in das Meer mündet. Das ist es, was unser Volk an jeder Küste dieses Landes besaß und was die Europäer, die aus einer kalten, feuchten, öden Gegend kommen, für ihre Städte Sydney, Brisbane, Adelaide und andere haben wollten.

Wir wurden gewaltsam von unserem Gebiet vertrieben, aber Aborigines sind keine gewalttätigen Menschen. Es liegt nicht in unserer Natur, Krieger zu sein und uns rächen zu wollen. Wir denken nicht Auge um Auge so wie sie, ganz im Gegenteil. Wenn jemand doch einmal völlig unsozial oder gewalttätig handelte, wurde eine Methode angewandt, die ›Knochenzeigen‹ heißt. Derjenige, der den Verstoß begangen hatte, machte sich selbst krank und starb manchmal an einer psychischen Krankheit aufgrund von Gefühlen der Schuld oder Reue. Wir hatten nie ein Gefängnis, eine Guillotine, ein Hinrichtungskommando oder auch nur Menschen in der Rolle von Polizisten. Dann, vor ungefähr achtzig Jahren, wurde uns die Eigenständigkeit von den Ausländern verweigert, die eine Regierung bildeten, die sich nie bemüht hat, irgendwelche Vorkehrungen für uns zu treffen. Es gab keinen Vertrag. Tatsächlich stand in den Dokumenten, auf denen das ganze australische Gesetzessystem beruht, ausdrücklich, daß es auf dem Kontinent kein menschliches Leben gegeben habe. Eine Million Menschen wurde als nicht existent betrachtet. Weil wir so friedliche Menschen waren, löst sich unsere Kultur relativ schnell auf.

Ein großer Teil unserer Friedfertigkeit, denke ich, rührt von unseren Erziehungsmethoden her. Es gibt keine ungewollten Kinder. Wir haben jahrhundertelang ein Kraut benutzt, das Mann und Frau kauen, um Schwangerschaften zu verhindern. Unsere geplante Elternschaft war sehr anders, weil die ungeborene Seele die Kontrolle darüber hatte. Wenn der Geist den Wunsch hatte, die menschliche Schule der Erfahrung zu betreten, dann machte er diesen Wunsch bekannt. Unsere ganze Gemeinschaft erwartete die Ankunft des Geistes. Alle anderen Kinder eines Stammes wurden zu seinen Brüdern und Schwestern, alle Frauen waren wie zweite Mütter und alle Männer wie zweite Väter. Den Kindern fehlte es nie an Aufmerksamkeit oder Liebe. Jedem wurde Ermutigung und Wertschätzung zuteil. Die Kinder tranken an der Brust, bis sie drei oder vier Jahre alt waren, und das Vergnügen des Stillens teilten sich zahlreiche Frauen.

Siehst du, wir wissen, daß alle Babys – ungeachtet ihres Geschlechts – mit vielen Gaben geboren werden. Alle Menschen werden mit der Fähigkeit geboren, so viele wundervolle Dinge im Leben zu tun; wir leben selten lange genug, um alles zu erforschen. Jeder ist Sänger, Tänzer, Künstler, Heiler, Lehrer, Anführer, Clown, Geschichtenerzähler und so weiter. Wir mögen vielleicht nicht daran glauben oder sind teilweise nicht daran interessiert, aber dadurch wird die Begabung nicht geringer. Es bedeutet nur, daß wir diesen Teil von uns selbst nicht erkennen oder ehren.

Ich glaube, das ist der Grund, warum es den Aborigines so schwerfällt, Rassenvorurteile zu verstehen. Wir betrachten keinen Menschen wertvoller als den anderen. In unseren Gruppen und Stämmen tun die Mitglieder das, was sie tun, weil sie es gern tun, nicht, weil es am eindrucksvollsten wirkt oder weil ihnen dafür irgendeine besondere Belohnung winkt. Jeder trägt das bei, was er beizutragen wünscht, und jeder bekommt dafür aufrichtigen Dank, und so fühlen sich alle akzeptiert und wertvoll. Selbst unsere sogenannte Führerschaft ist im Grunde freiwillig und wechselt oft. Unsere Ältesten sind respektierte ältere Mitglieder der Gemeinschaft, die aufgrund von mehr Erfahrung weiser sind.

Du mußt wissen, daß ich sehr allgemein spreche. Es gab Hunderte von Volksstämmen, und wie bei allen Gruppen gab es Unterschiede in ihrer jeweiligen Lebensweise. Ich weiß nicht, aus welchem Stamm meine Eltern und Großeltern kamen. Du und ich sind eine Generation von gestohlenen Kindern, die ihren Eltern bei der Geburt weggenommen wurden. Ich vermute, daß du auch nie über die Einzelheiten deiner Geburt informiert worden bist.«

Beatrice schüttelte den Kopf.

»Ich persönlich«, fuhr Benala fort, »gewann die größte Einsicht aus dem Vergleich der beiden Gesellschaften, der ›Veränderten‹ in der Stadt und unserer Flüchtlingswelt hier in der Wüste, aus dem Verständnis meiner Rolle als Ewiger Geist, der eine menschliche Erfahrung macht, und aus dem Verständnis des Unterschieds von Urteilen und Beobachtungen. Da ich in der Stadtwelt aufgewachsen bin, hat man mich gelehrt, alles zu beurteilen: die Menschen nach ihrem Aussehen, den Besitz nach seinem Wert, den Tag nach dem Wetter, die Gesundheit nach dem jeweiligen Grad eventuell vorhandener Schmerzen. Die Welt ist voll von kundigen Richtern, die sich nie ganz einigen können. Jeder Mensch ist schließlich irgendwie ein einzelner in den wichtigsten Überzeugungen, die sein Handeln bestimmen, sogar im Hinblick auf seinen eigenen Ehegatten, seine Familie und seine Freunde.

Hier in der Wüste habe ich das Beobachten gelernt. Urteilen bedeutet, über Richtiges oder Falsches oder Abstufungen davon zu entscheiden. Wenn du urteilst, machst du dich automatisch zur anderen Hälfte der Gleichung. Du mußt also auch Vergebung erfahren und erlernen. Wenn du urteilst, mußt du letztlich dieselbe Zeitspanne – Augenblick für Augenblick – mit Verzeihen ausfüllen. Falls du das nicht tust, solange du am Leben bist, wirst du es zu einem anderen Zeitpunkt tun.

Das Beobachten ist eine völlig andere innere Einstellung. Sie erfordert den Schritt des Verzeihens nicht. Du erkennst alle Menschen als Ewige Seelen an, erkennst an, daß sie sich alle auf ihrer Reise durch die Schule menschlicher Erfahrung befinden, und du erkennst an, daß alle Seelen die Gabe des freien Willens und der Wahlfreiheit besitzen, die der Schöpfer ihnen geschenkt hat. Mit anderen Worten, Menschen, die anders sind als du, haben nicht unrecht. Sie treffen einfach andere spirituelle Entscheidungen.

Unser Körper hat fünf Sinne, die alles in ihm miteinander verbinden; das Beobachten kann also mit den Augen oder mit der Nase oder mit einem der anderen Sinne erfolgen. Jeder von uns muß entscheiden, was für ihn richtig ist, um zu einer positiven Reise beizutragen. Dafür hat auch jeder die Verantwortung, anderen zu dienen, die seinen Weg kreuzen. Anstatt das moderne Wertesystem zu beurteilen, würde unser Stamm beispielsweise sagen, daß wir es riechen, und der Geruch ist für uns einer, den wir lieber ablehnen. Du und ich, wir haben diese andere Welt geschmeckt und gefühlt, und für uns ist sie nicht hilfreich auf unserem Weg. Wir haben diese Denkungsart gesegnet und sind fortgegangen. Wir verurteilen sie nicht als falsch, unverantwortlich oder egoistisch. Wir haben nur beobachtet, was vor sich ging, und entschieden, daß wir nicht daran teilhaben möchten. Dazu gehört noch mehr, denn es hat mit dem Bewußtsein der Göttlichen Einheit zu tun, aber darüber können wir ausführlicher sprechen, wenn noch andere Mitglieder des Stammes anwesend sind.

Mein Volk wird die ›Karoon‹ genannt, was soviel wie erste, ursprüngliche, unveränderte, in Einheit denkende oder wahre Menschen bedeutet. Ich spreche vom Stamm der ›Wahren Menschen‹. Die Gesellschaft europäischen Typs wird Gesellschaft der ›Veränderten‹ genannt, die nicht mehr in der Einheit denken und verändert oder umgewandelt sind.« Benala zeigte ihr breites Lächeln und fügte hinzu: »Das ist kein Urteil, sondern eine Beobachtung.«

In diesem Augenblick erscholl wie in Wellen ein seltsames dröhnendes Geräusch über die offene Ebene. Die Töne wechselten von hoch zu tief und setzten sich in einem unheimlichen, atemlosen Heulen fort.

»Was in aller Welt ist das?« fragte Beatrice. Benala legte den Zeigefinger an die Lippen, um ihr zu bedeuten, sie solle still sein. Sie lauschte den Tönen, bis sie aufhörten, und sprach dann: »Das kommt von unserem Volk, das uns sagt, wir sollen kommen. Einstweilen bist du am Außenrand ihres Kreises willkommen. Sie benutzen eine uralte Methode der Kommunikation, ein besonderes Stück flaches Holz, das an ein Seil gebunden ist. Es wird herumgewirbelt und macht dann Geräusche, die Worte bilden und eine Botschaft aussenden. Hier in der offenen Ebene sind sie über weite Entfernungen zu hören, und sie sind sehr hilfreich, wenn es nicht möglich ist, von Kopf zu Kopf oder Herz zu Herz zu sprechen.«

Die beiden Frauen machten sich wieder auf den Weg und hielten nur einmal an, um zu trinken und zu essen. Benala hatte sie zu einer kleinen Reihe von Pflanzen geführt. Sie kniete nieder und bat jede um Erlaubnis, dort ein Loch zu bohren, das sich sofort füllte, als dunkles Wasser hineinsickerte. Beide Frauen schöpften das Wasser mit den Händen daraus und tranken es dankbar. Beatrice begann zu verstehen, daß Wasser nicht jeden Tag eine Selbstverständlichkeit war. Benala zog zwei der Pflanzen aus der Erde, gab ihrer Gefährtin eine davon und zeigte ihr, wie sie die Wurzeln von Erde befreien sollte, bevor sie sie aß, und auch, wie man den zartesten Teil des Stengels verzehrte. Nach einer kurzen Rast gingen sie weiter.

Nach dreißig Minuten konnten sie die höchste Bodenerhebung sehen, auf die sie an diesem Tag gestoßen waren. »Die Leute warten auf der anderen Seite im Schatten auf uns«, sagte Benala.

Beatrice fragte sich, wie sie wohl sein mochten: Aborigines, von denen viele noch nie eine Stadt gesehen hatten und die hofften, der Gefangennahme zu entgehen? Sogenannte Primitive, die ihr ganzes Leben, von der Geburt bis zum Tod, ohne irgendwelchen modernen Komfort verbrachten? Waren ihre Eltern dumm, heidnisch und nicht ganz menschlich gewesen, wie die Missionsschule ihr immer wieder einzuhämmern versucht hatte, oder intelligent und friedliebend, wie Benala sie beschrieben hatte? Was würde sie auf der anderen Seite des Hügels vorfinden? Würde sie es bereuen, hierhergekommen zu sein? Auf der ganzen restlichen Strecke dachte sie über die Situation nach, bis sie endlich einen kleinen dunklen

Fleck ausmachte, der sich auf sie zubewegte. Als er immer näher kam, erkannte sie, daß es eine andere Aborigine-Frau war.

Sie trug ein herzliches Willkommenslächeln, und um ihre Hüften hing ein Beutel an einer geflochtenen Schnur. Weiche braune Haut und der straffe schlanke Hals verrieten, daß sie jung war. Benala und das Mädchen gingen schneller, bis die Jüngere schließlich zu laufen begann.

»Es ist heute«, sagte Benala, als sie das Mädchen in die Arme schloß.

»Es ist heute«, wiederholte die andere. Sie wandte sich an Beatrice und sagte: »Du bist zu uns gekommen. Wir hoffen, du findest, was du brauchst. Ich werde dich zu unserem Kreis bringen.«

Zu dritt gingen sie Seite an Seite weiter.

Sandstürme hatten auf dem felsigen Untergrund eine große Bodenerhebung geschaffen. Während die drei Frauen den Hügel umrundeten, erblickten sie auf der anderen Seite eine Aushöhlung mit einem schützenden Überhang. Darunter saßen vier Menschen auf der Erde, zwei Frauen und zwei Männer. Einer der Männer hatte langes weißes Haar und einen vollen weißen Bart. Er wirkte so sanft und freundlich, daß man ihn in der Stadt sicher mit Sankt Nikolaus angeredet hätte. Der andere Mann war jünger. Sein Haar schien mit irgendeiner Art Faden umwickelt zu sein, der es eng am Kopf hielt. Sein Gesicht war schmal, seine Arme fast vogelähnlich, aber sein Körper wirkte stark und muskulös. Das Alter der einen Frau war schwer zu schätzen. Ihr Haar wies keinerlei Grau auf, obwohl sie wegen der vielen tiefen Falten um Augen und Mund nicht mehr jung zu sein schien. Die andere Frau hatte schneeweißes Haar. Über dem rechten Ohr trug sie eine kleine Vogelfeder, die man, wenn man nicht genau hinschaute, leicht für einen Teil ihres ungebärdigen Haars hätte halten können. Auf ihre Brust waren weiße Streifen gemalt, und auf der Stirn hatte sie weiße Tupfen. Alle vier lächelten, blieben aber sitzen, als das junge Mädchen zu ihnen ging und sich ihnen gegenüber hinsetzte.

»Warte hier. Du mußt eingeladen werden, dich ihnen anzuschließen«, sagte Benala zu Beatrice, als sie vortrat und ihren Platz neben dem jungen Mädchen einnahm. Beatrice blieb in der Sonne stehen und fragte sich, wie sie beweisen sollte, daß sie es wert sei, sich diesem Kreis anzuschließen.

Die letzten vier Tage waren völlig anders gewesen als die ersten zweiundzwanzig Jahre ihres Lebens. Sie liebte ihre neue Freundin, mit der ihr die Reise leicht erschienen war. Sie freute sich darüber, daß deren Erklärungen ihr viele Fragen beantwortet hatten, aber dennoch fühlte sie sich immer noch unbehaglich. Tief in ihrem Inneren gestand sie sich ein, daß sie Angst hatte, mit der Entdeckung ihres Erbes vielleicht eine Art Büchse der Pandora zu öffnen, und sich später wünschen würde, sie hätte es nicht getan. Sie sehnte sich verzweifelt danach, stolz auf ihre Vorfahren sein zu können, sie zu verteidigen, sich ihrer zu rühmen, aber in diesem Augenblick war sie ganz und gar nicht überzeugt davon, daß es dazu kommen würde. Diese Leute sahen nicht wie Nachbarn aus, die einen Neuen in ihrem Viertel willkommen hießen.

30

Die Frau mit dem bemalten Körper und dem Federschmuck stand auf und ging ein paar Schritte weiter zu
einer flachen Stelle, wo sie niederkniete, um die Steine zu
entfernen und mit den Handflächen den Sand zu glätten,
bis sie eine Fläche von etwa einem Quadratmeter gesäubert hatte. Dann kehrte sie in den Unterstand zurück,
nahm einen kurzen, spitzen Stock und reichte ihn Benala,
ehe sie sich wieder hinsetzte. Benala brachte den Stock hinaus in den Sonnenschein. Sie gab ihn Beatrice und sagte:
»Bitte benutze die Zeichenfläche und zeichne ein Bild.«

»Ein Bild wovon?« fragte sie.

»Irgend etwas, das du diesen Menschen zeigen möchtest«, war die Antwort.

»Aber ich kann nicht zeichnen«, behauptete Beatrice.

»Natürlich kannst du zeichnen. Jeder kann zeichnen. Mach dir darüber keine Sorgen. Tu einfach, was du
kannst. Also, zeichne ein Bild.«

Beatrice war völlig ratlos. Sie hatte keine Ahnung, was
sie von ihr erwarteten oder wollten. War dies eine Prüfung, ein Spiel oder ein Scherz?

Alle wirkten ernst, während sie darauf warteten, daß
sie etwas täte. Sie waren freundlich, aber entschieden
und ernst. »Zeichne ein Bild«, hatte ihre Freundin gesagt.
»Tu einfach, was du kannst«, hatte sie sie angewiesen.
Also nahm Beatrice den Stock, und ohne sich etwas dabei
zu denken, begann sie einen Kreis zu zeichnen. Darüber
malte sie einen kleineren Kreis und fügte noch Linien

hinzu. Sie fand, daß sich hier die sehr unkünstlerische Darstellung eines Känguruhs abzuzeichnen begann. Als das Werk fertig war, stand sie auf, wandte sich entschuldigend an die Zuschauer und sagte: »Ich konnte noch nie gut zeichnen! Es tut mir leid.«

Die sechs Menschen gingen in einer Reihe hintereinander um die kindliche Känguruhzeichnung herum und betrachteten sie zweimal. Dann kehrten sie zu ihren Sitzplätzen zurück. Ein paar Augenblicke lang flüsterten sie leise miteinander, bis Benala sich an Beatrice wandte und zu ihr sagte, sie solle kommen und sich neben sie setzen.

»Willkommen in diesem Kreis«, sagte Benala. »Dies ist Apalie, Wasserfrau«, sagte sie und stellte damit die Frau vor, die ihr gegenüber saß. Dann fuhr sie fort: »Wurtawurta, Federschmuck.« Dabei zeigte sie auf die weißhaarige Frau. »Dies ist Mitamit, Geistwindläufer«, sagte sie und zeigte auf einen Mann, »und dies Googana, Regenmann«, womit der Weißbärtige gemeint war. »Die, die uns entgegengekommen ist, heißt Karaween, Flechterin von Schilfgraskörben.« Dann wandte sie sich an Beatrice und sagte: »Sie wissen, was man über dich berichtet, aber du mußt ihnen persönlich sagen, wer du bist.«

»Ich bin Beatrice, und wie Benala wurde ich meinen Eltern nach der Geburt gestohlen. Ich bin zu euch gekommen, damit ihr mir dabei helft zu erfahren, wer ich bin.« Alle vorgestellten Stammesmitglieder nickten voller Verständnis und Zustimmung. Googana, der Regenmann, redete in seiner Stammessprache, die Beatrice bemerkenswert gut verstehen konnte.

»Wir haben dich gebeten, ein Bild zu zeichnen, weil es uns viele Antworten auf ungestellte Fragen gibt. Wenn ein Besucher Berge und Bäume zeichnet, dann sieht der unseren Staat als ein Territorium an, das er durchwandert. Wenn die Zeichnung den Himmel darstellt, haben wir jemanden vor uns, der sich unseres einzigartigen

Raums im Universum bewußter ist und vielleicht eine Weile bleiben wird. Du hast ein Känguruh gezeichnet, was dir leichtfiel, also deutet das auf eine Beziehung zu diesem Tier und allen anderen hin, die mit dem Känguruh verwandt sind. Wir würden das Känguruh in einer Zeichnung anhand seiner Pfotenabdrücke darstellen, also wissen wir, daß du im Großen denkst und beobachtest, und wir werden dir helfen, Einzelheiten und auch das Unsichtbare zu sehen. Die Wahrheiten, die du suchst, sind sehr spezifisch, und doch gelten sie für die ganze große Menschheit.«

Die Gruppe blieb nur noch für ein paar Minuten sitzen. Dann standen sie nacheinander auf. Jeder glättete die Stelle, die er gestört hatte, indem er sich darauf gesetzt hatte. Als Beatrice sah, daß Benala ihre Zeichnung verwischte, half sie mit, die Steine an ihre Plätze zurückzulegen. Nachdem sie fertig waren, begannen die sieben Wanderer schweigend in das offene Gelände hinauszugehen. Die einzigen Laute waren ihre Schritte und das gelegentliche Huschen irgendeines kleinen Geschöpfs, das sich rasch in Deckung begab.

Beatrice konnte sich nicht erinnern, sich jemals in ihrem Leben so gefühlt zu haben wie jetzt, fast wie betäubt. Ihr Gemütszustand war eine merkwürdige Mischung aus Erwartung und Erleichterung. Es fiel ihr schwer, das zu verstehen. Vielleicht, dachte sie, fühlt sich Frieden so an, wie eine Art Nichts.

Schweigend bewegte die junge Karaween, die Flechterin von Schilfkörben, ihren Arm, als dirigiere sie ein Musikstück. Beatrice sah die junge Frau mit fragendem Ausdruck an. »Wir singen ohne Stimme miteinander«, erklärte das Mädchen ihr.

»Die wichtigste Methode der Verständigung unter den ›Wahren Menschen‹ ist die der Telepathie«, warf Benala ein. »Man nennt das Sprechen von Kopf zu Kopf, von

Herz zu Herz. Mit der Zeit wirst auch du dich daran beteiligen können, aber es erfordert sehr viel Übung. In deiner Situation wirst du vermutlich feststellen – wie es mir auch ergangen ist –, daß du vorher allerlei verlernen mußt.«

Sie gingen in keiner bestimmten Ordnung. Niemand war der erklärte Anführer. Sie trugen keinen Feuerstock. In dieser Jahreszeit war es nicht schwer, genug trockenes Material zu finden, um jeden Tag ein Lagerfeuer zu entfachen. Später würde die Jahreszeit kommen, in der man eine geschützte Glut bei sich tragen mußte, aber nicht heute, nicht unter diesem Himmel.

Während sie der untergehenden Sonne entgegenschritten, zogen sie Yampflanzen aus der Erde, von deren Knollen sie sich ernährten, und andere Pflanzen, deren Blätter oder Stengel eßbar waren. Zwei Schlangen, zwei Kaninchen und eine Eidechse vervollständigten den Speiseplan des Tages. Sie würden essen, aber nicht zusammen. Jeder nahm sich die Nahrung, die sich ihm gerade anbot. Am frühen Morgen, am frühen Abend und nach Einbruch der Dunkelheit lernte Beatrice vieles über das Leben in der Wüste. Mit dem Beschaffen von Nahrung wurde die Fähigkeit trainiert, ein Ziel sicher zu treffen und schmerzlos zu töten, und die Begabung vervollkommnet, ausdauernd zu laufen und Auge und Konzentrationsfähigkeit zu schärfen. Alle Jugendlichen verbrachten in den Jahren ihres Heranwachsens viele Stunden damit, Tiere, Insekten und Vögel zu beobachten. Sie lernten deren Laute und konnten jeden Ruf nachahmen. Sie waren in der Lage, alles zu imitieren, sogar die kleinen Zungenbewegungen von Echsen, die verschiedenen Sprünge von Känguruh und Wallaby sowie die Gangart und die hüpfende Bewegung von Wombat und Opossum. Sie lernten, daß sich die menschliche Lebenskraft und die aller Nahrung im Geist vereinigen muß, ehe die realen Substanzen der beiden sich verbinden und bei einer Mahlzeit eins werden.

Die Heiligkeit der Erde, die dem Menschen die Gabe fortgesetzten Lebens schenkt, ist für jeden Jäger und Sammler von höchster Bedeutung. Beatrice war erstaunt über den Umfang des Wissens, das jeder dieser Menschen besaß. Sie wußten, was eßbar war, wie man giftige Chemikalien aus einer Pflanze entfernte oder sie unschädlich machte und wie man in einigen Fällen das Gift trocknete, um es später als Medizin zu verwenden. Die Bewegungen und Laute von Tieren wurden in die abendlichen Gesänge und Tänze einbezogen. Später wurden sie dann tatsächlich als Lockmittel verwendet, um an Nahrung zu kommen. Das Leben des Tiers oder der Pflanze wurde dafür hergegeben, die Lebenskraft des Empfängers zu erhalten. Es handelte sich um ein zutiefst bedeutsames System der gegenseitigen Ehrung. Alle Dinge hatten einen zu ehrenden Zweck, ein positives Ziel, und das geriet niemals in Vergessenheit, auch wenn es nicht unter allen Umständen so aussah. In einer scheinbar kahlen Umgebung gab es Nahrung über und unter der Erde, im Wasser, am Himmel, in Nestern und Erdlöchern, toten und lebenden Bäumen, Termitenhügeln und Höhlen. Jede Nahrung wurde erbeten, erwartet und dankbar angenommen. Man hielt sie nicht für selbstverständlich, aber die Menschen hatten auch nicht das Gefühl, sie müßten arbeiten, um sie sich zu verdienen. Ununterbrochen waren sie sich dessen bewußt, daß der Große Geist, eine Göttliche Macht, durch ihre Vorväter gesprochen hatte und dies weiterhin tat durch die Ungeborenen, die Elemente und die ganze Schöpfung. Die Welt und alles Leben entfalteten sich auf eine vollkommene Weise, und jedes Leben war ein entscheidender, wichtiger Teil des Ganzen.

Es bestand ein deutlicher Unterschied zwischen dem

Wissen, wie Beatrice es verstand, und der Weisheit, nach der der Stamm der ›Wahren Menschen‹ lebte. Googana, dem Regenmann, zufolge war Wissen Erziehung, Lernen, das aus der Erfahrung oder den Lehren eines Lehrers herrühren konnte oder aber, wie in der Welt der ›Veränderten‹, aus Büchern und anderen modernen Erfindungen, die sie entwickelt hatten. Wissen war etwas völlig anderes als Weisheit. Als Weisheit galt dem Stamm die Art, wie man sein Wissen anzuwenden beschloß. Weisheit verlangte möglicherweise ein bestimmtes Verhalten, aber vielleicht bestand das gerade darin, nichts zu tun.

Die älteste Frau, Wurtawurta, sprach zu Beatrice: »Wasser, das durch die hohlen Hände rinnt, ist ein Leben ohne Weisheit. Wasser, das in einem Gefäß enthalten ist, damit man es trinken kann, ist anders. Beides ist wohltuend und zu gewissen Zeiten und an gewissen Orten nützlich, aber ein Leben ohne Weisheit müßte notwendigerweise an einem anderen Ort und auf einer anderen Ebene wiederholt werden. Sonst geht zuviel Wahrheit verloren.«

31

Eines Nachmittags während ihrer Reise wandte Beatrice
sich an Wurtawurta und fragte: »Wurdest du in diesen
Stamm hineingeboren? Ich würde gern mehr über dich
erfahren.«

»Möchtest du meine Geschichte hören?« fragte Wurtawurta mit ihrem sanften alten Gesicht. »Gut, ich werde
sie dir genau so erzählen, wie man sie mir vor vielen, vielen Jahren erzählt hat.

Es war ein strahlender Tag. Das Meer, das ans Ufer
schlug, schuf einen Rand aus Schaumblasen im goldenen
Sand, die sich mit jeder neuen Welle leerten und füllten.
Die Fischer warfen ihre Netze ins warme Wasser, und
man hörte fröhliche Rufe, wenn besondere Exemplare ge-
fangen worden waren. Braunhäutige Jungen und Mädchen spielten am Strand und trugen jeden Fang nach
hinten an das baumbestandene Ufer, wo die Frauen
waren, um das Mahl zu bereiten. Alle aus der Gemeinschaft waren anwesend – mit Ausnahme von drei Frauen.
Die jüngste Stammesbraut gebar gerade ein Kind an
einem geheiligten Ort im Landesinneren, und ihre Mutter und die Tante standen ihr bei. Sie hatten sich von
Früchten und getrockneter Schildkröte ernährt, aber da
die Geburt offensichtlich kurz bevorstand, würde man
der jungen Mutter später am Tag frischen Fisch bringen.

Die Geburt war nicht schwer. Die junge Braut war sehr
gesund und hatte sich und den Fötus auf seinen Ein-

tritt in die Welt vorbereitet. Das neugeborene Mädchen wurde von seinen Verwandten liebevoll begrüßt. Die neue Großmutter reinigte das Kind mit Öl und den weichsten Teilen von großen gespaltenen Blättern, die man an diesem Tag hergerichtet hatte, bevor sich die ersten Wehen bemerkbar gemacht hatten. Wie es bei diesem Volk üblich war, würden Mutter und Kind drei Tage in der Zurückgezogenheit verbringen, damit der neue Vater und die Gemeinschaft Zeit hätten, sich auf die Weihe des Kindes vorzubereiten, und damit die Mutter sich reinigen und erholen könnte.

Mutter und Kind lagen zusammen auf einem Bett aus frischem grünem Gras. Alle Blätter, die während der Geburt benutzt worden waren, wurden rituell verbrannt. Dabei wurde noch ein Zusatz verwendet, damit der aufsteigende Rauch stärker qualmte. Das würde allen in der Nähe verkünden, es sei nicht die richtige Zeit, um diesen Ort aufzusuchen. Der schwarze Qualm würde auch den unsichtbaren Ahnengeistern im Himmel mitteilen, daß der Geist des Kindes heil angekommen wäre. Die junge Mutter war hungrig, nachdem sie einen Tag lang gefastet hatte, und so aß sie, nachdem sie den Geistern der Nahrung Dank gesagt hatte.

Am nächsten Morgen gingen Mutter und Kind zu einer felsigen Grotte, wo sich die hohen Wellen des Meeres in einer kleinen Lagune fingen. Das Wasser sickerte langsam in den Boden ein, so daß die Pflanzen und Blumen ringsum so hoch gewachsen waren, daß die Mutter die Stengel auseinanderschieben mußte, um ihr Ziel zu erreichen. Dort nahm sie ein Bad und machte ihre neugeborene Tochter mit der Welt des Wassers außerhalb des Mutterschoßes bekannt.

Am dritten Tag gingen die drei erwachsenen Frauen zum Lager ihrer Gemeinschaft zurück. Sie trugen das Kind in einer Trageschale, die mit Blütenblättern ausgelegt war. Sie reichten das Baby seinem Vater, der zu beiden Seiten von den älteren weisen Anführern flankiert war. Die Großmutter beobachtete die Übergabe, achtete aber darauf, dem Vater nicht in die Augen zu sehen. Seit undenklichen Zeiten hatte es sich als am besten erwiesen, wenn Schwiegermutter und Schwiegersohn keinen Augenkontakt miteinander hätten. Jetzt war das eine Stammesregel.

Es gab ein Festessen zur Feier des neuen menschlichen Lebens. Gewöhnlich waren die Stammesangehörigen keine starken Esser; sie hatten überwiegend die hagere, athletische Statur der Aborigines, aber dieser Tag war etwas Besonderes und die Speisen reichlich. Nachdem alle gegessen hatten, spülten einige die Schüsseln aus und reinigten den Eßplatz, während andere sich auf die Zeremonie vorbereiteten, bei der wieder alle Aufmerksamkeit auf das Baby gerichtet sein würde.

Ein Musiker nahm den ausgehöhlten Ast eines Baums, blies hinein, und damit begann die Musik. Mit aneinandergeschlagenen Stöcken wurde der Rhythmus angegeben. Männliche Tänzer mit weißen Kakadufedern, die sie an ihre Schenkel geklebt hatten, und mit hohem Kopfputz aus Palmwedeln bewegten sich in der Form einer Geschichte, die alle an die Traumzeit erinnern sollte, die allen Geist schuf. Die Frauen waren mit weißer Kreide bemalt, die glitzerte, weil sie mit zermahlenen Muschelschalen vermischt war, und sie trugen Blumen, da es die Jahreszeit der Blüte war.

In den Liedern und Tänzen entfaltete sich die Geschichte, die besagt, daß am Anfang – in der Zeit vor der Zeit – nichts war außer dem Traum der Göttlichen Einheit. Das Traumzeitbewußtsein dehnte sich aus und schloß dann eine Energieschicht ein, die die Gabe des freien Willens empfing. Dies gestattete der Energieschicht, den Ahnengeistern, sich an der Erschaffung des

Traums zu beteiligen. Tänzer und Tänzerinnen stellten die Lehren der Ahnen, die Tiergeister und das geheiligte Erbe der Erde dar. Endlich war das Baby bereit, ein Teil dieser Gesellschaft zu sein. Die Kleine hatte die ganze Geschichte angehört. Ihr Name würde Indigo sein nach der Blume, die alle fünfzig Jahre nur einmal blühte. An dem Tag, an dem sich die Blüte öffnete, hatte die werdende Mutter sie angeschaut, und in diesem Augenblick hatte sich der Fötus zum ersten Mal bewegt. Die sanfte Bewegung im Leib der Mutter, die an das Flattern eines Schmetterlings erinnerte, wurde als Zeichen dafür angesehen, daß der Geist mit der seltenen Blume in Verbindung stände.

Indigo lebte vier Jahre lang mit ihrer weitläufigen Familie an diesem heiteren Ort. Sie bewegten sich hin und her zwischen den nahen Bergen und der Küste, je nach Jahreszeit. Sie schlief jede Nacht an jemandes Brust gekuschelt oder in einer Reihe neben anderen Kindern. Ihr Morgen- und Nachmittagsschläfchen hielt sie im Schatten, und die Sonne spielte mit ihr Verstecken, wenn eine Brise die Blätter des tropischen Baums bewegte.

Als sie alt genug war, um sich aufzusetzen und zuzuschauen, unterhielten die anderen kleinen Mädchen sie damit, daß sie mit langen, schmalen Grashalmen spielten, als seien die Grashalme richtige Personen. Sie führten einen Grashalm umher und spielten, er sei ein Erwachsener, der seinen normalen alltäglichen Beschäftigungen nachging. In der entsprechenden Jahreszeit hatten die Kinder auch Puppen, die aus einem blühenden Ast mit Zweigen bestanden. Zu anderen Zeiten wurden die Puppen aus Grasbündeln gemacht, die man zu einer menschlichen Gestalt zusammengebunden hatte. Ein Kind spielte statt mit einer Puppe immer mit dem Baby Indigo, so daß es immer in das Spiel einbezogen war. Einen persönlichen Besitz an einem Spielzeug gab es nicht. Jedes Kind hatte seine Lieblingsgegenstände, doch alles wurde geteilt, und wenn es Meinungsverschiedenheiten gab, trugen die Kinder sie untereinander aus.

Als Indigo ein Jahr alt war, beherrschte sie zwei Arten von Versteckspielen: Sie versteckte einen Gegenstand oder sich selbst. Mit drei konnte sie beim Sammeln und Zubereiten von Nahrung helfen, und sie verbrachte viel Zeit mit ihrer Großmutter, die Heilpflanzen für alle möglichen Verletzungen und Beschwerden sammelte und trocknete. Erzogen wurde sie mit erzählten Geschichten, Stammesliedern, Tänzen und Ritualen. In den ersten vier Jahren wurde kein Unterschied zwischen Mädchen und Jungen gemacht. Sie spielten zusammen, schliefen zusammen und halfen den Erwachsenen aus freiem Entschluß. Indigo war lieber mit ihrer Großmutter zusammen, als kleine Tiere oder Vögel zu fangen, was die Jungen und die älteren Mädchen gern taten. Manchmal führte die Suche nach einer bestimmten Heilpflanze die beiden weit vom Lager fort, und das war auch der Fall, als Indigo vier war und der Alptraum begann …

Sie waren den ganzen Tag unterwegs gewesen. Die Großmutter hatte das Tempo so gewählt, daß sie zurückkehren könnten, ehe das Kind zu müde würde und schlafen wollte.

›Etwas ist nicht gut‹, sagte die Großmutter, als sie um einen Sumpf herum in Richtung auf ihr Stammeslager zugingen. Es war still, zu still. Man hörte keine Vögel, ein schwerer Geruch von Blut lag in der Luft, und die Anwesenheit von etwas Unsichtbarem war fast greifbar. Die Großmutter konnte das Schlechte auf ihren Armen und im Nacken spüren, und ihr war, als habe sie einen Knoten im Magen. Sie blieb stehen, drehte sich um und sagte: ›Sei ganz leise, Kleine. Bleib dicht hinter mir. Etwas ist nicht gut.‹ Sie näherten sich dem Lager, und die Stille wurde so verstörend, daß sogar das Kind etwas spürte, das völlig anders war als alles, was es kannte. In der Ferne konnten sie sehen, daß auch keine große Welle an den Strand schlug. Sogar die See schien den Atem anzuhalten.

Dann sah die Großmutter sie: zwei weiße Männer mit langen Hosen und schweren Stiefeln, die Gewehre trugen. Der eine Mann hatte rotes Haar und einen Vollbart, und der andere trug einen Hut, aber sie sah blondes Haar darunter hervorschauen. Sie sprachen miteinander, während der Mann mit dem Hut gegen etwas im hohen Gras trat. Der rothaarige Mann feuerte ins Gebüsch. Die Großmutter konnte kaum einen Schreckenslaut unterdrücken. Sie hörte zum ersten Mal einen Schuß, aber man hatte ihr schon von der Existenz einer solchen Waffe erzählt.

Seit Beginn der Zeit war ihr Volk der Hüter des Landes weiter im Süden gewesen. Viele weiße Siedler waren gekommen, und mit der Zeit hatte sich die anfängliche Freundschaft in Gewalt verwandelt. Zuletzt, nachdem sie versucht hatten, friedlich mit den Fremden auszukommen, erlagen einige Mitglieder des Stammes der Versuchung täglicher Nahrung in Tüten und Dosen, die ihnen ein Leben ohne Jagen und Fischen ermöglichte. Sie zogen freiwillig auf das Gelände einer Mission. Andere, die wegen eines Verbrechens angeklagt worden waren, schienen gestorben zu sein, nachdem sie nur ein paar Stunden eingesperrt gewesen waren. Der Rest zog nach Norden in dieses Land, dessen Hüter geheimnisvollerweise verschwunden waren.

Die Großmutter drückte den Kopf des Kindes an ihr Bein und hielt ihn fest; beide zitterten. Langsam begannen sie sich zurückzuziehen, aber sie konnte den Geruch des weißen Mannes wahrnehmen, und er wurde stärker. Die Großmutter drückte Indigo so fest an sich, daß sie gegenseitig ihre Herzen klopfen fühlen konnten. Die nächsten paar Schritte führten über feuchten Grund, da sie sich in den Sumpf zurückzogen. Der Boden bestand knöcheltief aus Schlamm. Die Großmutter hob das Kind hoch und setzte es sich rittlings auf die linke Hüfte. Während sie das Kind hochhob, hörte sie den Schlamm schmatzen und das Geräusch schwerer Stiefel, die auf sie zukamen. Das Wassergras war hüfthoch, aber dünn, nicht dicht genug, um sie zu verbergen. Sie ging jetzt nicht mehr mit normalen Schritten, sondern ließ die Füße unter der Wasseroberfläche und schob sie behutsam vorwärts. Sie wollte dem Geräusch der Schritte und dem seltsamen Geruch des weißen Mannes nach Alkohol, Tabak und Knoblauch nicht den Rücken zudrehen, aber sie hatte keine Wahl. Sie mußte ein Versteck suchen. Ein Teil des Sumpfs war von diesem Gras bedeckt, ein anderer Teil war eine offene Wasserfläche. Auf der anderen Seite gab es einen Bereich mit dichten Pflanzen und einen felsigen Abhang. Indigo war vier Jahre alt, und sie konnte schwimmen, aber die Großmutter wußte, daß sie beim Schwimmen viel Lärm und Geplätscher machte. Sie würde selbst schwimmen und das kleine Mädchen mitziehen müssen. Konnte sie ihr begreiflich machen, daß sie diesmal nicht schwimmen, sondern sich still treiben lassen sollte?

Der Schlamm wurde tiefer und tiefer, das Vorwärtskommen immer mühsamer. Sie hörte die Stiefel und die Stimme eines Mannes, aber sie konnte nicht bestimmen, wie nahe er war. Sie spürte, daß er sie noch nicht gesehen hatte, denn seine Art zu reden veränderte sich nicht.

Die Großmutter sah Indigo an, schaute nachdenklich in ihre schwarzen Augen. Sie legte den Finger an die Lippen, um ihr zu bedeuten, sie solle leise sein. Dann hob sie sich das Kind auf den Rücken. Indigo legte ihr die Arme um den Hals, und die Großmutter packte ihre beiden Füße und legte sie sich um die Taille. Beweg dich nicht, dachte sie immer wieder. Bitte, beweg dich nicht!

Sie kam jetzt in Wasser, das tief genug war, um zu schwimmen. Ohne mit Armen oder Beinen die Wasseroberfläche zu durchbrechen, schwamm sie wie ein Frosch auf die andere Seite. Ich hätte etwas Gras mitnehmen sollen, dachte sie, um unsere Köpfe zu verbergen. Es war zu spät. Sie hatten den mit Pflanzen bewachsenen Bereich verlassen, und nun waren im Wasser deutlich zwei menschliche Köpfe zu sehen. Sie hatten das andere Ufer fast erreicht, als von rechts ein Ruf ertönte. Die Großmutter schaute hinüber und erblickte einen dritten weißen Mann. Hinter ihnen, da, wo sie ins Wasser getaucht waren, erhob sich mehr Lärm. Der dritte Mann hatte sie nicht entdeckt, aber er hatte seine Freunde gesehen und rief ihnen etwas zu. Sie konnte die fremde Sprache nicht verstehen. Sie hatten nur ein paar Meter zu gehen, bis sie im Schilf wären, aber der dritte Mann würde sie deutlich erkennen können, wenn sie aus einem kleinen Hain von Bäumen heraustraten. Wenn er nur den Kopf drehte, würde er sie beide sehen. Es war keine Zeit, Indigo zu warnen, keine Zeit, sich irgend eine andere Vorgehensweise zu überlegen. Die Großmutter zwang sich einfach unter Wasser und zog das Kind auf die Unterseite ihres Körpers. Als sie zwischen hohem Schilfgras und wilden Lilien wieder auftauchten, preßte sie die Hand fest auf Indigos Mund. Der dritte Mann hörte das Geräusch, mit dem sie auftauchten, aber als er sich umschaute, sah er nichts. Ohne seine Schritte zu verlangsamen, ging er weiter um den sumpfigen Teich herum, um sich seinen Freunden anzuschließen.

Die beiden in ihrem Versteck waren so reglos wie die Pflanzen um sie herum. Die Großmutter drückte die Hand so fest auf den Mund des Kindes, daß es nur die Backen aufblasen konnte und Wasser aus seiner Nase rann, als es husten mußte. Das Kind hatte Schmerzen und schreckliche Angst, aber die Großmutter bewegte keinen

Muskel, bis der dritte Mann die beiden anderen erreicht hatte und alle dem Teich den Rücken kehrten.

Sie blieben noch mehr als zwei Stunden im Sumpf, bis alle Geräusche und Gerüche der grausamen Fremden verweht waren und nur der blutige Geruch des Todes zurückblieb. Endlich stiegen sie aus dem Wasser und gingen landeinwärts.

Sie waren erst wenige Meter gegangen, da sahen sie etwas auf dem Boden liegen. Indigo, die jetzt an der Hand der Großmutter ging, sah die Person auch. Jemand schläft da auf dem Bauch, dachte sie, aber dann sah sie das frische Blut, das aus einem Loch im Nacken kam. In der Nähe des Kopfes sah sie Füße und Fußknöchel zwischen den wilden Pflanzen, kleine Füße mit einem gelben geflochtenen Band um die Knöchel, wie es viele ihrer Freundinnen trugen. Und auf einer Seite war eine Hand, wo ein Körper hingefallen war und von den Pflanzen teilweise verdeckt wurde. Die Hand hatte hervorstehende Adern, eine alte Hand, älter als Großmutters. Indigo konnte die Augen nicht von der Hand, den Kinderfüßen und dem blutbesudelten toten Mann wenden. Man brauchte ihr nicht zu sagen, sie solle nicht sprechen: Es war ihr unmöglich, auch nur einen Laut hervorzubringen. Einmal in ihrem jungen Leben war ein älterer Mann gestorben, und sie hatte das Ritual miterlebt, wie der Leichnam hergerichtet, das Totenfloß gebaut und dann mit einer brennenden Fackel dem Meer übergeben worden war. Sie wußte um den Tod, aber bislang war er ihr normal erschienen. Von Leiden und sterbenden Kindern war keine Rede gewesen. Was sie hier im Gras sah, war auch der Tod, aber hier erschien er ihr sehr schlimm.

Die Großmutter mußte eine Entscheidung treffen. Sollte sie Indigo verstecken, zurückgehen und nachschauen, was aus den anderen geworden war? Würde das Kind allein in Sicherheit sein? Würde es dort warten oder davonwandern? Was würde aus dem kleinen Mädchen werden, falls die Männer nicht fort wären und sie, die Großmutter, auch erschossen? Diese Männer waren Babymörder, wie das Kind zu ihren Füßen bewies. Die Gewehre schienen keine Altersgrenze zu respektieren. Nein, sie mußten gehen. Sie mußten diesen Ort sinnlosen Todes verlassen. Und so, ohne irgendeinen der Toten zu berühren, ohne sich weiter umzuschauen, gingen die Großmutter und Indigo fort.

Das war 1870, vor sechsundachtzig Jahren. Ich bin Indigo, und ich habe im Laufe der Jahre mit mehreren unterschiedlichen Gruppen gelebt, aber die Geschichte ist dieselbe geblieben. Jahr um Jahr nahmen die fremden Siedler immer mehr. Es war eine andauernde Tragödie; sanfte Menschen wurden mit Süßigkeiten in religiöse Missionshäuser gelockt, die so schnell aus dem Boden wuchsen, wie man ein Zelt aufstellt. Eines nach dem anderen – gepflückt wie Blüten von einem Strauch – wurden unsere Sprache, unsere Bräuche, Überzeugungen, Spiele und Rituale uns genommen und getötet. Menschen, die nicht an Zucker, Mehl, Salz, Butter, Tabak und Alkohol gewöhnt waren, starben jetzt in sehr jungen Jahren an den Krankheiten des weißen Mannes. Ich weiß nicht, ob noch immer welche erschossen werden, aus Sport, zufällig, wie die neuen Siedler es mit den Känguruhs und Koalas getan haben. Verstreute Flüchtlinge aus verschiedenen Stämmen haben uns gefunden, nachdem wir uns in der Wüste zusammengetan hatten. Für eine Weile war die Wüste der einzige Ort, den die Leute eines fremdländischen Königs anscheinend nicht haben wollten.

Ja, das ist meine Geschichte. Ich habe meinen Namen im Laufe des Lebens mehrmals geändert, und jetzt bin ich als Wurtawurta bekannt. Ich habe acht verschiedene Talente erforscht, aus all meinen Erfahrungen Weisheit gelernt und bin jetzt eine Respektsperson im Stamm der ›Wahren Menschen‹. Jetzt, mit neunzig Jahren, fange ich gerade erst an, Federschmuck zu tragen und manchmal, bei weniger zeremoniellen Anlässen, meinen Körper zu bemalen.

Ich war schon in den Bräuchen meines Volkes unterrichtet, als Großmutter und ich uns endlich der gemischten Gruppe von Flüchtlingen und Wüstenbewohnern anschlossen. Großmutters Körper paßte sich nie ganz dem anderen Klima an, wo die Temperatur binnen Stunden von sengender Sonne zu Frost bei Mondschein wechselt. Sie sagte oft, ihre Knochen seien wund und schmerzten, aber es gelang ihr zu leben, bis ich das Alter von dreizehn Jahren erreicht hatte. Ich weiß noch, wie ich als Kind Großmutter in ihre tiefe Schlafmulde reinhalf, damit man sie mit Sand bedecken und so die geringe Körpertemperatur einer alten Frau bewahren konnte. Jetzt bin ich selbst eine alte Frau. Mein Kopf ist voll mit Geschichten, Liedern und Tänzen des Küstenstammes und auch dem Wissen der Leute, die ich jetzt als mein Volk betrachte. Großmutter sagte im Laufe der Jahre immer wieder: ›Es gab keine Konflikte zwischen den Stämmen. Man singt, daß die Göttliche Einheit zuerst den Himmel und die Himmelsmenschen erschuf; daß wir aus Sternenstaub gemacht sind. Andere singen von Tiermenschen: Das ist kein Streitpunkt, nur ein Unterschied. Am Ende, im System der Ewigkeit, hat es keine Bedeutung. Alle Menschen sind Geister des Ewigen‹, sagte sie, ›selbst die blauäugigen Europäer, die diese Erde Australien nennen und denken, daß sie ihnen gehört. Für alle Seelen gelten dieselben Wahrheiten. Sie brauchen nicht zuzustimmen, aber Wahrheit ist Wahrheit, Geistesgesetz ist Gesetz, und so werden am Ende alle Menschen erwachen und wissen.‹

Einer von Großmutters häufigsten Aussprüchen war:

›Leben ist Wandel. Mancher groß, mancher klein, aber ohne Wandel kann es kein Wachstum geben. Und Wandel und Wachstum sind weder mit Schmerz noch mit Opfer verbunden.‹

Wenn Benala zu uns gekommen war, saßen wir stundenlang fasziniert zusammen und erfuhren von den Ereignissen der Welt. Von Zeit zu Zeit ist sie in die moderne Welt zurückgegangen und mit weiteren Infomationen wiedergekehrt. Und nun haben wir dich hier, noch einen Flüchtling. Ich fühle mich gesegnet, weil unsere Pfade sich gekreuzt haben. Es ist kein Zufall, es dient dem höchsten Wohl, und die Ereignisse jedes Tages werden uns neue Chancen des Geistes eröffnen.«

Beatrice dachte über die beiden Welten nach, die, in der sie aufgewachsen war, und diese hier, aus der die ›Veränderten‹ die Aborigines retten zu müssen glaubten. Wenn sie doch nur verstehen würden!

32

Als sie an diesem Abend weitergingen, wurde entschieden, daß Beatrice über die Jahreszeiten und das Wetter unterrichtet und mit jedem neuen Lebewesen, das ihnen begegnete, bekannt gemacht werden sollte. Am folgenden Abend würden sie mit den ersten Gesangs- und Tanzlektionen beginnen, die ein Jahr dauern würden. Diese Lehren wurden für alle heranwachsenden Kinder immer aufs neue wiederholt.

Die sechs Menschen sprachen von ihrer ersten Begegnung mit Beatrice und davon, daß sie sich bei ihrer Sandzeichnung wohl gefühlt hätten. Sie war nicht die erste, die aus der äußeren Welt gekommen war und nur so flach sah, wie es der weiße Mann tat, der nur die Haut eines Känguruhs sah. Als das zum ersten Mal passiert war, hatten sie nicht gewußt, was sie denken sollten. Alle Kunstwerke der Aborigines waren aus der Vogelperspektive geschaffen. Man sah vom Himmel aus die Wasserlöcher, die geheiligten Hügel, Lagerfeuer und Menschen. Oder man sah Tiere und Fische, aber in ihrer ganzen physischen Struktur, außen Flossen und Augen, innen Rückgrat und Organe. Es fiel ihnen schwer zu verstehen, wie jemand so sehen könnte, wie es der weiße Mann tat, so flach, nur die Oberfläche, aber nachdem es ihnen einmal erklärt worden war, empfanden sie das nur noch als eine weitere interessante Herausforderung, der man sich stellen mußte.

Beatrice war als Persönlichkeit nicht streitlustig oder anspruchsvoll. Das ging klar daraus hervor, daß es auf ihrem Känguruhbild weder Zehen noch irgendwelche anderen Details gab. Ihre Zeichnung war groß und locker, was ihnen verriet, daß sie aufgeschlossen war. Jeder von ihnen hatte die Linie bemerkt, die über das Känguruh gezogen war und den Beutel andeutete, aber es schaute kein Babykopf heraus. Auch Beatrice hatte eine solche Linie auf dem Bauch. Sie hatte keine Erklärung dafür abgegeben. Sollte es eine geben, würde das später geschehen. Höchstwahrscheinlich handelte es sich um eine Frauenangelegenheit. Als Zeichnerin war sie zögerlich gewesen und hatte sogar um Anweisungen gebeten, was sie zeichnen sollte.

Die Persönlichkeit eines Individuums, seine Merkmale und Handlungen sowie die Frage nach sozialen Einflüssen im Gegensatz zu überkommenen Verhaltensweisen waren in den ersten fünfzigtausend Jahren ihrer Existenz nicht von Belang gewesen. Erst in den letzten fünfzig Jahren hatte man begonnen, solche Dinge zu beobachten und zu erörtern. Erst seit die Weißen gekommen waren und ihr Volk gefangengenommen hatten, waren manchmal Gefangene geflohen und erzählten Geschichten von Grausamkeit, Diebstahl und Gier, lauter neue Begriffe, denen ein schlechter Geruch anzuhaften schien.

Am Anfang gab es keine verantwortungslosen Menschen. Es gab einige mit ausdauernder Energie und andere, die ihr ganzes Leben lang faul zu sein schienen, aber jeder war verantwortungsvoll. Am Anfang gab es die Ehre. Die Menschen trugen schmückende Ehrenzeichen. Jeder konnte solche wundervollen Ornamente entwerfen, aber niemand versuchte das nachzuahmen, was anderen ehrenhalber verliehen worden war.

Seit die Europäer gekommen waren und die Stämme gezwungen hatten, ihre Gemeinschaften aufzulösen, schienen die neuen Generationen, die an den modernen Orten geboren worden waren, Verantwortung und Ehre nicht mehr als Teil ihrer Kultur zu betrachten. Sie hatten nichts, wofür sie verantwortlich waren. Der weiße Mann lehrte sie, daß alles, wofür sie standen, falsch, dumm und böse sei.

Später an diesem Abend setzte sich die Gruppe aus sechs Zuhörern und einer Erzählerin zusammen. Beatrice erzählte ihr Leben. Mit Unterstützung von Benala brachte sie die Informationen darüber, wie die Welt außerhalb ihrer engen Grenzen beschaffen war, auf den neuesten Stand und erzählte von fernen Gegenden namens Amerika und China. »Es gibt einen Stoff«, sagte sie, »der aus dünnen und starken Fäden besteht, dem Werk eines Wurms.«

»Ein Wurm, der webt wie eine Spinne?« unterbrach Karaween sie und beschrieb mit gespreizten Fingern einen Kreis.

»Die Form des Gewebes kenne ich nicht genau«, gab Beatrice zu, »aber es ist wie ein langer Spinnenfaden, nur viel stärker, so daß es zu einem Stoff verwebt werden kann.« Sie hielt inne, um sich eine Beschreibung auszudenken, und fuhr dann fort: »Wißt ihr, wie es sich anfühlt, wenn man sich mit einem glatten, polierten Stein über die Wange fährt? Oder das Gefühl, wenn man einfach im Wasser treibt, wo man überhaupt keinen Widerstand spürt? Dieser Stoff ist, als wäre man in die weichsten, zartesten Wolken gehüllt. Ja, es ist ein Gefühl, als würde der Himmel eure Haut berühren. Es ist, als trüge man die Glätte eines polierten Steins. Der Stoff heißt ›Seide‹. Ich habe einmal ein Tuch daraus in der Hand gehalten. In China gibt es Leute, deren ganze Kleidung aus Seide besteht.«

Sie hielt inne, weil ihr nichts mehr weiter einfiel. Die Gruppe saß unter dem Sternenhimmel, und jeder Zuhörer stellte sich auf seine Weise die Erfahrung mit diesem neuen Begriff vor: der Berührung von Seide.

Der Neumond wich den ersten Strahlen des Morgenlichts. Als sie die Lagerstätte säuberten, war jeder noch erfüllt von der Geschichte der fernen Gegenden. Dann ließ der alte Googana alle in einer Reihe hintereinander Aufstellung nehmen, Bauch an Rücken, die linke Schulter der aufgehenden Sonne zugewandt. Die linken Arme hingen mit offener Handfläche in Kniehöhe herunter. Die rechten Arme wurden über den Kopf gehoben, die Handflächen dem Licht geöffnet. Sie beugten sich aus der Taille leicht nach vorn, so daß eine gebogene Linie entstand, und schauten alle nach Osten. Gemeinsam wiederholten sie den Spruch, den sie jeden Morgen sprachen: »Es ist heute, Göttliche Einheit! Wir gehen diesen Weg, um wegen seines Daseinszwecks das zu ehren, was immer da draußen ist. Unser Zweck ist es, *den Zweck* zu ehren. Wenn es dem höchsten Wohl allen Lebens dient, sind wir offen für die Erfahrung, heute wieder zu essen.«

Mitamit, der Geistwindläufer, beendete die Säuberung der Stelle, die sie am vorhergehenden Abend für das Feuer benutzt hatten. Während er die Asche unter den Sand mischte, sprach er mit dem Holz und der Erde. Er erklärte, wie dankbar die Gruppe für die Wärme gewesen sei, und bot dem verbrannten Holz nun eine Gegengabe an. Dieses Geschenk war die Wiedervereinigung mit der Erde, damit sie einander nähren und Vorbereitungen für neues Leben, das Wachstum neuer Bäume treffen konnten. »Warum benutzt du das Wort ›Geschenk‹?« fragte Beatrice. »Ich dachte, Geschenke wären für die Menschen.«

»Das sind sie auch«, antwortete Mitamit. »Aber nicht nur für die Menschen. Und oft ist, wie ich gehört habe, in der Welt der ›Veränderten‹ das, was gegeben wird, ganz und gar kein Geschenk.«

»Wie meinst du das?«

»Ein Geschenk ist, wenn du jemandem etwas gibst,

was dieser sich wünscht, nicht etwas, von dem du meinst, er sollte es haben, oder etwas, das zu geben du dich verpflichtet fühlst. Nur wenn die betreffende Person es sich wünscht und du in der Lage bist, es zu geben, handelt es sich um ein Geschenk.«

Benala warf ein: »Aber es ist noch mehr daran. Deine Erfahrung endet mit dem Geben, während die Erfahrung der anderen Person mit dem Empfangen und Annehmen erst beginnt. Wenn du etwas Gefühlsmäßiges mit dem verbindest, was du verschenkt hast, wenn du irgendwelche Bedingungen stellst, dann ist es kein echtes Geschenk. Ein Geschenk gehört dem Empfänger, und er kann damit tun, was immer er will. Siehst du, wenn ein ›Veränderter‹ etwas gibt und vom Empfänger erwartet, daß er sich bedankt, den Gegenstand trägt, zur Schau stellt oder ihm etwas anderes dafür gibt, dann ist es kein Geschenk. Es sollte dann anders genannt werden.«

»Wir lieben es, Geschenke zu geben und zu empfangen«, fuhr Mitamit fort. »Das macht jeden Tag, jede Mahlzeit, jede Lagerstätte zu etwas Besonderem, du wirst sehen.«

Die weißhaarige Wurtawurta meldete sich ebenfalls zu Wort: »Es gibt soviel zu erzählen, aber wir müssen am Anfang beginnen, und jeder wird etwas zu der Erzählung beitragen. Weißt du, wie lange die Ewigkeit dauert?« fragte sie Beatrice, aber sie antwortete selbst, ehe diese Zeit hatte, ihre Gedanken zu ordnen. »Es ist eine sehr, sehr lange Zeit. Die Ewigkeit hat keinen Anfang und kein Ende. Sie hat kein Morgen und kein Gestern. Sie ist wie ein Kreis, und du mußt diese ungeheuere Größe begreifen, bevor man von anderen Dingen mit dir reden sollte. Kannst du begreifen und verstehen, wie lange die Ewigkeit dauert?«

Beatrice bejahte.

»Gut«, fuhr die ältere Frau fort, »denn du bist ewig. Du bist von dort gekommen, du gehst dorthin zurück, und alles, was du tust, spiegelt sich dort wider. Das ist es, wofür wir leben, unsere Ewigkeit. Weißt du über die Traumzeit und die Regenbogenschlange Bescheid?«

»Nein, nicht richtig«, sagte Beatrice mit aufmerksamem Blick. »Bitte, sag mir, was ich wissen sollte.«

»Nun«, begann Wurtawurta, »am Anfang, in der Zeit vor der Zeit, war nichts. Keine Sterne, keine Sonne, keine Erde, nichts. Es gab nur die Große Einheit. Und dann begann die Einheit zu träumen. In dieser Traumzeit dehnte die Einheit sich aus, um eine Schicht Einheitsgeist zu schaffen. Diese Schicht erhielt ein Bewußtsein und den freien Willen. Die Regenbogenschlange ist der Träger dieser Geistenergie, und sie ermöglichte unseren Ahnen das Sein. Die Welt wurde von einer unsichtbaren Energie erschaffen, und die Ahnenträger waren frei darin, sie so zu gestalten, wie sie wollten. Du siehst also, es gibt Berge, Flüsse, Blumen, Wasserstellen und Menschen, und alle bestehen aus derselben Energie. Wir können die Dinge nicht voneinander trennen und sagen, daß das, was wir mit den Bäumen tun, keine Rolle spielt. Wir können nicht sagen, daß der Baum nichts fühlt. Ich denke, der Baum fühlt. Auf eine andere Weise, ja, aber er ist lebendig, und nachdem er gefällt ist, braucht er lange zum Sterben. Genauso, wie sich der Geist um uns kümmert, gibt es den Geist, der zu jeder Blume sagt: ›Wachse, wachse und blühe.‹ Wir können nicht das Fleisch des roten Vogels verzehren und sagen, das wäre dasselbe, als wenn wir das Fleisch des Krokodils verzehren. Sie sind sehr verschieden und geben unserem Körper unterschiedliche Energien. Wir alle haben Beziehungen zu Tieren, die mit der Erde an der Stelle verbunden sind, wo wir geboren wurden. Wir essen unsere Totemtiere nicht. Es wäre, als würde man deinen Bruder oder dich essen.«

»Beatrice, du hast dich doch mit Naturwissenschaften befaßt, nicht wahr?« fragte Benala.

»Ja.«

»Nun, erinnerst du dich, etwas über die Energie gelesen zu haben und darüber, wie verschiedene Schwingungen und Frequenzen den Unterschied zwischen Schall und Ultraschall, Farbe und unsichtbarer Infrarotfarbe und so weiter ausmachen? Ich denke, die Wissenschaft beweist im Augenblick gerade, daß das, was wir seit Tausenden von Jahren beschrieben und als Regenbogenschlange bezeichnet haben, vollkommen zutreffend ist. Außenstehende haben gelacht, wenn wir über das sprachen, was sie als rosa, gelbes, grünes und purpurfarbenes Geschöpf beschrieben, aber sie haben sich einfach nicht genug Mühe gegeben, das zu verstehen, was da beschrieben wurde. Was unsere Völker die ganze Zeit behauptet haben, ist, daß das, was eine Wolke ausmacht, dasselbe ist wie das, was dich ausmacht. Du bist sowohl Sonne, Mond, Stern als auch Wasser, Feuer und Dingo. Verstehst du, was ich meine? Alles ist eins.«

»Ja, ich verstehe«, sagte Beatrice. »Aber die Menschen sind anders. Wir haben Seelen, und andere Dinge haben keine Seelen, oder?«

»Du kannst das Wort ›Seele‹ benutzen oder was immer du willst. Ich glaube, die Menschen irrten sich, als sie glaubten, sie wären allem anderen überlegen, die Evolution habe mit dem Menschen aufgehört, und er allein habe eine Seele, die in keiner Weise dem Geist von irgend etwas gleicht, das von der Quelle geschaffen wurde. Die ›Wahren Menschen‹ konzentrieren sich darauf, wie man am besten damit umgeht, daß man eine menschliche Erfahrung macht. Wir erkennen jede Lebensform als wertvoll und einzigartig an.«

»Darüber muß ich eine Weile nachdenken«, antwortete Beatrice. »Wenn alles mit dem Geist verbunden oder alles Geist ist, was genau ist dann die menschliche Aufgabe, die wir haben?«

»›Aufgabe‹ ist genau das richtige Wort«, meinte Benala. »Das ganze Leben einer Blume entfaltet sich auf vorhersehbare Weise. Ein Tier erhält das Geschenk der Bewegung und die Gelegenheit, sich eine Umgebung zu suchen, wo es vielleicht besser überleben könnte, aber es wird nicht dafür verantwortlich gemacht, wie es mit der Welt in Beziehung tritt. Aber die Menschen entscheiden sich dafür, einen Auftrag anzunehmen, und das hat unmittelbar etwas mit den besonderen Fähigkeiten zu tun, die wir mitbekommen haben.

Unsere Geister waren nicht unvollständig in der unsichtbaren Welt vor der Geburt. Wir brauchten nicht hierher auf die Erde zu kommen, um ganz gemacht zu werden. Wir haben uns nicht dafür entschieden, hier zu sein, um festzustellen, daß es bei dieser Reise um alles oder nichts geht. Es ist kein Weg, auf dem man besteht oder versagt. Aber im Unterschied zu anderen Lebensformen werden die Menschen zur Rechenschaft gezogen. Wir haben die Wahl. Wir besitzen einen freien Willen und sind uns dessen bewußt. Wir allein entscheiden über den Grad unserer Selbstdisziplin und sind dafür verantwortlich. Wir sind kreative Wesen. Wir haben unbegrenzten Zugang zum Kreativen. Wir sind füreinander da, um uns zu helfen, zu nähren, zu unterhalten, miteinander umzugehen. Wir sind hier, um diesen Planeten zu hüten. Mit unserem Bewußtsein kommt das Wissen um die Energie und den Umgang damit. Wir haben ein volles Spektrum von Gefühlen und entdecken letztlich, daß der Schlüssel dazu ganz einfach ist. Er besteht wirklich darin, ohne Urteile zu lieben. Wenn etwas kompliziert zu sein scheint, dann ist es keine Liebe. Es ist etwas anderes. Liebe heißt Helfen, Geben oder Empfangen, was immer sich als hilfreich erweist. Die Menschen können Weisheit erlangen; andere Lebensformen haben diese Möglichkeit nicht. Emotionale Weisheit zu erlangen ist ein Teil unserer irdischen Bestimmung. Wir Menschen sind einzigartig, weil wir lachen können. Wir können auch das Komische in allem sehen und unser Handeln verstehen. Unsere Musik ist ohne Grenzen. Wir allein sind von der Quelle so gesegnet.

Ich glaube, daß es für mich von Nutzen war, eine Zeitlang in der Gesellschaft der ›Veränderten‹ gelebt zu haben – ohne den natürlichen Bezug zur Natur. Ich habe zwei Welten gesehen. Ich verstehe, warum die beiden Welten so unterschiedlich erscheinen, fast gegensätzlich, und doch gilt für beide dasselbe universale Gesetz. Es gibt viel Stoff zum Nachdenken, aber wir haben reichlich Zeit, und du hast viele Tage vor dir, um die Lebensweise der ›Wahren Menschen‹ mit anzusehen.«

Ja, dachte Beatrice, während sie zustimmend mit dem Kopf nickte. Ich habe Zeit zu lernen, und ich habe eine Familie, die mir das ermöglichen wird.

33

Die sieben Wanderer kamen an ein Wasserloch, in dem nur in der Mitte wenige Fingerbreit Wasser standen; der größte Teil der Oberfläche war mit einer getrockneten Schlammkruste bedeckt. »Hier werden wir Nahrung sammeln«, sagte Apalie. »Hier, ich werde es dir zeigen.« Sie nahm ihren Grabstock und begann, in dem Schlamm herumzustochern und ein paar Klumpen davon umzudrehen. Die anderen Frauen taten es ihr gleich. Bald stapelten sie die Schlammkugeln in einer Reihe auf. »Wir hören auf und lassen diese erst mal trocknen«, sagte Apalie dann.

Googana saß Beatrice gegenüber. Sein langer weißer Bart war heute zu einem Zopf geflochten, der von einer Brustwarze zur anderen strich, wenn er im Gespräch den Kopf bewegte. Ab und an erhaschte Beatrice einen Blick auf die Narbe, die gewöhnlich verborgen war. Die strahlende Sonne schien auf den großen Knoten in der Mitte seiner Brust. Er sah ihren Blick und las ihre Gedanken. »Möchtest du davon erfahren?« sagte er und legte einen Finger auf die Narbe. »Möchtest du eine Geschichte hören?«

Beatrice lächelte und nickte.

»Ich bin ein Eingeweihter, ein Kluger Mann«, sagte er. »Alle Jungen werden irgendwann in der Zeit zwischen ihrem neunten und zwölften Sommer eingeweiht. Wenn ein Junge grob und ein Störenfried ist, wird er gewöhnlich mit neun eingeweiht. Zarte Jungen sind erst mit zwölf dafür geeignet. Ich kann dir keine Einzelheiten erzählen, weil das Männerangelegenheiten sind und kein Thema für Frauen, aber ich kann sagen, daß wir eine feierliche Initiationszeremonie haben, bei der jede Mutter ihrem Sohn Lebewohl sagen muß. Das ist eine sehr emotionale Angelegenheit, weil es ein Junge ist, der seine Mutter zum Abschied umarmt und mehrere Tage später in seinem Körper ein Mann zurückkommt. Das ist das Ende der kindlichen Dinge, der Junge ist tot. Es gibt viele Leben innerhalb eines Lebens. Die Kindheit ist bloß das erste. Wir haben festgestellt, daß jeder Hilfe beim Aufwachsen braucht, und unsere Beschneidungszeremonie ist eine solche Hilfe. Wenn ein Junge die Anleitung, sich ein Bild vorzustellen, um den Schmerz zu verringern, befolgt und das leicht begreift, dann deutet das daraufhin, daß er die Fähigkeit besitzt, sich zu üben und ein Kluger Mann zu werden, falls er das wünscht und sich das ganze Leben lang leidenschaftlich auf eine Begabung konzentriert.

Ich habe das getan. Andere Kluge Männer können die Techniken im Laufe von Jahren in einer Serie von Initiationen lehren, aber nur der Schüler selbst kann die Weisheit erlangen, darüber zu bestimmen, wann, warum und wem er seinen Dienst erweisen und wie er seine Gabe mit anderen teilen wird.

Als ich siebenunddreißig Sommer in den Winter hatte übergehen sehen, hörte ich eine Stimme, die mich rief. Sie kam von weit her und versprach, wenn ich sie finde, würde es zu einem Austausch von Güte kommen. Die Stimme führte mich durch mehrere Stammesgebiete in ein schönes Land, wo ich einen hohen Abhang und Wasser fand, das dort in einen sehr kalten Teich hinunterstürzte. Die Stimme war tief im Wasser unter dem Wasserfall. Es war die Stimme eines Kristalls, das herausgeholt zu werden und die Sonne zu sehen verlangte;

dafür versprach es mir, meine Fähigkeiten zu verstärken. Es hat dieses Versprechen gehalten und liegt hier unter der Haut, nahe bei meinem Herzen, seit vierzig Jahren.

Jetzt schließe ich die Augen und reise durch die Luft und sehe, was kilometerweit entfernt stattfindet. Ich reise unter der Erde und sehe, welche Pflanzen wachsen, wieviel Wasser in dem unterirdischen Fluß ist, wo ein neues Vogelnest liegt und wie viele Junge darin sind. Ich habe gelernt, die Sinne der Vögel und anderer Tiere zu benutzen, und so kann ich, wenn ich gerufen werde, unseren Leuten und allen anderen Lebensformen helfen. Das gestattet mir, in den Körper einer Person hineinzublicken und zu wissen, was dort geschieht. Oft ist nur eine Unterhaltung oder Musik oder eine Farbe nötig. Es gibt keine äußeren Kräfte, keine Krankheiten oder Unfälle ohne ein spirituelles Bindeglied. Um ein Problem zu lösen, muß ich der Person helfen, sich für die Gelegenheit zu spirituellem Wachstum zu entscheiden, die sich bietet.

Die Erde ist ein Ort, an dem man durch Erfahrung lernt. Als Geist der Ewigkeit hast du gewünscht, hierher zu kommen, und zur Verwirklichung des Wunsches beigetragen. Es war deine Energie, die das Wesentliche aus der Nahrung aufnahm, die deine Mutter gegessen hatte, und sich einen Körper schuf aus dem, was verfügbar war. Du warst dir der Umgebung, des Erbes und der Situation bewußt, die du herstelltest, und du warst damit einverstanden, daß dies der vollkommene Ort für dich wäre, um eine besondere Art von spiritueller Bereicherung zu erfahren.

Wenn wir uns nur an unsere Ewigkeit erinnern könnten, würden wir leicht erkennen, daß die Erde der Ort ist, an dem unsere Gefühle geschult werden. Unsere Energie ist anders zusammengesetzt als die Energie anderer Dinge wie Regen oder Feuer, und sie ist anders als die Energie anderer wachsender Formen wie Pflanzen und

Tiere. Sie ist einzigartig. Wir als Menschen sind hier, um Gefühle zu erfahren und unseren Körper als Mittel zur Erlangung emotionaler Weisheit zu benutzen.

Der Körper ist der Weg, auf dem die Menschen Anleitung aus der Geistwelt erhalten, von der Quelle, von all unseren Ahnen, von unserem eigenen vollkommenen Ewigkeitsselbst. Alle Körpersinne – Sehen, Hören, Schmecken, Fühlen und Riechen – sind mit dem Gefühl verbunden. Eigentlich sollte ich sagen, daß das Gefühl mit den Sinnen verbunden ist, denn das Gefühl ist der Urgrund.

Die Babys werden in einem Zustand emotionalen Friedens geboren. Was mit ihren Sinnen geschieht, ist mit Gefühlen verbunden. Wenn wir älter werden, können wir zum Beispiel das Geräusch von Adlerschwingen hören und uns dabei wohl fühlen oder fürchten, je nachdem, wie unsere Erfahrungen mit einem Adler waren oder was wir darüber glauben.

Als Medizinmann weiß ich, daß die Menschen, wenn sie sich dessen bewußt sind, gesünder leben können und als Kluger Mann weiß ich, daß Wissen sie befähigt, mehr Ewigkeitslicht in diese menschliche Zeit zu tragen.«

Googana stand auf, lieh sich einen Grabstock und begann, verschiedene Zeichnungen in den Sand zu ritzen.

»Das ist die Regenbogenschlange. Es ist das Muster, das aus der Quelle kommt und sich über und unter der Erde bewegt. Es ist ein Teil der Lebenskraft, die so durch uns hindurchgeht«, sagte Googana und deutete auf seine erste Zeichnung.

Er zeigte auf ein anderes Muster, das er gerade gezeichnet hatte. »Das Gefühl des Zorns ist geformt wie
dieser Speer.«

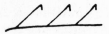

»Wenn einer zornig wird, dann kann die Lebensenergie
nicht frei fließen wie Wasser über glatte Felsen, sondern
wird seitlich abgelenkt und wird scharf und spitz. Sie
gräbt sich in den Körper ein und verletzt die Organe. So,
wie ein Speer eine Wunde zufügt und schwer herauszuziehen ist, ist auch der Zorn schwer herauszuziehen.

Die Energie des Grolls sieht so aus«, fuhr Googana fort

und zeigte auf eine andere Zeichnung. »Auch der Groll
hat ein spitzes Ende, aber er hat noch einen Widerhaken,
und so gräbt er sich in die Person ein und bleibt dort viel
länger hängen. Groll ist zerstörerischer als Zorn, weil er
länger andauert.

Wenn du dir Sorgen machst, sieht das Energiemuster

so aus«, sagte Googana und zeichnete eine weitere Linie.
»Neid, Eifersucht oder Schuldgefühle sind vielschichti-

---

ger als Sorgen, und die Knoten können sich in deinem Magen oder unter deiner Haut festsetzen oder den Fluß des Lebens an irgendeiner anderen Stelle verlangsamen.

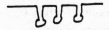

Die Traurigkeit ist eine geringfügige Störung. Und die Trauer ist eine Form der Traurigkeit, die eigentlich ein Liebesband ist. Sie kann für den Überlebenden bis zum Ende seines Lebens währen.

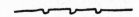

Die Angst bringt die Dinge zum Stillstand. Sie stört den Blutkreislauf, den Herzschlag, die Atmung, das Denken, die Verdauung – alles. Die Angst ist ein interessantes Gefühl, weil sie eigentlich nicht menschlich ist. Sie stammt von den Tieren, wo sie eine wunderbare und vorübergehende Rolle beim Überleben spielt. Kein Tier lebt dauernd in Angst. Ursprünglich hatten die Menschen nichts zu fürchten. Sie wußten, daß sie ewig waren. Sie wußten, daß alle Schmerzen und Beschwerden vorübergehend waren. Jetzt ist die Angst zu einer wesentlichen Energie geworden, die unseren Planeten umgibt. Das ist der Schaden, den sie in dir anrichtet.

Wenn du glücklich bist, lächelst, lachst, dich wohl fühlst, dann empfängt und benutzt der Körper die Energie so«, sagte er und wies auf eine andere Zeichnung.

»Und Frieden, Ruhe, Rast sind wie diese Zeichnung.

—— · —— · —— · ——

Unvoreingenommenheit, etwa Beobachtung ohne Beurteilung, ist eine glatte, vollständige, gesunde, lebensfördernde Energie wie dies hier.

————

Du siehst also«, fuhr Googana fort, »du bist verantwortlich für deine Energie und für die Disziplinierung deiner Gefühle. Jeder erlebt, wie es sich anfühlt, wenn man sich in einem negativen Zustand befindet, aber darin zu verweilen und nicht daraus zu lernen, ist unverantwortlich, unreif und nicht weise. Es gibt lebendige und nichtlebendige Zeit. Nur, daß jemand atmet, bedeutet noch nicht, daß er lebendig ist. Niedergeschlagenheit bedeutet, deine Zeit nicht lebendig zu verbringen. Es ist notwendig, daß man reift, damit man eine lange gesunde Zeit erlebt. Letztlich sind wir alle verantwortlich für unsere Zeit als Menschen und dafür, wie wir die Gabe des freien Willens nutzen.

Ich denke, die ›Veränderten‹ würden in ihren Begriffen von einer ewigen Punktkarte sprechen. Da gibt es eine Eintragung, die festhält, wie viele Sekunden du lebendig warst. Die Liste ist auch danach unterteilt, wie viele Sekunden deines Lebens du in Frieden verbracht hast, dich erfüllt und gut gefühlt hast, etwa wenn du jemandem geholfen hast, und wie viele Sekunden du in der Freude des Lachens oder der Wonne der Musik verlebt hast. Verzeichnet sind auch die Zeiten im Laufe der ungefähr hundert Jahre deiner Existenz, in denen du zornig warst und dich entschieden hast, zornig zu bleiben, oder in denen du Haß empfunden und diesen Haß gehegt hast.

Jedes Wort, das du äußerst, geht hinaus in den Dunst und kann niemals zurückgeholt werden. Du kannst sagen, daß es dir leid tut, aber das holt die ursprüngliche Energie nicht mehr zurück. Absicht ist Energie. Handeln ist Energie. Aber ein Mensch kann auf eine bestimmte Art handeln und dabei eine andere versteckte Absicht haben. Alles menschliche Bewußtsein summiert sich. Rund um Mutter Erde ist eine so dichte Schicht davon, daß die Menschen an manchen Orten von dem Atem und den Gedanken Vorangegangener leben und so die Leere wieder füllen. Es gibt auch eine Schicht, die sich aus den Überzeugungen und Handlungen der Ichsucht entwickelt hat: Nichts außer mir zählt; um jeden Preis will man haben, was man sich wünscht. Die Menschen wollten unbedingt sehen, was man erfinden oder was man benutzen kann – ohne jede Rücksicht auf das Leben, das morgen noch dasein wird, oder darauf, ob Leben morgen überhaupt noch möglich sein wird. Die Geister von Neugeborenen und kleinen Kindern sind so wunderbar positiv, daß jetzt viele auf die Erde kommen und nur eine kurze Zeit bleiben werden. Sie setzen all ihre Energie dafür ein, das Negative auszugleichen und schließlich zu entfernen.

Wir als einzelne tragen entweder durch alles, was wir täglich tun, zu dieser destruktiven Kraft bei, oder wir richten unsere Energie darauf, die Harmonie, die Schönheit und die Bewahrung des Lebens auf dieser Erde zu fördern.

Dein Leben, dein Körper, deine Zukunft können sein wie dies«, sagte er und wies auf eine Zeichnung. »Oder«,

fuhr er fort und zeigte auf eine andere, »dies kann deine Welt sein. Du allein bestimmst, welche es sein wird.

Das menschliche Leben ist eine Spirale; wir kommen aus der Ewigkeit und kehren dorthin zurück, wie wir hoffen, auf einer höheren Ebene. Die Zeit ist ein Kreis, und unsere Beziehungen sind ebenfalls Kreise. Als Kinder der Aborigines haben wir früh im Leben gelernt, wie wichtig es ist, jeden Kreis, jede Beziehung, zu schließen. Wenn es eine Meinungsverschiedenheit gibt, dann bleiben wir wach, bis sie gelöst worden ist. Wir würden nicht schlafen gehen in der Hoffnung, morgen oder an irgendeinem zukünftigen Tag eine Lösung zu finden. Denn das würde bedeuten, einen Kreis offenzulassen, mit losen Enden.«

»Aber«, fragte Beatrice, »was ist, wenn du jemanden gebeten hast, etwas zu tun? Zum Beispiel hast du jemanden drei- oder viermal um etwas gebeten, und er hat es nicht getan. Gewiß wärest du doch von ihm enttäuscht. Es wäre nicht leicht, einfach zu sagen ›Vergiß es‹ und den Kreis mit einem positiven Ton zu schließen, wie du gesagt hast.«

»Nun, die Alternative ist die, das Gefühl der Enttäuschung weiterhin mit dieser Person in Verbindung zu bringen. Zehn Jahre später würde der bloße Gedanke an diesen Namen oder dessen Erwähnung wieder dieses Gefühl hervorrufen, und das wiederum würde eine physische Verzerrung deines Körpers bedingen. Du mußt zugeben, daß das nicht sehr weise ist.«

»Wie also würdest du damit umgehen?« fragte Beatrice. »Was würdest du tun?«

»Persönlich würde ich zu der anderen Person sagen: ›Soll ich dir mal etwas verraten? Ich war enttäuscht, als du meine Bitte, mir einen Gefallen zu tun, ignoriert hast.

Und ich habe wieder und wieder gebetet und mich immer mehr enttäuscht gefühlt.‹ Ich würde lachen und hinzufügen. ›Offenbar lerne ich langsam. Ich hätte schon nach deiner ersten Reaktion erkennen sollen, daß du dies nicht tun würdest. Es war etwas, was du nicht tun wolltest. Du hast es vermutlich ziemlich töricht gefunden, als ich dich immer wieder darum gebeten habe. Du hast recht. Es war töricht. Es tut mir leid, daß ich so lange gebraucht habe, um zu merken, daß du nicht daran interessiert warst.‹ Am Ende würden wir zusammen über mein Verhalten lachen, und die Begegnung hätte uns beide weiser gemacht. Damit wäre mein Kreis geschlossen.«

»Aber was ist, wenn es wirklich eine schwerwiegende Angelegenheit gewesen wäre? Nimm beispielsweise an, ein Verwandter von dir würde Dinge tun oder sagen, die dich sehr verletzen, die dich wirklich aufbringen. Die Person benähme sich wirklich auf eine Weise, die – wie ihr sagt – für dich nicht gut riecht. Was würdest du in solch einer Beziehung mit dem Kreis machen?«

»Ich würde sehr entschieden zu dem Verwandten sagen: ›Ich hab' dich lieb, aber ich mag nicht, wie du handelst. Ich merke, daß das kein Irrtum von dir ist. Ich weiß, es ist richtig für dich, so zu sein, weil du dich entschieden hast, dich auf diese Weise auszudrücken. Aber ich habe es versucht, und ich kann das, was du sagst und tust, nicht als richtig für mich akzeptieren, also muß ich unsere Beziehung nun loslassen. Ich kann keine weitere Energie mehr hineinstecken. Ich hab' dich lieb, aber ich mag das nicht, was du tust. Und deswegen wünsche ich dir das Beste und sage dir Lebewohl.‹«

»Donnerwetter«, sagte Beatrice. »Du meinst also, wenn ich auf einer hohen spirituellen Ebene den Kreis schließe, dann ist die Sache für mich beendet. Wenn der andere das akzeptiert, ist der Kreis auch für ihn geschlossen. Wenn er es nicht akzeptiert, was ich sage, spielt das keine Rolle, denn jeder nicht geschlossene Kreis ist nur noch dessen Sache, dessen spirituelle Herausforderung, denn er ist es ja, der den Kreis offenhält.«

»Ganz recht. Du mußt nicht jeden Menschen mögen. Nicht jeder ist liebenswert. Bevor du geboren wurdest, warst du damit einverstanden, jeden zu lieben. Das ist leicht. Liebe das Ewige in allen Menschen, und stecke deine Energie in jene, die von ähnlichem Bewußtsein sind wie du. Die einzige Art, wie du jemanden beeinflussen kannst, ist die durch dein Beispiel. Der andere wird sich erst verändern, wenn er dazu bereit ist. Und vergiß nicht, das ist richtig so. Im Plan des Ewigen ist es wirklich richtig.«

Der Bart des alten Mannes bewegte sich im Rhythmus seiner Worte und der Bewegungen, mit denen er in den Sand zeichnete, als er sagte: »Du kommst in diese Welt auf einer Ebene spirituellen Bewußtseins, und du hast die Gelegenheit, sie auf einer erweiterten Ebene wieder zu verlassen.«

Nachdem sie einen Moment darüber nachgedacht hatte, fragte Beatrice: »Was ist mit den Menschen von vor vielen Jahren? Menschen, auf die ich immer noch Groll empfinde? Jemand, den ich vielleicht nie wiedersehen werde?«

»Das spielt keine Rolle. Sprich still mit diesem Menschen, und schicke ihm deine Gedanken auf einem Regenbogen, wo immer er oder sie sich befinden mag. Sie werden den Betreffenden finden. Verwandle dein früheres Urteil in eine Beobachtung. Man muß niemandem vergeben, wir müssen nur verständnisvoller sein. Heile die Wunde in deinem eigenen Gemüt, in deinen Ge-

fühlen, in deiner Ganzheit. Schließe den Kreis und
schreite voran.«

Googanas funkelnde schwarze Augen schienen wie
ein Magnet zu wirken, als er Beatrice ansah und erklärte:
»Je subtiler die Energie, desto näher ist sie an der Quelle
der Einheit. Schnelle Armbewegungen sind mehr physisch geprägt, während langsame, sanfte Bewegungen
dem Geist näher sind. Laute, schnelle Musik ist etwas
Physisches; der langgezogene Klang einer einzigen Note
ist dem Geist näher. Die Jagd auf Tiere, je nach Methode
und Absicht, kann mehr oder weniger mit unserer spirituellen Reise verträglich sein. Betrachte alles, einschließlich der Beziehungen, Rituale, Nahrungsmittel, Lehren,
Unterhaltung und sogar Wohnstätten, und beobachte die
subtile Verfeinerung von Energie. Bald wirst du sehen,
daß du mit wenigen Handlungen und noch weniger
Worten kommunizieren, beruhigen, helfen und lieben
kannst. Man kann mit den Augen lieben. Nähe ist nicht
immer nötig. Vieles läßt sich auch aus weiter Ferne beeinflussen.«

Beatrice nahm in sich auf, was sie hörte. Das Konzept
eines Kreises für Beziehungen gefiel ihr besonders gut.
Sie konnte sich ein Halsband aus goldenen Ringen vorstellen, jeder mit einem Namen beschriftet. Dicht bei
ihrem Herzen konnte sie sich innerlich einen Kreis vorstellen, einer Uhrkette ähnlich, und darauf stand
»Freda«. Das war zweifellos die bedeutungsvollste Beziehung, die sie in ihrem bisherigen Leben gehabt hatte.

34

Es war die Jahreszeit, zu der der Mond die Beeren zur Vollkommenheit heranreifen läßt und die Menschen sich beeilen, um den Vögeln und vierbeinigen Geschöpfen bei der Ernte dieser Schätze zuvorzukommen. Mitamit war fort gewesen und kam mit einer Handvoll Früchte zurück, um sie mit Beatrice zu teilen. »Komm, folge mir«, sagte er. »Ich werde dir den Weg zeigen.« Nachdem sie den Ort dieser wunderbaren Früchte erreicht und einige gegessen hatten, fragte sie ihn, ob er ihr etwas über sich erzählen werde, und er willigte ein.

»Mein Name, Geistwindläufer, wurde gewählt, weil ich die Gelegenheit bekommen habe, etwas zu erfahren, was nicht alle Menschen erfahren. Eines Tages, als ich gerade lief, fühlte ich mich plötzlich wie ein Emu und wußte, wie ich es anstellen mußte, damit meine Beine und Füße kaum die Erde berührten, wie es der Vogel tut, wenn er sich so schnell bewegt. Darin liegt ein Rhythmus, der diese Bewegung von anderen Bewegungen unterscheidet. Ich denke, mein Herz schlägt tatsächlich langsamer, nicht schneller, und die Luft in meinen Lungen kommt von einem tieferen Ort. Ich werde ein Teil des Windes. Ohne Anstrengung kann ich dahingeblasen werden und den ganzen Tag laufen. Es ist ein wundervolles Gefühl, und ich bin dankbar für meinen Körper.«

Wie erfrischend es ist, dachte Beatrice, auf jemanden zu stoßen, der seinen Körper wirklich nicht als selbstverständlich betrachtet, der ihn schätzt und so mit sich selbst und der Welt in Einklang ist, daß er dessen Möglichkeiten voll auszuschöpfen vermag.

Gelegentlich schien die Sonne milde aus dicken Wolken hervor auf die Wanderer, als sie durch eine schmale Öffnung schritten, einer hinter dem anderen, und sich in einer Reihe zwischen zwei hohen Felswänden aus rotem Granit bewegten. An einer Stelle wurde der Gang so schmal, daß sie sich alle seitwärts drehen mußten, um sich hindurchzuzwängen. Es begann tröpfelnd zu regnen. »Beeilt euch«, sagte eine Stimme am Anfang der Reihe. »Bald wird dieser Pfad ein Fluß werden, der das Wasser vom Berg hinunterführt. Er reißt dann alles mit, was sich ihm in den Weg stellt.«

Die sieben Menschen beschleunigten ihre Schritte; zuerst gingen sie durch den schmalen Gang, dann kletterten sie etwa fünf Meter höher und standen auf einem breiten flachen Felsvorsprung vor dem Eingang zu einer kleinen Höhle. Sie hatten während der langen Tageswanderung alle abgebrochenen Baumäste aufgesammelt, und diese wurden jetzt senkrecht und gegeneinander zum Trocknen aufgestellt. Die geheiligte Ruhestätte war viele Jahre vorher hergerichtet worden, vielleicht vor Hunderten von Jahren. Weißer weicher Sand war von weit her herbeigetragen und um den inneren Kreis gelegt worden, um eine bequeme Schlafstelle zu schaffen. Die genaue Lage der Feuerstelle erkannte man an den Brandspuren auf dem Boden und einem darum herumgelegten Kreis aus Steinen. Wenn das Feuer genau dort angezündet wurde, erwärmte es das Innere der Höhle, aber Rauch und Qualm konnten nach draußen abziehen. Mitamit sammelte die Knochenstücke auf, die größere Tiere hinterlassen hatten, die hier ihre Beute verzehrt hatten. Drei der Frauen – jede mit einem Netz aus Haaren und Gras versehen – siebten den Sand, immer eine Handvoll auf einmal, entfernten alle unerwünschten Bestandteile daraus und ließen ihn an die hintere Wand rieseln. Apalie benutzte den dichtbelaubten Zweig eines Strauchs, um die Höhle auszufegen. Dann legte sie die Feuersteine wieder in die ursprüngliche Kreisform zurück. Googana prüfte die Wandmalereien und stellte in Gedanken eine Liste dessen auf, was benötigt würde, um die alten Zeichnungen ihrer Vorfahren wiederherzustellen oder neu auszumalen.

Sie würden eine Weile an diesem Ort bleiben. Es gab genug Arbeit hier, und Nahrung und Wasser waren reichlich vorhanden. Mehr als zehn verschiedene Vogelarten lebten in dieser Gegend, und eine Auswahl von mindestens zehn weiteren unterschiedlichen Lebewesen krochen, hüpften oder glitten vorbei. Außerdem gab es Pflanzen zum Essen, als Heilmittel oder zum zeremoniellen Gebrauch.

Nach zwei Stunden war die Arbeit des Tages getan, das Feuer war angezündet, und alle Mitglieder der Gruppe genossen die Nahrung, die ihnen durch das Fleisch und den Geist eines Lebewesens zuteil wurde, das nahe bei den Sternen und dann in den Sonnenuntergang hineingeflogen war. Als immer mehr sanfter, warmer Regen fiel, stellte Googana sich an die Felskante, hob das Gesicht zum Himmel und schluckte das Wasser hinunter, das ihm in den Mund rann. Als er zum Feuer zurückkam, wandte er sich mit einer Frage an Beatrice: »Erzähl mir von den Menschen, die den Regen nicht schmecken. Stimmt es, daß sie ihr Leben lang niemals so herrlich im Regen stehen? Ich habe gehört, sie liefen weg, wenn die Wolken sich öffnen, und sich einen Stock mit Stoffbespannung über den Kopf halten. Warum tun sie das?«

Beatrice sah Benala an, und beide Frauen lachten. »Ja, das stimmt. Die ›Veränderten‹ stellen sich selten in den Regen. Nicht freiwillig. Gewöhnlich tragen sie solche Kleidung, deren Aussehen sich verändern würde, wenn sie naß würde. Sie tragen auch Uhren an den Armen, die nicht mehr funktionieren und rosten würden, wenn sie der Feuchtigkeit des Regens ausgesetzt wären. Die Frauen tragen ihr Haar auf eine Weise, die keine Nässe verträgt. Die ›Veränderten‹ schaffen das Wasser in ihre Wohnstätten, damit sie darin stehen oder sitzen können, wie es ihnen gerade gefällt, und nicht nach dem Willen der Göttlichen Einheit.«

»Wieso kamen sie zu der Überzeugung, sie wüßten besser, wann es Zeit ist, im Wasser zu stehen, und nahmen diese Veränderung vor?«

»Ich bin mir nicht sicher, ob ich diese Frage beantworten kann. Es geschah vor langer, langer Zeit, als die Menschen zum ersten Mal den Einfall hatten, sie könnten die Natur beherrschen und sich das Leben bequemer machen.«

»Wenn unsere Bedürfnisse erfüllt werden«, warf Googana ein, »dann sind wir zufrieden. Was kann man noch mehr wollen?«

»Die ›Veränderten‹ wollen Bequemlichkeit. Zufrieden und satt zu sein, das reicht ihnen nicht. Sie müssen es unbedingt bequem haben, und alles muß angenehm und genau passend sein.«

»›Bequem‹. Dieses Wort verstehe ich nicht.«

»Nun, es bedeutet, alles selbst zu regeln. Zum Beispiel, heute keine Nahrung sammeln zu müssen, weil du lieber etwas anderes tun möchtest. Also wird eine Menge Nahrung gelagert, Essen für viele Monate. Bequemlichkeit bedeutet, nicht mit den Beinen an einen neuen Ort zu gehen. Wenn du zu einem anderen Ort möchtest, dann bewegst du dich nicht aus eigener Kraft dorthin. Zuerst sind sie auf Pferden geritten, dann in Autos gefahren, und jetzt benutzen sie auch Flugzeuge, Eisenbahnzüge oder Schiffe. Aber alles verändert sich dauernd, also wird es in der Zukunft etwas noch Angenehmeres und Bequemeres geben.«

»Aber die Göttliche Einheit lenkt doch alles. Wissen die ›Veränderten‹ nicht, daß kein Mensch den Wind am Tanzen hindern kann, den Blitz am Sprechen, die Blumen am Blühen oder die Früchte daran, vom Baum zu fallen? Wie kann man das Essen von morgen schon vor dem morgigen Tag vorwegnehmen? Wie kannst du wissen, was die Welt für morgen bereithält?«

»Die ›Veränderten‹ glauben nicht, daß die Welt etwas für morgen bereithält. Sie sind für die Welt verantwortlich. Sie glauben, die Menschen seien die einzige Intelligenz auf Erden und könnten daher tun, was sie wollen. Die Welt sei ihnen gegeben worden, um sie ganz nach ihrem Willen zu benutzen.«

»Menschen als einzige Intelligenz? Und was ist mit dem Sprechen und Denken der Delphine und Wale?«

»Oh, es gibt auch noch Wölfe und Papageien und Schimpansen«, fügte Benala hinzu. »Tiere und Vögel überall auf der Welt, die überaus intelligent sind, aber die ›Veränderten‹ können sich nicht vorstellen, daß diese Geschöpfe sich jemals über das hinaus entwickeln könnten, was sie heute zu sein scheinen. Sie glauben, die Tiere hätten nicht viel zu bieten. Die ›Veränderten‹ sind wirklich davon überzeugt, daß sie zum Erobern und Herrschen bestimmt sind.«

Googana antwortete nicht. Es war still in der Höhle, und alle, die aufmerksam zugehört hatten, bedachten das Gespräch nun in ihren Herzen. Sie ließen es zu, daß sie die Gefühle, die in ihnen aufwallten, auch spürten.

Den nächsten Tag verbrachten sie mit dem Sammeln von Material und der Herstellung von Pinseln aus Fell, menschlichen Haaren und Vogelfedern. Am darauffolgenden Tag wurde gemahlenes Pulver zu schwarzer und weißer Farbe gemischt. »Früher einmal durften nur besonders ausgebildete Männer die Bilder berühren, aber inzwischen ist dieser ganze Stamm ausgestorben, und so sind wir zu ihren Hütern geworden. Wir werden die Ahnengeister bitten, uns ihre Zustimmung zu unserer Arbeit zu geben. Unsere Absicht bewegt sich auf höchster Ebene. Unter der Anleitung des Geistes können wir die Gemälde dieser Höhlenbewohner für eine weitere Zeitspanne erhalten.«

Die ursprünglichen Linien wurden gewissenhaft nachgezogen, Strich für Strich, in allen Einzelheiten. Keine Linie wurde ausgelassen, kein einziger Pinselstrich hinzugefügt. Es war die geduldige, hingebungsvolle Arbeit von Menschen, die jede Bewegung mit Liebe und Ehrfurcht ausführen.

An diesem Abend sagten Karaween und Apalie, sie würden gern eine Vorstellung für die anderen geben, einschließlich der Ahnen in der Höhle.

Die fünf Zuschauer blickten in die Nacht hinaus, während die beiden Schauspielerinnen den flachen Felsvorsprung vor ihnen als Bühne verwendeten. Der Mond war ihr Scheinwerfer, denn es gab keine Bäume über ihnen, die sein direktes Licht von dem tiefer gelegenen Höhleneingang abhielten, und innerhalb der Höhle war es erheblich dunkler als auf dem erleuchteten Felsvorsprung.

Die Theatervorstellung war ein komödiantischer Sketch, in dem die beiden Frauen ihre alltäglichen Verrichtungen darstellten und vorführten, wie sie zuerst ungeschickt gewesen waren und dann gewisse Fertigkeiten erlernt hatten. Schon lange hatte dieser geheiligte Ort kein so herzliches Gelächter mehr vernommen. Selbst ein oder zwei Tiere hielten inne, um diesem Geräusch zu lauschen, das die Welt willkommen hieß.

Als die Vögel am Morgen zu singen begannen, rollte Beatrice sich auf die Seite und öffnete die Augen. Karaween saß bereits aufrecht da, an eine Wand der Höhle gelehnt, und lauschte dem Erwachen der Welt.

»Danke für die Vorführung von gestern abend«, flüsterte Beatrice. »Das war sehr lustig. Eigentlich sollte dein Name Künstlerin sein. Erzähl mir von dir und davon, warum du Karaween heißt.«

Die Sechzehnjährige nickte zustimmend und wies nach draußen. Leise verließen sie die Höhle, kletterten um den felsigen Abhang herum und fanden oben einen bequemen Platz, wo sie sich unterhalten konnten.

»Ich habe den Namen vor nicht allzu vielen Monaten gewählt, weil ich das Gefühl hatte, ein Interesse an erwachseneren Dingen entwickeln zu müssen. Ich bin jetzt schon lange Spielmeisterin. Es war eines meiner Spiele, das zu der Einführung mit den Sandzeichnungen weiterentwickelt wurde, die man auch mit dir gemacht hat, als du noch außerhalb unseres Kreises standest.

Ich kenne Dutzende von Spielen, bei denen man einen Kreis verwendet. Eines nenne ich ›Rund um den Mond‹. Es beginnt mit zwei Leuten, die auf einer Kreislinie Rücken an Rücken stehen und in entgegengesetzte Richtungen schauen. Auf ein Signal hin fangen sie an, auf einem Bein über die Linie im Sand zu hüpfen, erst innen, dann außen, dann wieder innen und so weiter. Wenn die beiden Spieler aufeinandertreffen, wird entschieden, wer am weitesten vorangekommen ist, und diese Person macht dann weiter, während die andere durch einen neuen Spieler ersetzt wird. Der ursprüngliche Spieler wartet, bis er wieder an die Reihe kommt. Das Spiel geht immer weiter, bis alle lachen und so müde sind, daß sie aufhören müssen.

Da gibt es auch ein Spiel, das ›Eines zeichnen‹ heißt, das in einem kleinen Kreis gespielt wird. Die Spieler zeichnen abwechselnd etwas in den Kreis, aber jeder Gegenstand darf nur einmal vorkommen, und wenn der Platz verbraucht ist, ist das Spiel zu Ende. Alle versuchen, mehr Gegenstände unterzubringen und sich jedesmal etwas Neues auszudenken.

Manchmal, wenn die Erde sehr weich und der Sand äußerst feinkörnig ist, können wir etwas spielen, was ich ›Suche nach dem Verlorenen‹ nenne. Jeder Mitspieler hat ein Stöckchen, und wir sitzen um einen Sandhügel herum, in dem irgendein kleiner Gegenstand, vielleicht das Auge eines Tiers, das wir zum Abendessen gebraten haben, vergraben ist. Abwechselnd dürfen alle ihren Stock einmal bewegen und nach dem Gegenstand stochern. Das ist ein wunderbares Spiel, um Kinder zur Konzentration anzuhalten, aber im Augenblick haben wir keine Kinder.

Kinder mögen gern Geschichten erfinden und mit Zeichnungen illustrieren. Manchmal zeichnete ein Kind zuerst einen Teil von etwas, und ein anderes Kind erzählte einen Teil von einer Geschichte; das ging so weiter, bis alle mehrmals an die Reihe gekommen waren und die Geschichte ein abenteuerliches Ende genommen hatte. Ich habe auch ein Spiel gemacht, bei dem lange Stöcke verwendet werden. Ein Stück heiße Kohle oder ein heißer Stein wird unter den Spielern weitergegeben. Ich habe manchen Leuten auch beigebracht, wie man einen Stock hält, der an einem Ende brennt, und ihn im Kreis herumdreht und hinter dem Rücken oder zwischen den Beinen hindurchführt und so weiter. Spiele sind gut, und es gibt eine Zeit für diese Art von Gelächter und Spaß, aber ich hatte das Gefühl, eine mehr erwachsene Verantwortung übernehmen zu müssen. Jetzt lerne ich, wie man große Körbe flicht, hauptsächlich aus Schilf, weil es davon am meisten gibt, aber ich habe auch gelernt, Behälter aus Tiermaterialien zu machen.

Ich bin hier geboren und habe alle meine sechzehn Sommer hier verlebt. Meine Eltern und einige andere wurden eines Tages fortgeholt, als ein Hubschrauber kam, der das Zeichen der weißen Ärzte trug. Seither bin ich mit Wurtawurta zusammen. Ich bin so glücklich, daß du zu uns gekommen bist. Wir sehen selten jemand neues.«

Dann sahen die beiden Frauen sich um und fingen an, Vorräte für den Tag zu sammeln. Sie kamen in die Höhle zurück, als die anderen sich gerade zu rühren begannen. Draußen im Freien erwachten sie alle sehr früh. In der Dunkelheit der Höhle erschien es natürlich, länger zu schlafen. Während des Tages dachte Beatrice häufig an die sechzehnjährige Karaween und ihren Plan, erwachsen zu werden. »Ich hoffe, sie erhält sich ihre Kreativität und etwas von ihrem kindlichen Charme.«

Der folgende Tag war klar und strahlend, und Beatrice und Wurtawurta sammelten kleine Steine, um sie im Feuer zu erhitzen. »Wurtawurta, du hast in beiden Welten gelebt, in der modernen Welt und hier, isoliert von anderen. Welche Dinge werden von den beiden Kulturen unterschiedlich gehandhabt?« fragte die jüngere Frau.

»Da gibt es viele. Etwas ganz Wichtiges ist vermutlich das Lösen von Problemen. Ich erinnere mich an viele Leute, die sich bei einer Meinungsverschiedenheit gestritten und angeschrien und sogar geschlagen haben. Dadurch wurde die Angelegenheit gewöhnlich nicht gelöst. Die Leute wurden einfach wütend und gingen weg oder trennten sich mit unguten Gefühlen voneinander. Inzwischen habe ich gelernt, woran das lag. Es gab keinen Maßstab, über den man sich als gemeinsames Ziel einig gewesen wäre. Hier erkennen wir an, daß jeder von uns das Recht auf seine eigenen Ausdrucksweisen und Vorstellungen hat. Wir sind tief mit der Natur verbunden, und wir sehen, daß der Baum nicht bricht, weil er sich neigt. Je größer er wird, desto mehr neigt er sich. Wenn bei uns zwei Menschen verschiedener Meinung sind, dann hören wir auf, die Richtung genau festzulegen, aus der wir sprechen. Weißt du, davon gibt es sieben: Norden, Süden, Osten, Westen, Himmel oben, Erde unten, das Innere. Bei einer Auseinandersetzung könnte man sagen, daß jemand von Westen her spricht, aus der Vergangenheit, von etwas, das er auf eine bestimmte Weise sieht. Oder er spricht von Osten her und richtet seinen Blick auf das Gelingen von etwas Zukünftigem. Vielleicht spricht er auch von innen her und sagt, was in seinem Herzen oder Bauch ist. Wenn zwei Menschen dann nicht den Standpunkt des anderen sehen und zu einer Einigung kommen können, tauschen sie die Plätze. Ja, sie tauschen physisch die Plätze und treten in die Fußstapfen des anderen. Dann sprechen sie aus dessen Sicht. Genauso aggressiv, genauso leidenschaftlich wie vorher. Gewöhnlich kommen sie dadurch zu einer Verständigung. Falls nicht, hören sie auf und sagen zueinander: ›Was sollen wir hieraus lernen?‹

Beatrice, Tausende von Jahren hat unser Volk friedlich zusammengelebt. Jeder wird respektiert, jeder ist beteiligt, jeder wird unterstützt, wir sind ein Team. Du könntest sagen, ein Team aus Menschen mit einem spirituellen Auftrag. Ein weiterer Faktor, der mir zuerst sehr fremd vorkam und den ich noch immer für einen entscheidenden Unterschied zwischen den beiden Kulturen halte, ist der Begriff des Wettbewerbs. In der Welt der ›Veränderten‹ ist nur für einen Platz an der Spitze; alle anderen müssen sich darunter einordnen, wie bei einem Dreieck: Die meisten sind ganz unten, und alle unterstützen den an der Spitze. Ich kann es nur schwer verstehen, wie Eltern ihrem Kind erzählen können, daß nur einer gewinnen könne und alle anderen verlieren müssen. Sie scheinen tatsächlich zu glauben, daß es nicht genug Ansehen, nicht genug führende Plätze gibt, also kann nur einer erfolgreich sein, und alle anderen müssen sich mit minderen Rollen zufriedengeben. Ich glaube, die Konkurrenz erzeugt die Vorstellung, es herrschten Mangel und Begrenztheit, nährt Gefühle von Neid und Gewalt und trägt so mehr dazu bei, die Menschen zu entzweien, als jeder andere Faktor.«

»Natürlich«, warf Beatrice ein, »würden die ›Veränderten‹ sagen, daß die Welt dadurch so fortschrittlich und bequem geworden sei. Menschen, die Dinge erfinden, werden reich und berühmt.«

»Das stimmt, aber sind wir deswegen besser dran? Ist die Erde gesünder? Sind Pflanzen, Tiere, Menschen gesünder? Sieht die Zukunft durch den Wettbewerb heller und vielversprechender aus? Ich urteile nicht, da ich weiß, daß alles Teil der Göttlichen Ordnung ist. Doch als Beobachterin muß ich sagen, daß es für mich persönlich keinen guten Geruch hat. Ich muß jene segnen, die in Begriffen wie ›Überlegenheit‹ oder ›Ungenügend‹ denken, und sie gehen lassen. Die Aborigines haben die Welt immer eher wie ein flaches Puzzlespiel betrachtet und nicht wie ein Dreieck. Wir meinen, daß jeder in das Puzzle hineinpaßt und ein wesentlicher Bestandteil davon ist. Ohne eine einzelne Person – egal welche – wären wir unvollständig. Wir hätten ein gähnendes Loch in unserem Puzzle. Wenn wir am Feuer sitzen, bringt jeder etwas Einzigartiges ein. Da ist jemand, der in unserer Gruppe Kenntnisse im Jagen einbringt, ein anderer ist ein Lehrer, ein Koch, ein Heiler, ein Zuhörer, ein Tänzer und so fort. Wir haben jemanden, der unser Anführer ist, aber wir wissen auch, daß jeder die Fähigkeit zu führen besitzt und führen dürfen sollte, wenn wir uns diese Erfahrung wünschen. Wir besitzen auch die Fähigkeit zu folgen. Eines ist nicht besser als das andere. Es gibt eine Zeit und einen Platz für beides.«

Beatrice, die über die Rassenunterschiede in der Stadt zwischen den heutigen urbanen Aborigines und den Nachkommen der verpflanzten Europäer nachdachte, fragte sich: Welche Seite – oder vielleicht beide? – denkt in Begriffen von Mangel und Begrenztheit? Schließlich leben wir alle unsere Traumzeit.

35

Im Morgengrauen erwachte Beatrice mit einem Gedanken, der ihr schon im Halbschlaf in den Sinn gekommen war: Wohin gehöre ich? Sie hatte erwogen, einen neuen Namen anzunehmen, aber das war eine Sache, die man nicht übereilen durfte. Der Name mußte ein Wort sein, das dem Ohr angenehm wäre und an das sie sich schnell gewöhnen könnte, um darauf zu reagieren. Der Name mußte diejenige widerspiegeln, die sie in diesem Stadium ihres Lebens war. Also fragte sie sich wieder: Wer bin ich?

Ich bin eine Aborigine,
eine Suchende,
deren Wahrnehmung bereits gefärbt ist,
die jetzt umgeben ist von Freunden, Lehrern, Liebe.
Ich fühle mich angenommen, sicher.

Es gibt keine bestimmte Begabung, zu deren Erforschung ich mich hingezogen fühlte, aber ich fühle mich voller Begabungen. Ich habe das Gefühl, mich zu entwickeln, aber ich weiß nicht gewiß, was aus mir werden wird.

Eine Woche später sagte sie zu Wurtawurta: »Es ist Zeit für meine Feier. Ich bin bereit, einen neuen Namen zu erhalten.« Wurtawurta ihrerseits teilte den anderen mit, was Beatrice gesagt hatte. Alle lächelten und nickten zustimmend. Die Zeremonie würde in drei Tagen stattfinden. Dann würden sie an einem besonderen Ort sein und Zeit haben, die Vorbereitungen zu treffen. An den beiden folgenden Tagen ihrer Wanderung lag eine feierliche Atmosphäre in der Luft. Sie versuchten herauszufinden, welchen Namen Beatrice gewählt hatte, und der Nachmittag verging mit einem Ratespiel.

Am Nachmittag der Namenszeremonie erreichten sie einen sehr großen und tiefen Krater, einen Kreis von etwa hundert Meter Durchmesser, der in der modernen Welt mit Sitzreihen hätte versehen sein können wie ein Sportstadion. Am Grund des Kraters schlängelte sich ein flacher Bach. Was auch immer diese riesige Vertiefung erzeugt haben mochte, es war so tief in die Erde eingedrungen, daß es einen unterirdischen Wasserlauf freigelegt hatte.

»Es gibt widersprüchliche Geschichten über den Ursprung dieses Kreises«, sagte Benala, als sie mit dem Abstieg zum Zentrum begannen. »Eines Tages war er da, wo er vorher nicht gewesen war. Der Stamm, der innerhalb dieser ›songline‹ der Hüter war, hatte in seiner ganzen Geschichte keinen Bericht über diesen Ort, und wie du dir vorstellen kannst, ist er zu groß, als daß man ihn hätte übersehen können. Den Stamm gibt es jetzt nicht mehr; sie sind alle verschwunden. Der letzte Mann, den man vor ungefähr fünf Jahren zum Fortgehen gezwungen hatte, erwähnte diese Erdformation nicht. Anscheinend ist der Krater später entstanden. Gewiß war es eine starke Kraft, die ihn geschaffen hat.«

»Wie du weißt«, fügte Wurtawurta in scherzhaftem Ton hinzu, »haben all unsere Berge, Flüsse und Täler Namen. Alles ist mit den Geistern und ihren Geschichten gleichzusetzen, aber dieser Ort ist wie du: neu und auf der Suche nach einem Namen.«

Beatrice konnte sich selbst in ihren kühnsten Phantasien nicht vorstellen, daß sie ihm so nahe gewesen waren, als sie ihre Entscheidung getroffen hatte, denn er erschien ihr überaus passend dafür.

Bei Sonnenuntergang zog sich ein purpurfarbenes

Band über den Himmel, und jeder in der Gruppe fand, daß es eine wunderschöne Farbe für die Nacht von Beatrices Feier sei. Das Feuer verbreitete einen süßen Duft durch hineingestreute Baumrinde, die man für solche Gelegenheiten bei sich trug. Karaween reichte Salzgras zu den Fleischportionen, die sie verteilte. Apalie hatte einen Kräutertrank bereitet, indem sie ein würziges Blatt in eine Blase mit Wasser getan und diese den ganzen Tag in der Sonne gedreht hatte.

Nach dem Mahl erzählten alle nacheinander eine Geschichte. Später sangen und tanzten sie zum Rhythmus gegeneinandergeschlagener Stöcke und erzählten von anderen Namensgebungen. Karaween und Apalie führten Beatrice zu dem seichten Bach, bestrichen ihren Körper mit Wasser und sagten zu ihr, so würden ihr altes Leben und ihr gegenwärtiger Name abgewaschen. Am nächsten Morgen würde sie als neuer Mensch mit einem neuen Namen aufwachen.

Als sie zur Feuerstelle zurückkamen, wurden kleine Federn in angedicktes Tierblut getaucht und dann eine nach der anderen auf ihre Stirn geklebt. Als der Kopfschmuck fertig war, sah er aus wie eine weiche, flauschige Tiara, und Beatrice fühlte sich so prächtig wie das Mitglied eines Königshauses. Dann setzten sich alle rund um das Feuer und warteten darauf, daß Beatrice jemandem ihren neugewählten Namen ins Ohr flüsterte. Wer immer dazu ausersehen werden sollte, ihn zu verkünden, würde das auf künstlerische Weise tun. Er würde sofort ein Lied, ein Gedicht oder ein Schauspiel erfinden, um allen anderen die Information weiterzugeben. Niemand wußte, wer aufgerufen werden würde, und es hatte auch keiner von ihnen Zeit gehabt, sich vorzubereiten. So sollten die kreativen Säfte in jedem Menschen für sein ganzes Leben in Fluß gehalten werden.

Beatrice stand auf und ging um die vier Frauen und

zwei Männer herum. Sie hielt inne und tat so, als wolle sie zu Wurtawurta sprechen, aber dann richtete sie sich wieder auf und ging weiter. Alle lachten. Beatrice war für die Familie eine wahre Freude. Sie sorgte dafür, daß alle ihren Spaß hatten und sie selbst auch. Wie ein Kind ging sie von einem zum anderen, und dann, ehe noch jemand es richtig gemerkt hatte, hielt sie an und flüsterte Mitamit etwas ins Ohr. Er war ganz verblüfft. Nicht im Traum hätte er daran gedacht, daß sie das tun würde. Sie waren Freunde, aber da er ein unverheirateter Mann und sie eine unverheiratete Frau war, gingen sie immer zurückhaltend miteinander um. Er hatte nicht das Verlangen, sich eine Frau zu nehmen.

Er stand auf und sagte ein Gedicht auf:

> *Der Reiher hat einen langen Hals,*
> *Der Pinguin winzige Füße,*
> *Der Kookaburra eine kräftige Stimme,*
> *Doch der Adler ist unser Lieblingsfestmahl.*
> *Was haben sie alle gemeinsam?*
> *Das sind Eier in einem Nest.*
> *Und wenn ihr einen Teil wählen solltet,*
> *Welcher Name würde am besten zu ihr passen?*
> *Sie hat die weiße, durchsichtige Welt verlassen,*
> *Sie ist keine schützende, harte Schale.*
> *Ich stelle Minendie vor, das Eigelb.*
> *Ja, das paßt gut zu dir.*

Danach würde sie niemand mehr Beatrice nennen. Alle waren erfreut über Mitamits Gedicht. Als er Minendie bat, ihre Entscheidung zu erklären, antwortete sie: »Ich glaube, du hast mir ins Herz geschaut.« Dann wandte sie sich an die anderen und sagte: »Er hat euch genau gesagt, wie ich mich fühle. Es ist, als ginge ich von euren Armen umgeben, die mir den Weg weisen und mir erlauben, zu wachsen und mich zu verändern und zu entwickeln. Ich fühle mich genährt und geschützt. Ich fühle auch, daß ich nicht weiß, woher dieses Eigelb kam, und ich habe keine Ahnung, was am Ende auftauchen wird. Ihr seid wie die Mutter, die ich nie gekannt habe; ihr wärmt dieses Nest jeden Tag und akzeptiert bedingungslos das, was aus dem Ei schlüpft. Ich habe nie ein so wunderbares Gefühl gekannt, und ich werde immer dankbar für eure Freundschaft sein.«

Die Feier wurde mit weiteren Liedern und Tänzen fortgesetzt, bis sie schließlich alle erschöpft waren und einer nach dem anderen in den Schlaf fiel.

Minendie schaute zum Himmel auf und ließ alles los, was Beatrice gewesen war. Sie hatte ihren Frieden geschlossen mit Pater Felix, Pater Paul, Schwester Agatha und den anderen. Morgen würde ein neuer Tag beginnen, und sie wäre neu geboren.

36

An manchen Tagen unterhielten sie sich, während sie
gingen. An anderen Tagen schwiegen sie. Doch jeden
Abend gab es eine Zeit der Gemeinsamkeit, gewöhnlich
mit Musik und Liedern. Die Gruppe trug dazu spezielle
Stöcke mit sich, mit denen der Rhythmus geschlagen
wurde. Es waren zwei getrocknete poröse Holzstäbe von
etwa zwanzig Zentimetern Länge mit abgerundeten Enden. Beide Stäbe waren mit einem Muster verziert, das in
das Holz eingebrannt war. Jeden Abend wurden die
Stäbe von jemand anderem benutzt, der sie zusammen-
schlug und einen Rhythmus vorgab. Manchmal wurden
auch andere herumliegende Holzstücke verwendet, oder
zwei Steine oder das Klatschen der Hände auf die Ober-
schenkel begleiteten den erwünschten Klang. Ein Instru-
ment, das in Australien seit Tausenden von Jahren benutzt wird, heißt Didjeridoo.

Mitamit fand einen abgestorbenen Baum, den weiße
Ameisen ausgehöhlt hatten. Er nahm einen geraden Ast
von ungefähr ein Meter dreißig Länge, blies Sand hin-
durch und reinigte so das Innere. Dann benutzte er
Steine, Sand und anderes Holz, um die Oberfläche an
dem Ende zu glätten, auf das er seine Lippen legte. Verschieden strukturiertes Holz unterschiedlicher Bäume
ergab höhere und tiefere Töne, aber Mitamit beherrschte
sie alle. Er konnte mit dem Blasinstrument sogar Vogel-
und andere Tierlaute nachahmen. Wenn die Gruppe sich
in der Nähe eines Ortes befand, wo Wassergras wuchs,

erzeugten sie ganz einzigartige Töne, indem sie darauf bliesen. Sie banden auch hohle Schilfstengel unterschiedlicher Länge zusammen und schufen so eine Art Mundharmonika.

»Jeder ist musikalisch«, sagten sie. »Musik ist ein Teil unserer irdischen Aufgabe. Wenn du nicht singst, weil du meinst, du könntest nicht singen, macht das den Sänger in dir nicht kleiner. Du ehrst einfach dein Talent nicht.« Sie sangen von historischen Ereignissen. Sie sangen von der Erschaffung der Welt durch das Träumen, und jeden Abend komponierten sie mindestens ein neues Lied. Gewisse Lieder waren mit Tanzschritten verbunden, bei denen sich die Frauen im Uhrzeigersinn oder auch umgekehrt im Kreis bewegten oder eine Reihe bildeten. Ein andermal wurden sie ermutigt, sich frei zu bewegen und individuell auszudrücken. »In vielen Stämmen tanzten Männer und Frauen niemals zusammen, aber das war vor langer Zeit, als wir noch nicht so wenige waren. Manchmal müssen weniger wichtige Dinge der Not gehorchend geändert werden«, erklärte Wurtawurta leise, und ihre dunklen Augen waren voller Erinnerung. Nach jedem Musizieren dankten sie den Bestandteilen der Natur, die sie benutzt hatten, und waren dankbar dafür, ihre Zeit auf so angenehme Weise verbracht zu haben. Dann zerlegten sie die Instrumente wieder und gaben sie der Erde zurück.

Eines Abends, als Minendie die Musik besonders bewegend fand, sagte Wurtawurta zu ihr: »Wenn ein menschliches Wesen allein auf einer Insel geboren würde und keinen anderen menschlichen Kontakt hätte, würde es zwei ganz spezifische Merkmale entwickeln, etwas, mit dem wir geboren werden, wie der Vogel mit dem Wissen zur Welt kommt, wie man ein Nest baut. Weißt du, welche Eigenschaften das wären?«

Minendie schüttelte den Kopf.

»Die Musik und der Humor. Ein einsamer Mensch würde lernen zu summen, zu singen und vielleicht sogar einen Weg finden, ganze Lieder zu entwickeln. Der einsame Mensch würde auch entdecken, wie es sich anfühlt, wenn seine eigene Stimme lacht. Ja, sowohl die Musik als auch das Lachen sind Medizin für den Körper und für die Seele.«

Minendie hatte darüber noch nie nachgedacht, aber in ihrem Fall war das sicher zutreffend; Lachen bewirkte immer, daß sie sich besser fühlte, und auf Musik reagierte sie so stark, daß sie Lust bekam zu laufen, zu tanzen oder zu weinen. Ich bin nicht allein auf einer Insel zurückgelassen worden, dachte sie, aber doch beinahe!

Die Route ihres Walkabouts war nicht rein zufällig gewählt worden. Sie kannten die Jahreszeiten, wußten, welche Pflanzen zu welcher Zeit Früchte tragen würden. Sie gingen hingebungsvoll den Pflichten nach, die sie auf sich genommen hatten, und hüteten das Land der anderen Stämme, die selbst dazu nicht mehr in der Lage waren.

Im Laufe der Jahre konnten sie auch die Veränderungen der Erde bemerken. Nach dem Regen blieben von den ausgetrockneten Pfützen Rückstände auf dem Gestein zurück. Jeden Sommer schien es heißer zu werden als im Sommer davor, und jeden Winter wurde es wärmer. Es war so heiß geworden, daß bestimmte Schlangen ihren früheren Lebensraum verlassen und sich einen neuen gesucht hatten. Die Fische, die sie fingen, hatten Geschwüre im Inneren, und später konnte man ihnen die Krankheit auch von außen ansehen.

Eines Tages zeigte Wurtawurta Googana an einem sumpfigen Teich mißgebildete Kaulquappen und kleine Frösche. Manche hatten nur ein Hinterbein, manche ein langes und ein kurzes, wieder andere hatten drei Hinter-

beine. Da beschloß die Gruppe, bei der nächsten Versammlung aller zwanzig »Wahren Menschen« über das
zu sprechen, was man beobachtete und was mit der Erde
geschah.

Die Versammlung sollte bald stattfinden.

37

Minendie fragte, ob das Leben der männlichen und weiblichen Gruppenmitglieder immer so angenehm und gleichberechtigt verlaufen sei. Es schien hier keine männliche Dominanz zu geben, aber sie wußte nicht, ob das einfach die Art von Googana und Mitamit wäre oder ob andere Gruppen von Aborigines, die zusammenlebten, sich ebenso verhielten. Bei den »Veränderten« galten die Männer entschieden als die überlegenen, und auch die schwarzen Männer hielten sich in der modernen Welt für intelligenter als schwarze Frauen.

»Wir haben Männerangelegenheiten und Frauenangelegenheiten«, sagte Wurtawurta zu ihr, als sie zusammen im Schatten der Bäume auf einem Felsabhang saßen. »Es ist nicht so, als seien die einen besser oder schlechter als die anderen; unsere Geister sind gleich, aber unsere Körper nicht. Frauen beteiligen sich nicht an Männerangelegenheiten und sprechen nicht darüber. Was jeweils genau stattfindet, wissen wir nicht. Bei der Kommunikation von Kopf zu Kopf und Herz zu Herz gibt es keine wirklichen Geheimnisse, aber was sie tun, kümmert uns nicht. Wie die Männer das mit den Unterschieden bei den Stammesbräuchen handhaben, seit alles auseinandergerissen wurde und sich kleinere Gruppen mit den Flüchtlingen gebildet haben, weiß ich nicht. Ich denke, die Männer haben es sich immer gewünscht, sie hätten eine engere Beziehung zur Schaffung neuen Lebens, und dieses unerfüllte Bedürfnis verbindet sie bei ihren sogenannten

Männerangelegenheiten. Das ist ihre Vorgehensweise, in einer vereinigten Gesellschaft eine Art Unterscheidung zu erfahren.

Die Frauen haben die Frauenangelegenheiten geschaffen, und damit kenne ich mich aus. Wir sind dafür verantwortlich, jungen Mädchen zu sagen, was mit ihrem Körper geschieht, wenn sie sich entwickeln, und ihnen beizubringen, damit umzugehen; sie lernen, wie wundervoll und besonders diese wenigen Tage jeden Monat für die Schaffung neuen Lebens sind. Das Gebären von Kindern ist eine Frauenangelegenheit. Männer sind nicht anwesend, wenn das Baby dazu gebracht wird, herauszukommen und den Ort zu sehen, den es zu besuchen beschlossen hat. Die Weisheit und Anleitung der Großmütter ist bei uns sehr wichtig. Bis eine Frau Großmutter und Urgroßmutter wird, weiß sie, was am besten ist, was nur kurz anhält und was lange dauert. Sie hat viele verschiedene Menschen gesehen und kann einzelnen und der Gemeinschaft helfen, einander besser zu verstehen.« Dann sagte Wurtawurta einen Vers auf:

Ein Säugling gehört zu seiner Mutter.
Ein Kind zur Gemeinschaft,
Ein Jugendlicher zu den Lehrern,
Eine Frau zu ihrem Mann,
Eine Mutter zu ihrer Familie,
Eine alte Frau zu ihrem ganzen Volk.

»Ein sehr wichtiger Teil der Frauenangelegenheiten ist die Rolle der Bewahrerin der Antworten. Ich werde Apalie bitten, es dir zu zeigen.«

Zwei Tage später verkündete Apalie, sie und Minendie würden woandershin gehen und über Frauenangelegenheiten sprechen. Sie würden am folgenden Tag zurückkommen. Als sie eine beträchtliche Strecke zurückgelegt und sich bequem in den Sand gesetzt hatten, zog Apalie einen kleinen Beutel heraus und sagte: »Jetzt bin ich die Bewahrerin der Antworten. Das ist etwas, was in andere Hände übergeht, wenn jemand den Wunsch empfindet, diese Gabe auszudrücken. Greif hinein.«

Minendie tat wie geheißen und zog ein rundes Stück Leder vom Format einer großen Münze heraus. Es war auf beiden Seiten geglättet, und beide Seiten waren mit verschiedenen eingebrannten Symbolen versehen.

»Es gibt zweiunddreißig Verbindungen. Hier, ich werde dir zeigen, wie es funktioniert. Steck das wieder in den Beutel zurück. Jetzt werde innerlich ruhig und stelle die Frage, zu der du eine Antwort haben möchtest. Ich werde innerlich auch ruhig sein. Wir legen beide unsere Hände über den Beutel. Wenn du deine Frage im Geist und im Herzen gestellt hast, zieh eine der Lederscheiben heraus.«

Beim zweiten Mal zog Minendie dasselbe Symbol, das sie auch beim ersten Mal ergriffen hatte.

»Das ist nicht ungewöhnlich«, meinte Apalie dazu. »Schließlich kennt die Welt deine Frage und die Antwort darauf bereits, bevor du auch nur daran denkst. Aber es gibt noch andere Antworten; nicht jedes Stück in dem Beutel trägt dasselbe Symbol.« Dabei drehte sie den Beutel um, und die anderen Ledermünzen fielen auf die Erde. »Das Symbol, das du gewählt hast, ist das Zeichen für Reife. Es bedeutet, daß jemand oder etwas auf seinem Höhepunkt angelangt ist. Es bedeutet, daß der Kampf, irgendwo anzukommen, vorüber ist und die Zeit reif dafür ist, den Zweck zu erfüllen. Wie paßt das zu deiner Frage?«

»Ich hatte danach gefragt, wie wir die anderen ›Wahren Menschen‹ finden und ob eine Versammlung wegen unserer Sorge um die Erde erfolgreich sein würde. Ich würde sagen, die Antwort bedeutet, daß ich mir keine

Sorgen über das Wann und Wo und Wer machen soll. Ich sollte nur wissen, daß das in den Händen der Göttlichen Einheit liegt und zur richtigen Zeit geschehen wird.«

»Das ist eine sehr gute Analyse dieses Symbols«, meinte Apalie, während sie die Ledermünzen im Sand zu Reihen ordnete. »Ich denke, eines Tages wirst du ein Interesse daran haben, die Bewahrerin zu sein.« Dann erklärte die Lehrerin der neuen Schülerin mehrere Stunden lang die Bedeutung der Symbole und brachte ihr bei, wie man das Wissen anwandte und wie man beschädigte Münzen reparierte oder ersetzte.

38

Minendie fragte Apalie, ob sie ihr, ehe sie zu den anderen zurückkehrten, ihre Geschichte erzählen wolle.

»Ich habe nun den Wechsel vom Sommer zum Winter vierzigmal gesehen«, begann Apalie. »Obwohl ich jetzt seit acht Jahren bei unserer Gruppe bin, denke ich noch immer oft an meine ursprüngliche Familie und das Leben vor dem letzten gemeinsamen Tag. Ich wurde in einem Reservat geboren. Als ich acht Jahre alt war, verließen wir unsere ursprüngliche Zufluchtsstätte und zogen in neugebaute Unterkünfte aus Wellblech. Die bestanden aus einer langen Wand mit regelmäßig angeordneten Zwischenwänden und je einer Tür. Innerhalb jeder quadratisch angelegten Familienwohnung gab es ein kleines offenes Fenster. Wahrscheinlich war es einmal dazu gedacht gewesen, verglast zu werden, aber das geschah niemals. Der Raum enthielt ein Bett, einen Tisch und Stühle und einige wenige Möbelstücke, meist eine Kommode für die Kleidung und einen Geschirrschrank. In der Mitte des Raums hing an einem langen Kabel eine einzige Glühbirne. Manchmal schlossen wir ein Radio an die Steckdose an. Die Möbel behielten wir nie lange. Mein Vater verkaufte sie entweder, oder er verspielte sie oder zertrümmerte sie bei einem seiner Wutanfälle. Meine Mutter konnte auch gut Sachen hinunterwerfen und zerbrechen.

Meine Großeltern sollten auch in dem Raum leben, aber das taten sie nie. Sie wohnten weiterhin auf von der

Regierung zugewiesenem Land, wo sich ältere Leute sammelten, die kein Englisch sprachen. Sie bauten sich selbst ihre Hütten zwischen Bäumen und Büschen, manchmal unter Verwendung von Kartons, Leinwand und Holzkisten. Die älteren Leute gewöhnten sich nie wirklich an die fremde Lebensweise. Mein Großvater bedeckte seine Genitalien, trug aber niemals irgendein genähtes Kleidungsstück. Und Großmutter trug Röcke und band sich Stoff um die Brüste.

Großvater war ein trauriger Mann, der nie lächelte. Er verbrachte seine Tage damit, durch die Wälder zu streifen oder im Schatten unter einem Baum zu sitzen. Er sprach selten, außer um Großmutter zu danken, wenn sie ihm eine Schale Essen oder eine Blechtasse mit Tee reichte. Oft bereitete er sich selbst seine Mahlzeiten aus Nahrungsmitteln, die er bei seinen Spaziergängen fand.

Gewöhnlich gingen die Männer mittwochs los, um die Nahrungs- und Tabakvorräte abzuholen, die wöchentlich ausgegeben wurden, aber in unserer Familie war es anders. Da übernahmen Großmutter und meine Mutter diese Aufgabe. Als ich etwa vier war, ging Mutter zum ersten Mal auf den Lastwagen eines fremden Weißen. Vier Jahre später, als wir in dem Raum wohnten, hatte Mutter sich völlig verändert. Ich erinnere mich noch, wie meine Mutter und mein Vater sich das erste Mal stritten. Er hatte sie am Arm gepackt und zog sie buchstäblich weg, während ich zuschaute. Ich folgte ihnen in einiger Entfernung und sah, daß sie einen weißen Mann trafen, der dann seinerseits meine Mutter packte und hinten in seinen alten roten Lieferwagen zwang. Mein Vater stampfte auf den Boden, als er fortging. Dann sah er mich und sagte, ich solle weggehen. Dabei faltete er eine Dollarnote zusammen und steckte sie in seine Hosentasche.

Danach kam es häufig vor, daß mein Vater für die Dienste seiner Frau einen Dollar kassierte. Mutter war eine hübsche Frau, die mit mir spielte und kleine Spielsachen bastelte, aber das hörte auf, als Vater anfing, sie mit Männern gehen zu lassen, die sie nicht mochte. Danach war es Großmutter, die sich um mich kümmerte, mich unterrichtete und versuchte, der Welt für mich einen Sinn zu geben, wenn ich Fragen stellte.

Großmutter erzählte davon, wie es war, in der Natur aufzuwachsen. Sie sprach von den wunderbaren Wäldern voll bunter Vögel, dem Meeresufer, von schönen Wasserfällen und tiefblauen Lagunen. Sie sprach von Grasebenen voller Känguruhs und dem richtigen Zeitpunkt, zu dem ihr Volk ein totes Gelände anzündete, damit die folgende Regenzeit neue grüne Sprossen und neues Leben brächte. Sie beschrieb die weite, offene Wüste, ihre Schönheit und ihren Frieden.

Als ich zwölf war, wurde unsere Gemeinde von einer Krankheit heimgesucht, an der auch meine Eltern starben. Danach blieb ich bei meinen Großeltern und wurde Pflegerin all der älteren Leute und wohnte nicht mehr in der Wellblechunterkunft. Großvater starb, als ich sechzehn, und Großmutter, als ich achtzehn war.

Danach ging ich einfach fort. Ich zog jahrelang von einem Ort zum anderen. Ich hatte nie Interesse daran, zu heiraten oder Kinder zu haben. Ich sah nie irgendeinen Sinn in der Welt, bis ich eines Tages einen Stammesläufer traf, der vorübergehend in die Stadt gekommen war. Als er in die Wüste zurückkehrte, ging ich mit ihm. Das war vor acht Jahren.

Ich wählte den Namen Apalie, was Wasserperson bedeutet, weil eine alte Frau, die nicht mehr bei uns ist, mir die Kunst beigebracht hat, Wasser in der Luft zu riechen, Wasser unter der Erde zu hören, mit meinem Körper nach Wasser zu suchen. Ihre tiefe Verehrung des Wassers und ihre Achtung vor dieser lebenserhaltenden Flüssigkeit inspirierten mich. Wasser stellt keine Fragen, es akzeptiert jedes Gefäß, in das es zufällig hineingerät, und paßt sich dessen Form an. Wasser kann heiß oder kalt, Dampf oder Regen sein. Es nährt Pflanzen, Tiere, Fische und Menschen. Es achtet jedes Leben und verschenkt sich freigiebig. Wasser ist schwach, aber ein steter Tropfen kann einen Stein aushöhlen. Der Mensch kann es schlammig werden lassen, aber wenn man es nicht stört, klärt es sich wieder. Ich bin stolz, mit dem Wasser verbunden zu sein.«

Jeder hat eine Geschichte zu erzählen, dachte Minendie. Wenn die Welt nur rücksichtsvoll genug wäre, dem anderen zuzuhören.

39

Die Aborigines wanderten häufig in völligem Schweigen, weil sie auf die alte Art miteinander sprachen: telepathisch, nicht mit der Stimme. »Wie macht man das?« fragte Minendie die Gefährtin, die neben ihr ging. »Kann ich es auch lernen?«

»Natürlich«, antwortete Benala. »Der einzige Grund, warum die Welt der ›Veränderten‹ es nicht tut, ist die Angst, die diese Fähigkeit blockiert. ›Veränderte‹ behalten Geheimnisse für sich und sagen nicht immer die Wahrheit. Sie haben Angst, daß jemand durch ihren Kopf und ihr Herz geht und herausfindet, was tief darin verborgen ist. Sie sagen sich, so etwas sei nicht möglich, und wäre es doch möglich, wäre es unerwünscht, sogar böse, weil die Begegnung mit dem Übernatürlichen für viele ›Veränderte‹ erschreckend ist. Sie glauben, dies ginge über normale menschliche Fähigkeiten hinaus. Aber das stimmt nicht. Es erfordert nur Übung und Konzentration.«

Als das Lagerfeuer an diesem Abend entzündet war, brachte Benala Minendie bei, wie sie in eine Flamme schauen und sich so stark konzentrieren könnte, daß in ihrem Kopf kein innerer Dialog stattfände und sie nichts von dem hörte oder sähe, was um sie herum geschah. Sie versetzte sich selbst in einen Trancezustand. Dann konzentrierte die ganze Gruppe sich darauf, ihr telepathisch die Farbe Rot zuzusenden. Man sagte ihr, wenn sie fünf Farben richtig empfangen könne, werde auch sie selbst senden können. An diesem ersten Abend hatte sie Schwierigkeiten damit. Als sie versuchte, ihre mögliche Blockierung zu analysieren, gestand sie sich ein, daß sie sich insgeheim noch immer nicht mit dem Thema der Nacktheit befassen wollte.

»Du mußt erkennen«, sagte Wurtawurta in der sanften Art der alten Frauen zu ihr, »daß es kein Richtig oder Falsch gibt. Es wird keinen Applaus für eine richtige Antwort und kein Stirnrunzeln geben, weil du anders fühlst als die meisten von uns. Die Welt ist nicht schwarz oder weiß. Sie ist alle Farben dazwischen. Was für dich vielleicht so abstoßend wäre, daß du bei dem bloßen Gedanken daran krank würdest, kann von anderen für heilig gehalten werden, sogar von dir selbst in einer anderen Zeit, an einem anderen Ort, in einer anderen Situation. Aufrichtigkeit ist die Antwort. Sei einfach ehrlich zu dir selbst. Erkenne an, wie du über Dinge fühlst. Beobachte dich selbst. Es ist vollkommen in Ordnung, sich unbehaglich zu fühlen, nur leugne oder verberge deine Gefühle nicht. Daraus lernen wir, daß die Menschen verschieden sein können und jeder recht hat, was seinen eigenen Weg betrifft. Wenn du deine eigenen Gefühle nicht ehren kannst, kannst du auch die anderer nicht ehren. Es ist das Gesetz des Universums, daß niemand in deinen Kopf hineingelangen und deine Gedanken lesen kann, wenn du es ihm nicht erlaubst. Es ist eine Kunst der Offenheit.«

Nachdem Minendie das begriffen hatte, verliefen die Lektionen viel glatter. Sie begannen, indem man ihr beibrachte, auf mentalem Weg Farben zu empfangen und zu senden. Sie stellte sich die Farbe Rot – die Beschaffenheit, das Gefühl, den Geruch – mit allen ihren Sinnen vor. Dann ging man zu Formen über. Sie lernte, mit Kreisen, Quadraten, Dreiecken umzugehen. Das Material wurde immer komplexer, bunte Kugeln kamen hinzu, bis sie abstrakte Gedanken senden und empfangen konnte. Telepathie war nicht wie eine Stimme, die sie in ihrem Kopf hörte, waren nicht Worte, die in ihr Gehirn geschrieben wurden, sondern eine andere Art von Wissen. Tägliche Übungen machten die Sache leichter. Schließlich brauchte Minendie sich nicht mehr durch Starren in einen Trancezustand zu versetzen, um lautlose Gespräche zu führen. Sie begann auch eine Sensibilität für starke gemeinsame Gedankenübertragung über weite Entfernungen zu entwickeln. Wenn die anderen in eine Richtung wiesen und sagten, sie fühlten großen Schmerz und schweres Leid oder große Freude, dann begann auch sie die subtile Energie zu spüren, die von dort übertragen wurde.

Minendie erkannte den Vorteil der Telepathie darin, daß diese Menschen wie sie selbst dazu zwang, verdrängte Gedanken loszuwerden und alles offenzulegen. Ich fühle mich gut, wenn ich weiß, wo ich stehe; wo ich selbst mich hingestellt habe, sagte sie zu sich selbst.

Die Erde war warm, aber es wehte noch eine sanfte Brise.

»Wann werden wir die anderen finden?« fragte Minendie, während sie ihr langes Haar oben auf dem Kopf zusammenfaßte und zu binden versuchte.

»Sehr bald«, antwortete Apalie und legte einen Finger auf die Schlaufe, so daß Minendie den Knoten zuziehen konnte.

»Früher einmal hat mir jemand gesagt, unser Volk könne sich unsichtbar machen. ›Veränderte‹, die kommen, um uns zu retten, zu zivilisieren und von uns selbst zu erlösen, könnten uns nicht sehen. Vor Jahren hat man mir erzählt, daß unsere Vorfahren früher Illusionen erzeugen und verschwinden konnten. Ist es das, was damit gemeint war?«

»Ja«, antwortete Apalie und beobachtete Minendies Kopf. Bei jedem Schritt wackelte der Haarknoten hin und her wie ein Hahnenkamm.

»Wie wird das gemacht?« fragte Minendie. »Kann ich es auch lernen?«

»Das ist kein Trick. Es ist eine grundlegende Lebensweise, die sich bis zum Verschwinden verflüchtigt hat, und zwar wegen der Denkgewohnheiten von Kriegern und Angreifern. Wenn jemand kam, um dir zu schaden – jemand mit einem Gewehr –, und du warst einer der ›Wahren Menschen‹, was konntest du tun? Du hattest keine Waffe. Und hättest du eine gehabt, hättest du sie nicht benutzt. Du hattest die Verteilung deiner Energie unter Kontrolle und wußtest, daß du nicht sterben konntest. Du warst ewig. Also hattest du nicht einmal ein Gefühl von Angst. Du hast diesen Menschen, der da mit einem Gewehr auf dich zielte, nicht verurteilt. Du hast erkannt, daß er sich damit selbst zum Ausdruck brachte, und zwar auf der höchsten Ebene, die ihm zugänglich war. Für ihn war das richtig. Er machte keinen Fehler. Für ihn war das zu diesem Zeitpunkt der richtige Ort. Du hast beobachtet, was vor sich ging, dich aber geweigert, das zu nähren, was für dich unangenehm roch und schmeckte. Also hast du deine Energie kanalisiert und gefühlt, was du für alles Leben für richtig hieltest.

Wann immer möglich, ist Stehen die beste Haltung, die Füße leicht auseinander, die Hände an den Seiten, die offenen Handflächen dem Herausforderer zugewandt. Dann hast du dir funkelndes Licht vorgestellt, die Geistenergie, die aus der Erde durch deine Füße und Beine aufsteigt und deinen ganzen Körper füllt. Jede Zelle war erfüllt von dieser Vollkommenheit. Du hast diese Schönheit ausgesandt und sie auf den Gewehrträger abgestrahlt. Du hast keinen Muskel bewegt, aber trotzdem diese Person umarmt und umfaßt, die dir nach dem Leben trachtete. Du hast ihr absolute Akzeptanz, Achtung, Verständnis und Liebe gesandt. Du hast schweigend – von Kopf zu Kopf und Herz zu Herz – zu diesem Menschen gesprochen. Es war wichtig, daß du diesem Mann schweigend erklärtest, daß er keinen Fehler machte. Daß er nie einen Fehler gemacht hätte. Niemand kann einen Fehler machen. Wir reisen von derselben Quelle zu derselben Quelle zurück und haben alle die gleiche Gabe bekommen. In jedem Kreis ist immer ein letzter Teil der Linie zu schließen, und so ist es auch mit uns. Auch er war ein Teil der Vollkommenheit, und für ihn war es richtig, dieses Handeln zu wählen. Das bedeutet nicht, daß du darin einwilligst oder es billigst, aber du verurteilst ihn nicht. Du liebst die Person, nicht ihr Handeln.

Wenn du diesen Menschen bedingungslos akzeptieren und lieben kannst, ungeachtet der Umstände, dann wird seine tiefste Bewußtseinsebene geweckt. Es besteht ein Konflikt zwischen seinem Geistbewußtsein, das weiß, wer er in Wahrheit ist, und dem begrenzten irdischen Bewußtsein, das glaubt, es sei fähig zu morden.

Die Menschen fürchten sich vor möglichen Situationen, vorhergesehenen zukünftigen Ereignissen, vor Dingen, die wiederkehren, vor allem Unerklärlichen; die Reinheit wahrer, bedingungsloser Akzeptanz erschreckt sie. Was am meisten gefürchtet wird, das manifestiert sich, etwa in einer tödlichen Schlange. Wenn der Betreffende kein Selbstwertgefühl hat und meint, er sei ein Niemand, seine Existenz bedeutete niemandem etwas, dann wird er nichts sehen.«

Die Illusion liegt im Auge des Betrachters. Der Schutz kommt daher, daß du dich niemals dafür entscheidest zu glauben, du brauchtest welchen.«

40

Die kleine Gruppe ging in Richtung Nordküste zum Meer. Dies war die beste Gegend für zwanzig nicht gesetzestreue Aborigines, um sich hier für ein paar Tage zu treffen, ohne entdeckt zu werden. Der letzte Stammesläufer in die städtische Welt hatte von den neuesten Regelungen berichtet, die von allen Aborigines unter Strafandrohung befolgt werden mußten. Die Gruppe hatte nicht die Absicht, sich an irgendwelche der offiziellen Regierungsgesetze zu halten. Sie unterstand einem höheren Gerichtshof und höheren Gesetzen.

Die Gegend, in der sie sich treffen sollten, war kein offenes Gelände, sondern eine sumpfige Landschaft, wo hohe Bäume und dichtes Buschwerk wuchsen. Erdboden, über den man gehen konnte, gab es kaum. Statt dessen mußten sie, wenn sie sich fortbewegten, über dicke Baumwurzeln klettern, die sich jeweils drei bis fünf Meter um riesige Baumstämme herum erstreckten. Das Wasser des Sumpfes war mindestens taillentief, und an den Hauptzuflüssen, wo Salzwasserkrokodile und Wasserschlangen hausten, noch tiefer. Es war eine sichere Zuflucht vor den zweibeinigen Menschenjägern. Von Flugzeugen aus konnten sie nicht gesehen werden, und Motorboote, die in den Kanälen Patrouille fuhren, waren schon von weitem zu hören. Auch gab es in der Gegend reichlich Nahrung. Sie würden Fische, Frösche, Eier, Schildkröten, Schlangen, Blutegel und zahlreiche Pflanzen zur Verfügung haben.

Alle zwanzig »Wahren Menschen« würden dort sein. Minendie freute sich darauf, die anderen dreizehn kennenzulernen. Sie wanderten in drei getrennten Gruppen, zwei mit je vier Mitgliedern und eine mit fünf. Diese drei Gemeinschaften und ihre eigene trafen sich viermal im Jahr.

Als sie dem Sumpf näher kamen, wurde die Vegetation dichter, bis sie eine Art Dschungel betraten. Dort war es ständig schattig und daher kühl und feucht. Moos in verschiedenen Grüntönen schien überall zu wachsen. Der Boden unter Minendies Füßen fühlte sich klebrig und feucht an. Es war kein Ort, an dem sie lange hätte bleiben wollen. Schon vermißte sie den hellen Sonnenschein.

Sie hörten die Stimmen, ehe sie die Menschen sahen. Stimmen, auch wenn sie nur flüsterten, hallten in den höhlenartigen Räumen unter den Bäumen wider. Die Gruppe verwendete keine Telepathie. Die Erfahrung hatte sie gelehrt, daß es verwirrend war, wenn so viele Menschen gleichzeitig miteinander kommunizierten.

Minendie, die den Prozeß der Namenswahl erst kürzlich hinter sich gebracht hatte, interessierte sich sehr dafür, wie die anderen dreizehn sich genannt hatten und weshalb. Sie beschloß, jeden einzelnen danach zu fragen, wenn er oder sie bekannt gemacht würde. So konnte sie jeden Namen mit einem Gesicht verbinden und sich besser daran erinnern. Schließlich, sagte sie im Scherz zu sich selbst, bin ich daran gewöhnt, mir Dinge aufzuschreiben.

Ihre Gruppe näherte sich zwei Frauen, die mit einem Lächeln die Neuankömmlinge umarmten. Minendie stellte sich vor. Eine der Frauen, die Schmucknarben auf den Schultern hatte, sagte, sie heiße Zeithüterin. Als Minendie sie zu erklären bat, weshalb sie den Namen gewählt habe, sagte sie: »Nun, er stellt eine Verantwortung dar. Seit mehreren hundert Jahren haben wir immer jemanden, der dafür verantwortlich ist, jedes Jahr an alle bedeutungsvollen Ereignisse zu erinnern, etwa Geburten, Todesfälle, den ersten Anblick eines Flugzeugs und so weiter. Zusammen mit einer anderen Person, die die Geschehnisse mittels Malerei aufzeichnet, arbeite ich an einem Wandgemälde über unsere Geschichte. Dieses Wandgemälde befindet sich in einer Höhle. Die Verantwortung für das Hüten der Zeit ist etwas, das von einer Person zur nächsten weitergegeben wird. Seit ich den Namen trage, ist er für mich noch auf eine andere Weise bedeutsam geworden. Es gibt drei Arten, über die Zeit zu sprechen. Da ist die Vergangenheit, das Gestern, das hinter uns liegt. Die Zukunft, das Morgen, erstreckt sich vor uns wie eine gerade Linie. Dann gibt es da noch den Kreis der Zeit. Wir kommen aus der Ewigkeit und kehren dorthin zurück. Für mich persönlich stellt sich die Zeit in unserer Kunst nur in einem Punkt dar. Du kannst die Vergangenheit nicht ändern. Eine Zukunft ist dir nicht garantiert. Also ist unsere Kunst voll mit Punkten: Jeder steht für die Zeit. Die einzige Zeit, die zählt, ist das Jetzt, jeder Augenblick, jeder Punkt. Wenn wir jeden Tag so leben, daß wir unsere besten Fähigkeiten verwirklichen und alles mit höchster Integrität tun, dann werden wir auf dieser Reise als Menschen erfolgreich sein.« Sie schien wirklich erfreut, daß Minendie so interessiert daran war, sich nach ihrem Namen zu erkundigen, und schloß ihre Rede mit dem Zusatz: »Willkommen bei unserem Stamm.«

Die andere Frau hieß »Eine, die mit den Ahnen spricht«. Ihr Gesicht war lang und schmal und hatte einen ernsten Ausdruck, als sie erklärte: »Ich habe diesen Namen gewählt, weil ich mir nicht klar darüber war, was ich in bezug auf Leben und Tod fühlte. Für mich war es schwer, positiv zu bleiben, als unserem Volk soviel zustieß. Ich wollte lernen, wie man mit der Geisteswelt kommuniziert, wenn es sie gibt. Ich glaube, ich habe gefragt, ob es wirklich Anleitung für denjenigen gebe, der darum bittet. Angefangen habe ich mit den Namen ›Interessiert daran, mit den Ahnen zu sprechen‹, aber jetzt kann ich sagen, daß ich es wirklich tue. Jeder von uns erhält Anleitung, wenn er darauf achtet. Es fällt mir schwer, mir ein Leben vorzustellen, in dem ich nicht mit der unsichtbaren Welt und den Ungeborenen sprechen könnte. Das hat mir nämlich geholfen, mir eine positive Einstellung zu bewahren.«

Eine Dreiergruppe, zwei Männer und eine Frau, kam auf Minendie zu. Sie stellte sich noch einmal vor und wiederholte die ungewöhnliche Bitte, eine Erklärung für den Namen eines jeden zu hören.

Der erste Mann war klein und gedrungen und schien sehr glücklich zu sein. Er sagte: »Ich bin der Brustplattenmacher. Das ist die Tätigkeit, die mir Freude bereitet. Hast du schon mal eine gesehen? Sie werden nur als Schmuck getragen, nicht zum Schutz beim Kampf. Ich mache sie schon seit Jahren. Bei der Herstellung verwende ich fast alles: Pelz, Gras, Haare, Steine, Knochen, Holz, Federn, Zähne, Krallen, Schlangen. Als ich damit anfing, war es eine Männerangelegenheit. Es gab auch eine Frau, die Brustplatten für Frauen herstellte, und das war eine Frauenangelegenheit, aber inzwischen gibt es nur noch so wenige von uns, daß ich irgendwann aufgefordert wurde, das erste Stück für eine Frau herzustellen. Jetzt mache ich Brustplatten für beide Geschlechter. Wenn du noch nie eine gesehen hast, weißt du nicht, wie man sie benutzt. Wir verwenden sie, um unserem Selbst damit Ausdruck zu verleihen. Manchmal symbolisieren sie das Gefühl, daß wir Schutz brauchen, daß wir verwundbare Menschen sind. Wir brauchen einen Schutzschild vor den traurigen Erzählungen, die aus der Stadt kommen. Dieser Schutzschild kann ein Herz darstellen, das nicht bereit ist, preisgegeben zu werden. Ich habe Freude daran, diese Dinge herzustellen.«

Der nächste Mann nannte sich »Der mit dem Wasserbüffel verwandt ist«. Er war zweifellos der größte Mann des Stammes. »Ich mag meinen Namen gern, weil das Tier eigentlich nicht nach Australien gehört. Es ist nicht hier geboren, weißt du. Es wurde von Bootsmenschen hierhergebracht. Es hat enorme Kraft und Ausdauer und hat gelernt, sich anzupassen und zu überleben, als es aus der Gefangenschaft entkommen war. In meinen Augen ist unsere Situation genau das Gegenteil. Wir gehören hierher, aber wir werden entwurzelt, und so ist vielleicht eine robuste, rohe Kraft erforderlich, um zu überleben.«

Die nächste Stammesangehörige hatte weiße Strähnen, die in ihrem ansonsten dunklen Haar wie gemalt aussahen. Sie war übersprudelnd und geradezu enthusiastisch, als sie sagte: »Ich habe mich ›Drei Wesen im Inneren‹ genannt. Ich habe nämlich, als ich älter wurde, gemerkt, daß ich die Welt manchmal noch immer mit den Augen eines Kindes ansah. Ein andermal sah und fühlte ich wie eine Frau, und ich versuche jeden Tag, immer mehr wie eine weise ältere Frau in die Welt zu blicken. Ich möchte keine der drei Sichtweisen aufgeben. Ich will gern eine verantwortungsvolle Erwachsene sein, und ich bin stolz auf manche weise Entscheidung, aber es macht mir noch immer Spaß, wie ein Kind zu lachen. Meine Neugier auf die Welt ringsum hat nicht nachgelassen. Ich denke, mein Name vermittelt ›Akzeptiert mich, wie ich bin, ich werde nicht erwachsen‹.«

Der nächste war ein Mann Mitte Vierzig, groß gewachsen und dünn. Er hieß »Geteilter Pfad«. »Als ich diesen Namen gewählt habe, dachte ich, er gelte nur für eine kurze Zeit. Ich war unsicher, welches Talent ich weiterentwickeln sollte. Ich war unsicher, ob ich heiraten sollte. Ich wußte nicht, ob wir es als Gruppe schafften, all die

Verantwortung als Hüter so vieler verlassener Staaten zu tragen. Meine Namensfeier liegt Jahre zurück.« Lachend fügte er hinzu: »Und ich heiße immer noch ›Geteilter Pfad‹.«

Dann kam eine Frau auf Minendie zu und stellte sich vor: »Ich bin ›Sofortige Blüte‹. Und so heiße ich, weil ich sehe, daß die Natur eine magische Art hat, die Ordnung in der Welt zu bewahren. Die Nächte werden kalt, und so können kleine Samenkörner genug Kraft sammeln, um zu platzen, wenn die heiße Sonne scheint. Die Natur sieht die verwelkten Blütenblätter der Blumen, die verdorrten Äste der Bäume; sie bewegt die Luft, und sie entfernt von jeder Pflanze alles, was abgestorben ist, und sammelt die Überreste in einer Schlucht. Die alten Blätter werden zur Zuflucht für die winzigen schreckhaften Nagetiere und Eidechsen. Und wenn alles ganz, ganz still wird, kommen die Vögel vom Himmel herunter und verstecken sich regungslos, falten ihre Flügel zusammen. Die Luft wird drückend, der Himmel wird schwarz, und dann ist es Zeit, sich auf das große Schauspiel der Natur vorzubereiten. Ich sehe einen Lichtblitz mit Spinnenbeinen, die in entgegengesetzte Richtungen laufen. Oft läuft ein Bein zur Erde nieder. So schnell, wie das Licht gekommen ist, wird es von der Schwärze wieder aufgesogen, und es folgt ein Augenblick der Stille, bevor der laute Stockschlag ertönt. Manchmal ist er so laut, daß es sich anhört, als würde die Erde in zwei Hälften zerbrochen. Der Boden dröhnt, und das Geräusch läuft über die Oberfläche des Sandes. Der Regen kommt in großen Tropfen. Wasserwände wandern über den Horizont und beugen alles nieder, was ihnen in den Weg kommt. Jede Vertiefung in der Erde oder im Felsen füllt sich mit Wasser. Es gibt so viel davon, daß das Wasser über den Boden rollt wie eine Meereswelle. Und beim ersten Lichtstrahl nach diesem himmlischen Wasser ist alles, so weit das Auge sehen kann, ein einziger Blumenteppich. Das inspiriert mich sehr, und ich habe mir dies zu Herzen genommen. Ich denke von unserem Stamm als von diesen kleinen schlafenden Samenkörnern, die mit der Umgebung verschmelzen und auf die keiner achtet, aber im richtigen Augenblick werden wir aufbrechen und in bunten Farben blühen. Ich habe immer das Gefühl gehabt, daß die kleinen Samenkörner eine gewisse Erwartung hegen müssen. Sie streben so sehr danach, fruchtbar zu bleiben, und haben doch keine Macht über die Elemente. Der Same ist vollkommen an seine Umgebung angepaßt, und das sind wir auch. Jedesmal wenn die Sonne aufgeht, ist mir nach Aufblühen zumute.« Minendie schloß die Frau sofort in ihr Herz.

Dann kam eine sehr ernste, ältere Frau mit weißen Haaren, und ihr Name war »Die durchs Wasser sieht«.

»Das ist ein interessanter Name«, sagte Minendie. »Bist du eine Schwimmerin? Suchst du unter Wasser bestimmte Dinge?«

»Nein«, antwortete die ältere Frau langsam. »Das Wasser, durch das ich sehe, sind Tränen. Ich fühle den Kummer und höre die Tränen der Menschen, wenn sie in weiter Ferne auf die Erde fallen. Ich halte sie im Licht meiner Gedanken. Ich sende ihnen die Energie der Regenbogenschlange zu und sehe für sie, wenn sie selbst nicht sehen können. Täglich erinnere ich mich daran, daß ich nicht hier bin, um das Träumen zu verstehen, das sich entfaltet. Meine Rolle liegt in dem Wissen, daß Mutter Natur die Lösung finden wird, die für alles Leben die beste ist.«

Ein sehr dünner, sehr ernster junger Mann erklärte, sein Name sei »Weiße Eule«. »Es gibt viele verschiedene Eulen, aber die weiße ist sehr selten geworden. Die Eule ist gewöhnlich still, ein Merkmal, das ich verstehe. Meistens sage ich die Dinge ein paarmal im Kopf, bevor ich sie laut ausspreche. Vielleicht fehlt es mir an Selbstvertrauen, mich auszudrücken. Vielleicht liegt es daran, daß ich nicht immer tolerant gegenüber solchen Menschen bin, die die ganze Zeit reden und dabei nie etwas sagen.«

»Mein Name ist ›Schwester der Ameise‹«, sagte die Frau in den mittleren Jahren, die in der Nähe stand und eine Schnur mit Samenkörnern um den Fußknöchel trug. »Den habe ich gewählt, weil er unsere Gruppe immer daran erinnert, daß winzige Geschöpfe im Laufe der Zeit ungeheure Gebäude errichten können, die nicht destruktiv sind, sondern der Harmonie der Erde entsprechen. Es gibt wenige von uns ›Wahren Menschen‹, aber wir sind geduldig, haben Ausdauer und sind bereit, unseren Teil dazu beizutragen, unser Land zu retten und unsere Kultur zu erhalten.«

Ein sehr würdevoller und stattlicher Mann von etwa sechzig Jahren sprach als nächster. »Ich bin ›Einer, der aus der Ferne gerufen wird‹. Eine Zeitlang habe ich viel Groll darüber empfunden, als die europäischen Eindringlinge gekommen sind und unser Volk unterworfen haben, ohne daß wir uns gewehrt oder vereint dagegen gekämpft hätten. Heute habe ich das Gefühl, daß ich hierher kommen und bei dieser Gruppe leben sollte, um meine Rolle als Mensch zu verstehen. Diese Unterstützung hat mir das Leben gerettet. Und dafür versuche ich nun, die anderen zu beschützen und mir meiner Verantwortung als Verwalter meiner Energie bewußt zu sein. Ich bemühe mich, mein Bestes zu tun, um nicht negativ auf das Bewußtsein und das Träumen der Welt einzuwirken.«

Ein kleiner und ungewöhnlich zierlicher Mann stellte sich als nächster vor. »Mein Name ist ›Berichterstatter‹. Ich bin der Künstler, der mit der Hüterin der Zeit zusammenarbeitet, um unsere Geschichte auf der Wand der Höhle festzuhalten. Das ist eine Verantwortung, die von einem zum nächsten übergeht, wenn ein anderer den

Wunsch äußert, diese wichtige Rolle zu übernehmen. Ich male und zeichne gern, und so habe ich wirklich Freude an dem, was ich gegenwärtig bin.«

Das letzte Stammesmitglied, dem Minendie vorgestellt wurde, war der schönste Mann, den sie je erblickt hatte. Sein Lächeln entblößte zwei Reihen perfekt geformter weißer Zähne. Seine schwarzen Augen wirkten so freundlich und liebevoll, daß sie fast sein ganzes Gesicht einzunehmen schienen. Er sah stark aus, und seine Haut war glatt und makellos. Er verschlang Minendie geradezu mit Blicken, als er nickte und vortrat. »Mein Name ist ›Bumerangmacher‹. Willkommen bei unserem Stamm. Mein Name erklärt sich von selbst. Ich fühle eine tiefe Verbundenheit mit unseren Brüdern und Schwestern, der großen Familie der lebenspendenden Bäume. Es gibt so viele Arten, nicht zwei sind sich gleich, und ihre Geister sind so unterschiedlich wie ihre Standorte. Der Bumerang ist ein wunderbarer Helfer, wenn du mit dem inneren Geist des Baums umgehst. Es gibt viele verschiedene Formen von Bumerangs. Einige dienen dem Spiel, andere dem ursprünglichen Zweck, nämlich schmerzlos und unerwartet zu töten. Solange es auf dem Antlitz dieser Erde Aborigines gibt, wird auch jemand wie ich da sein und Bumerangmacher heißen.«

Die Gruppen mischten sich und unterhielten sich, und dann machten sie sich an die Arbeit, Nahrung zu suchen und zuzubereiten. Nach der Mahlzeit saß Minendie auf einer riesigen Baumwurzel und sah sich unter den Versammelten um. Sie freute sich, daß sie sich an jeden der dreizehn Namen erinnern konnte. Und sie hatte das Gefühl, jeden einzelnen zu kennen und zu jedem in kurzer Zeit eine Beziehung hergestellt zu haben.

41

Googana saß in einiger Entfernung von Minendie auf einem leicht erhöhten Baumstumpf, so daß alle ihn gut sehen konnten. Irgendwie hatte die Gruppe sich so verteilt, daß alle in seine Richtung blickten. Er schien sich zum Anführer der Versammlung entwickelt zu haben.

Weiße Eule saß Minendie gegenüber. Sie rechnete nicht damit, daß er viel sagen würde. Die durchs Wasser sieht saß neben ihm. Minendie fragte sich, ob die bevorstehende Diskussion die Tränen vermehren würde, die sie in ihrem Herzen trug. Sie lächelte Sofortige Blüte an und nickte dem Berichterstatter zu.

»Es ist gut, euch wiederzusehen«, sagte Googana und sah jeden einzelnen an. »Ich schlage vor, daß jeder in unserem Kreis nacheinander von den Veränderungen der Erde erzählt, die er beobachtet hat, und auch von all seinen sonstigen Sorgen berichtet.«

Einer nach dem anderen sprachen sie von den offensichtlichen und doch geheimnisvollen Dingen, die während der letzten Monate und Jahre geschehen waren. Es gab weniger Vögel, und sie hatten nicht mehr so dichte Federn. Es gab weniger Eier pro Nest, und die Schalen waren zerbrechlicher. Ganze Vogelarten waren verschwunden. Es gab weniger Pflanzen, weniger Blüten, und sie waren kleiner und von blasserer Farbe. Die Temperatur schwankte auf unvorhersehbare Weise. Im Sommer wurde es immer heißer, und die Winter waren weniger kalt. Eine ganze Schlangenart war verschwunden.

Ein Fisch, der früher so groß war, daß ihn zwei Männer hatten tragen müssen, war jetzt viel kleiner. Wurtawurta berichtete von den mißgebildeten Kaulquappen. Sie wußten nicht, was die Ursache für all die Veränderungen war. Die Tatsache, daß Känguruhs, Dingos und Koalas massenweise abgeschlachtet wurden, konnte man direkt mit der weißen Bevölkerung in Verbindung bringen. Das Ungleichgewicht in der Natur, das durch die Einführung fremder Tierrassen wie Schafe, Rinder, Kamele, Pferde, Wasserbüffel, Kaninchen, Katzen, Hunde, Kröten, Ratten und Insekten ausgelöst worden war, war ebenfalls eine direkte Folge anwesender Europäer im Land.

»Es gibt noch etwas zu bedenken«, warf Googana ein, »und zwar die neueste Liste von Regelungen, die jetzt für alle Aborigines Gesetz sind.« Und er begann damit, diese Gesetze vorzutragen.

Aborigines müssen:

ein Formular für die Volkszählung ausfüllen und sich zählen lassen;

sich in die Steuerliste eintragen;

jede Geburt melden;

jeden Todesfall melden;

alle Toten begraben, und zwar nur an den dafür zugelassenen Orten;

alle Kinder zur Schule schicken;

alle Kinder impfen lassen;

sich um Lizenzen bewerben, wenn sie Maschinen bedienen wollen.

»Wie gehen wir damit um, all das zu befolgen und nicht darüber zu urteilen?« fragte Der, der aus der Ferne gerufen wird.

»Das ist keine Frage des Wie«, antwortete Googana. »Es geht darum, was wir tun! Um welches Prinzip geht es hier? Darum, daß unser Verantwortungsgefühl unsere Gedanken, unsere Handlungen, unsere Worte, all unsere

Energie auf das lenken soll, was wir wachsen sehen wollen. Das, was für uns gut riecht und von dem die Anleitung sagt, wir sollen uns darauf konzentrieren, damit die Harmonie mit allem Leben bewahrt werden kann.«

Andere meldeten sich ebenfalls zu Wort. »Was geschehen ist, kann nicht rückgängig gemacht werden. Nur Mutter Natur selbst könnte diese Dinge wiederherstellen.«

»Sie werden nicht wiederhergestellt, aber vielleicht wird etwas Neues und Stärkeres an ihre Stelle treten.«

»Der schwarze Mensch kann die Welt nicht retten. Es ist fraglich, ob er sich selbst retten kann.«

»Vielleicht ist Rettung nicht das Thema. Vielleicht versuchen wir, die Dinge so zu bewahren, wie sie einmal waren, und glauben, dies sei die Rettung der Erde. Vielleicht geht die Welt nicht verloren, sondern verändert sich nur, und zwar sehr drastisch.«

Googana wandte sich an Minendie. »Du hast die neuesten Kenntnisse aus der Welt der ›Veränderten‹. Einige sagen, sie seien für einen großen Teil von all dem verantwortlich. Wie ist es möglich, daß sie die Federn an einem Vogel beeinflussen können?«

»Ich weiß es nicht«, antwortete Minendie. »Dauernd gibt es neue Erfindungen. Ab und an gibt es einen geringen Widerstand, und jemand behauptet, dieser Gegenstand oder jene Fabrik leite Gift in die Luft und ins Wasser. Ich weiß nicht, ob das wahr ist. Die weiße Welt ist nicht erpicht darauf, die Wahrheit zu sagen. Sie behaupten: ›Natürlich stimmt das nicht.‹ Sie sagen: ›Wir würden uns doch nicht selbst vergiften.‹«

Alle Versammelten nickten. Ja, das war eine gute Frage. Es schien zu stimmen, daß die ›Veränderten‹ keine Rücksicht auf ihre Rolle als Hüter der Erde nahmen. Sie waren damit beschäftigt, überall Zement zu verbreiten, aus bloßem Zeitvertreib Tiere zu töten, aber würden sie so weit gehen, sich dabei selbst zu vergiften? Und würde

solches Gift Tiere und Vögel beeinträchtigen, die kilometerweit entfernt waren?

Die Diskussion ging weiter. »Es tut uns nicht gut, in
den Missionen zu leben. Dort wird auf unseren Bräuchen
herumgetrampelt. Es würde auch nichts Gutes bewirken,
in die Stadt zu gehen und dort über unsere Sorgen wegen
der neuen Gesetze zu sprechen. Ich bin mir sicher, daß
andere Aborigines das bereits getan haben. Wir sollten
auch nicht vergessen, daß es Aborigines gibt, die mit den
Gesetzen einverstanden sind. Sie wollen wie der weiße
Mann werden und leben wie er.«

Am Ende stimmten sie darin überein, daß eines der
Prinzipien, um die es ging, darin bestände, die Illusion
von Mangel und Begrenztheit nicht zu akzeptieren. Sie
würden nicht zu Waffen greifen, um sich zu verteidigen.
Sie würden nicht aufhören, alles Leben zu ehren und in
Harmonie mit der Natur zu leben. Sie würden weiterma-
chen wie bisher; jede Gruppe würde in einem anderen
Teil des Landes leben, jede sich für diejenigen, die fortge-
bracht worden waren, um geheiligte Plätze kümmern. Sie
würden sich in drei Monaten wieder treffen, und zwar an
dem für diese Jahreszeit besten Ort.

Die Gruppe blieb noch vier Tage in dem Sumpfgebiet.
Minendie wurde mit all den anderen besser bekannt.
Eines Abends teilte Benala ein Schildkrötenbein mit ihr
und sagte: »Wenn du in den kommenden Monaten mit
anderen mitgehen willst, bist du frei, das zu tun. Wir
haben dich gern bei uns, aber ich habe das Gefühl, dir
sagen zu müssen, daß du in keiner Weise verpflichtet
bist, bei uns zu bleiben. Karaween wird gehen und mit
Die mit den Ahnen spricht zusammensein. Ich glaube, sie
und Weiße Eule interessieren sich füreinander. Es hat
früher ein System gegeben, das sich ›Hautgrenzen‹
nannte. Die Menschen konnten in manche Stämme ein-
heiraten, in andere nicht, je nachdem, mit wem sie ver-

wandt waren. Diese beiden jungen Leute sind in keiner Weise miteinander verwandt, also können sie frei herausfinden, ob sie sich heiraten möchten oder nicht.«

Minendie hatte festgestellt, daß Sofortige Blüte jemand war, mit dem sie gerne sprach. Sofortige Blüte war mit Wasserbüffel verheiratet. Würde es stören, wenn sie mit ihnen ginge? Nach mehreren Diskussionen gruppierten die Teilnehmer sich um, und es wurde entschieden, daß Minendie sich als dritte ihren neuen Freunden anschließen würde. Das vierte Mitglied der Gruppe war der Mann namens Geteilter Pfad.

42

Am dritten Tag nach Verlassen des Sumpfes, gleich nach Sonnenaufgang, verließ Geteilter Pfad die Gruppe. Minendie konnte ihn in der Ferne mit gesenktem Kopf im Zickzack laufen sehen. Er hielt beide Arme auf dem Rücken und hatte einen Speer in den Händen.

Um Mittag kam er mit einem erlegten Känguruh zurück. Die anderen gruben ein Loch und entzündeten ein Feuer. Sie legten das Känguruh auf den Rücken, die vier Beine in die Luft, und vergruben es in lockerer Erde. Sofortige Blüte entfernte das Fleisch von den Hinterbeinen, so daß sie sehen konnten, wie die Knochen weiß wurden. Dieses Zeichen und die Bewegung, mit der die Vorderbeine sich schließlich senkten, bedeuteten, daß das Fleisch gar und die Wartezeit vorüber wäre.

Als die Frauen sich auf eine Seite setzten, fragte Sofortige Blüte: »Hast du ans Heiraten gedacht?«

»Nein«, sagte Minendie, während sie eine Kaninchenhaut herausnahm, an der sie zur Vorbereitung eines neuen Beutels bereits zwei Tage gearbeitet hatte. »Bisher habe ich noch niemanden gefunden, an dem ich interessiert wäre. Ich glaube nicht, daß ich ein sehr romantischer Mensch bin.«

»Ich glaube, es ist weise, zuerst sich selbst zu finden, bevor man sich einen Partner sucht. Nach dem, was du uns über dein Leben erzählt hast, fängst du gerade erst an, du selbst zu sein.«

»Diese Narbe ist aus meiner Kindheit«, sagte Minendie

und zeigte auf die lange Linie, die jetzt kaum noch zu erkennen war. »Dadurch ist mein Körper so geworden, daß ich keine Kinder haben kann.«

»Das tut mir leid«, sagte Sofortige Blüte voller Mitgefühl. »Das habe ich nicht gewußt. Aber ich denke, es ist in Ordnung, wenn Frauen begreifen, daß nicht jeder von einem Geistkind besucht wird, das geboren werden möchte. Ich glaube, in den kommenden Jahren werden wir den Geistern sagen, sie sollen warten, bis die Welt besser darauf vorbereitet sein wird, für sie zu sorgen.«

Mehrere Stunden später war das Fleisch fertig. Die vier Menschen aßen schweigend, nachdem jeder dem Geschöpf gedankt hatte. Minendie starrte ins Feuer und sagte fast abwesend: »Es war ein großes Feuer, das mich hergebracht hat!«

»Wie?« fragte Geteilter Pfad, während er einen langen Knochen neben sich ablegte.

»Ich habe in der Stadt gearbeitet. Das Haus, in dem ich arbeitete und wohnte, geriet in Brand. Es war eine seltsame Befreiung. Ich bin einfach fortgegangen. Als ich noch ein Kind war, brachten die Leute in dem Waisenhaus, in dem ich aufwuchs, das Feuer immer mit der Hölle in Verbindung. Ich glaube nicht, daß ich sie jemals etwas Positives über das Feuer habe sagen hören.«

»Wir haben einen Feuersegen, der so alt ist wie unser Volk«, sagte Geteilter Pfad. »Möchtest du ihn lernen?«

»O ja«, antwortete Minendie begeistert. »Bitte, bring ihn mir bei.«

»Gut«, antwortete Geteilter Pfad, »er geht so:

> Feuersegen
> Möge das Feuer in unseren Gedanken sein
> Und sie aufrichtig, gut und gerecht machen.
> Möge es uns davor schützen, etwas
>   Geringeres zu akzeptieren.

Möge das Feuer in unseren Augen sein.
Möge es unsere Augen öffnen, damit wir sehen,
*   was im Leben gut ist.*
Wir bitten darum, daß das Feuer uns vor dem
*   beschützt, was uns nicht rechtmäßig gehört.*
Möge das Feuer auf unseren Lippen sein,
So daß wir in Freundlichkeit die Wahrheit sprechen,
Anderen dienen und sie ermutigen.
Möge das Feuer in unseren Ohren sein,
So daß wir in der Tiefe hören können,
So daß wir das Fließen des Wassers hören können
Und alle Schöpfung und das Träumen.
Mögen wir beschützt werden vor Klatsch und vor
*   Dingen,*
Die die Fähigkeit haben, zu schaden
Und unsere Familie zu zerbrechen.
Möge das Feuer in unseren Armen und Händen sein,
Damit wir dienen und Liebe entwickeln können.
Möge das Feuer in unserem ganzen Wesen sein,
In unseren Beinen und unseren Füßen, so daß wir
*   fähig sind, mit Ehrfurcht und Fürsorge über die Erde*
*   zu gehen,*
Damit wir die Wege der Güte und Wahrheit
*   einschlagen können*
Und davor beschützt sind, uns von dem zu
*   entfernen, was die Wahrheit ist.«*

»Das ist schön«, sagte Minendie und betrachtete die strahlenden Gesichter ihrer Freunde. »Kein Wunder, daß unsere Leute verwirrt waren, wenn die Missionare immer sagten, wie schlimm es in der Hölle sei, und sie als ewiges Feuer beschrieben. Es ist faszinierend, wie zwei verschiedene Gruppen von Menschen dieselben Dinge so gegensätzlich wahrnehmen können. Die einen sehen nur das Negative und verbringen ihr Leben damit, um etwas zu beten, das sie im Grunde für unerreichbar halten: den ohne Sünde geborenen Menschen. Die andere Gruppe sieht, daß Säuglinge unschuldig und rein in eine Welt der Fülle hineingeboren werden, wo wir von der Quelle eingeladene Gäste sind. Es gibt kein Wort für Arbeit. Statt dessen drückt sich jeder aus, indem er das tut, was ihm leichtfällt und ihn interessiert. Die Begriffe ›primitiv‹ und ›zivilisiert‹ erscheinen hier unangemessen.«

43

In den folgenden Jahren versammelte sich der Stamm alle drei Monate, und die Mitglieder wechselten die Wandergefährten, bis jeder mit allen anderen neunzehn zusammengewesen war. Die Verantwortung dafür, die Gesangs- und Tanzlektionen das ganze Jahr über für Minendie fortzusetzen, wurde dankbar angenommen und weitergeführt.

Die Stammesangehörigen feierten keine Geburtstage. Für sie bedeutete das Wort »Feiern« etwas Besonderes, eine persönliche Leistung. Alle stimmten darin überein, daß der Vorgang, ein Jahr älter zu werden, nicht in diese Kategorien gehörte. Aber sie feierten dennoch. Der Unterschied lag darin, daß der zu Feiernde selbst verkündete, wann die Zeit dazu gekommen sei. Die anderen unterstützten ihn, indem sie dies anerkannten, zuhörten und einen festlichen Rahmen schufen. Man sagte nicht, »Feiert mich«, wenn man es nicht verdient hatte, und kein Wunsch wurde angefochten oder verweigert.

Minendie behielt den Namen, der Eigelb bedeutete, für drei Jahre. Eines Tages war sie allein und sammelte zerbrochene Eier aus Vogelnestern, die sie später zu feinem Pulver für die Nahrung und als Farbe für die Körpermuster zermahlen würde. »Ich war lange genug ein Eigelb«, sagte sie laut zu sich selbst. »Ich habe Zeit gehabt, mich zu einem fertigen Wesen zu entwickeln. Ich muß jetzt darüber nachdenken, wer ich bin, und einen neuen Namen bekommen.« Sie dachte eine Woche lang über die

Frage nach, ehe sie ihren Reisegefährten verkündete, es sei an der Zeit, ihren neuen Namen zu feiern.

Diesmal war die Gruppe nicht in der Nähe einer Wasserstelle für das Ritual, den alten Namen abzuwaschen. Statt dessen benutzten sie Rauch. Symbolisch verbrannte er nach einer fruchtbaren Jahreszeit die Überreste. Eine neue Frau, neuem Leben gleich, das aus dem verkohlten Boden sprießt, würde nun in ihrem Kreis sitzen. Minendie flüsterte den erwählten neuen Namen ins Ohr von Schwester der Ameise. Binnen weniger Sekunden hatte Schwester der Ameise ein Lied parat, und sie stand auf, um ihre Verkündigung zu singen:

> *Ihr erwartet, daß unser Eigelb, Minendie,*
> *Ausschlüpft und ein Vogel wird.*
> *Daß sie als etwas anderes auftaucht,*
> *Scheint ein wenig absurd.*
> *Schließlich gibt es Kakadus,*
> *Kookaburras und Papageien, unter denen man*
>   *wählen kann.*
> *Es gibt Hunderte von Zweibeinern,*
> *Sie hätte Verwandtschaft gefunden und konnte*
>   *nicht verlieren.*
> *Aber Minendie hat mich überrascht.*
> *Schnabeltier, Mapiyal, ist ihr Name.*
> *Sie wohnt in zwei Welten*
> *und wird für uns einzigartig bleiben.*

»Warum Mapiyal?« fragte jemand. »Sag uns, was in deinem Herzen ist.«

»Ich denke oft an die beiden Welten, an die der ›Veränderten‹ und an unsere. Das Schnabeltier geht zwischen Wasser und Land hin und her. Im Wasser ist es am meisten zu Hause und verbringt sein Leben in ruhigen, stillen Teichen, aber es kann nicht unter Wasser bleiben. Es muß das Land besuchen, es muß die Sicherheit verlassen, um Luft zu atmen. Ich habe viel darüber nachgedacht, und es ist richtig, daß ich jetzt Mapiyal werde. Danke, Schwester der Ameise, für das Lied und die Verkündung.«

44

Viele Jahre vergingen. Das Leben in der Natur war friedlich und erfüllend. Es gab neue Dinge zu sehen und zu
entdecken und neue Arten, sich auszudrücken, während
sie mit alten Freunden über vertrautes Gelände gingen
und alte Traditionen fortsetzten.

Als Wurtawurta 102 Jahre alt war, verkündete sie bei
der jahreszeitlichen Versammlung aller Stammesmitglieder, sie habe die Göttliche Einheit gefragt, ob es zu ihrem
Besten sei, in die Ewigkeit zurückzukehren. Sie hätte ein
Ja als Antwort erhalten.

Es war das erste Mal, daß Mapiyal und einige andere
miterleben würden, wie ein menschlicher Körper willentlich den Geist entließ.

Die Mitglieder der Gruppe, die so stark an die Ewigkeit glaubten und wußten, daß das Bewußtsein von
Leben nicht mit der Empfängnis beginnt, waren auch
Fürsprecher eines Todes, der nicht schmerzhaft sein und
unbestimmte Zeit dauern mußte. Jeder hatte schon viele
von den Schritten gelernt, die notwendig sind, um den
letzten Akt zu vollziehen. Sie hatten gelernt, wie man innere mentale Bilder benutzt, um seinen Körper in kalten
Nächten zu wärmen oder auch zu kühlen, wenn es nach
Sonnenuntergang drückend heiß blieb. Man hatte sie
auch über die Kraftzentren belehrt, die in einer geraden
Linie durch den Körper aufsteigen, vom Schoß bis zum
Oberkopf. Sie wußten, wie man mit offenen Augen
schläft und seine Körperfunktionen auf jene im Zustand

tiefen, entspannenden Schlafs reduziert. Jeder von ihnen hatte die Fähigkeit gemeistert, seinen Körper zu verlassen und sein Bewußtsein an einen anderen Ort zu projizieren.

Sie verbrachten mehrere Tage mit der Vorbereitung für Wurtawurtas Übergang. Als an diesem besonderen Tag der Morgen dämmerte, fragte sich Mapiyal, ob vielleicht heute ihre lange unbeantwortete Frage eine Antwort finden werde, nämlich, ob die Menschen, wenn sie am Morgen ihres letzten Tages erwachen, irgendeine Vorahnung hätten. Vielleicht hatte die Frage sie so tief berührt und verwirrt, weil die ihrem Wesen innewohnenden Energien sagten: »Du stirbst nicht, du ehrst nur eine Überzeugung in deinem Herzen und kehrst zu unserer Quelle zurück. Du triffst die Entscheidung, zu kommen; du hast das Recht, dich zum Fortgehen zu entscheiden. Es gibt keine Zufälle, nur spirituelle Verbindungen, von denen wir uns nicht weit genug entfernt haben, um sie zu sehen.«

Die Feier zu Ehren Wurtawurtas dauerte den ganzen Tag über. Man braute einen speziellen Kräutertrunk und sammelte und bereitete die Nahrung mit besonderer Sorgfalt zu. Jedes Stammesmitglied erhielt Gelegenheit, sich zu äußern und von Wurtawurtas Leben und seinen gemeinsam mit ihr verbrachten Zeiten zu sprechen. Die Geehrte sprach ebenfalls und sagte alles, von dem sie meinte, es wäre für die anderen bedeutsam. Mapiyal gegenüber äußerte sie, sie sei dankbar, daß diese ihr vor vielen Jahren davon erzählt hätte, wie sich Seide anfühlt. Sie hätte das bei ihren Visionen benutzt und würde es auch heute verwenden, wenn sie in das Ewige zurückkehrte. Die Gruppe rief die Geister der Pflanzen- und Tierwelt auf, an dem Tag teilzunehmen.

Als die Sonne unterging, wurde Wurtawurta von einem nach dem anderen umarmt, und jeder wiederholte den gleichen Satz: »Wir lieben dich und unterstützen dich auf deiner Reise.«

Dann entfernten sie sich, und die alte gebeugte Frau setzte sich mit gekreuzten Beinen auf den Boden. Innerlich verschloß sie alle Kraftpunkte, kühlte ihren Körper ab, verlangsamte ihren Blutkreislauf und den Herzschlag und benutzte schließlich eine traditionelle Technik, um ihren letzten Atemzug zu tun. Als das Herz stehenblieb, fiel ihr Kopf nach vorn, und ihr Körper kippte zur Seite. Sie hatte ihn verlassen, sich selbst an einen anderen Ort projiziert, wie sie es viele Male zuvor getan und auch anderen beigebracht hatte; nur würde sie diesmal nicht zurückkehren. Ihr Körper würde von allen Geschöpfen verzehrt werden, die ihn als lebenserhaltend betrachteten. Ein Begräbnis gab es nicht.

Einen Monat später stieß die fünfköpfige Gruppe, der Mapiyal angehörte, auf die Überreste eines kleinen Flugzeugs. Diese lagen gut verborgen zwischen riesigen Felsblöcken, von denen es in der offenen Weite viele gab. Das Flugzeug mußte gegen einen davon geprallt sein, denn die Wrackteile steckten zwischen den Steinen und waren so aus der Luft schwer zu entdecken.

Sie fanden die Überreste von zwei Männern. Die Gruppe begrub die Leichen und markierte die Stelle für den Fall, daß eines Tages jemand das Wrack fände. Mapiyal schlug vor, aus zwei Stöcken ein Kreuz zu bilden, denn das schien für die ›Veränderten‹ ein Grab zu symbolisieren. Die Gruppe nahm den zerrissenen Stoff von etwas, das wohl die Jacke des einen Mannes und das Hemd des anderen gewesen war, und ein Stück Stoff von einem Sitz. Diese Teile wurden zeremoniell verbrannt. Jeder sandte über einen mentalen Regenbogen Rauchenergie zu den Verstorbenen und zu den bekümmerten Familienangehörigen an einem unbekannten Ort. Vermutlich haben diese Männer das Gebiet überflogen, um zu sehen, ob noch irgendwelche anderen Aborigines im Outback geblieben waren und vor sich selbst gerettet werden mußten, dachte Mapiyal. Aber sie haben nur getan, was sie für richtig hielten.

45

Mit jedem Jahr, das verging, ruhte Mapiyal mehr in sich, wurde friedvoller und würdiger. Sie wechselte die Beschäftigungen und trug auf den verschiedensten Gebieten zum Leben der Gemeinschaft bei, aber sie verspürte nicht den Wunsch, ihren Namen wieder zu ändern. Alle paar Jahre pflegte Benala den Stamm zu verlassen und für ein paar Tage in den nächstgelegenen Ort zu gehen. Bei ihrer Rückkehr berichtete sie dann, in welchem Zustand sie die Welt jenseits der ›Wahren Menschen‹ vorgefunden hätte. Jedesmal wenn Benala ging, fragte sie Mapiyal, ob diese sie begleiten wolle. Mapiyal war neugierig und versucht, mitzugehen. Aber dann hatte sie jedesmal das Gefühl, es sei nicht richtig, und sie lehnte ab.

Auch der Häftling Nummer 804781, als Jeff Marsh bekannt, wurde in späteren Jahren zu einem würdevollen, friedliebenden Menschen. Im Alter von vierzig Jahren bekam er allmählich graues Haar.

Er hatte Zugang zu allen Bibliotheksbüchern, die er haben wollte, so daß er verschiedene Kunstformen und das Leben vieler Künstler studieren konnte. Er erteilte einem anderen Häftling Unterricht, und im Laufe der Jahre weitete sich das zu einem Programm aus, dessen Leitung er übernahm. Schließlich gab er auch Unterricht in verschiedenen Kunsthandwerken und erwarb sich ein so großes Ansehen dabei, daß das Gefängnis einmal im

Jahr die von den Gefangenen angefertigten Gegenstände zum Verkauf anbot.

Die Anerkennung seiner Existenz und seiner Kreativität bei diesen jährlichen Verkäufen wurden zum Mittelpunkt seines Lebens. Sein Ziel war es, von Jahr zu Jahr besser zu werden. Der Mann, der doppelt so lang inhaftiert hinter Anstaltsmauern gelebt hatte wie als junger Mann in Freiheit, hatte seinen Platz gefunden. Er hatte sich in seinem gleichmäßigen Alltag eingerichtet und empfand Frieden.

46

Der Stamm saß auf der Erde und schaute in die samtschwarze Nacht des australischen Outback. Zwei Nächte zuvor hatten sie einen hellen Schein über den Himmel wandern sehen. Sie wußten nicht, ob das ein Stern oder etwas Neues aus der Welt der »Veränderten« gewesen war. In der folgenden Nacht, als er wieder erschien und denselben Weg nahm, waren sie verwirrt. Gewiß würde er nicht nochmals kommen, doch er tat es. Drei Nächte hintereinander konnte man ihn unter den anderen Sternen glänzen sehen.

»Was ist das?« fragte jemand. »Glaubt ihr, das ist ein Zeichen?«

»Wir müssen nach Anleitung fragen. Ich werde um einen Traum bitten.«

Normalerweise träumten die »Wahren Menschen« nachts nicht. Sie glaubten, daß der Schlaf die Zeit sei, in der der Körper ruht, sich erholt, heilt, sich wieder mit Energie auflädt. Wäre ein Teil von jemandes Bewußtsein mit Träumen beschäftigt, so wäre das eine physische Ablenkung. Sie begriffen, daß die »Veränderten« bei Nacht träumten, aber das war verständlich. In dieser Gesellschaft durfte man nicht tagsüber im Wachzustand träumen, wie es die »Wahren Menschen« taten. Heute nacht würden einige Mitglieder wie vereinbart um eine Traumbotschaft bitten.

Mapiyal wandte das gleiche Verfahren an wie die anderen. Sie nahm einen Muschelbehälter mit Wasser, trank die Hälfte davon und äußerte ihre Bitte um Informationen über das Objekt am Himmel. Die andere Hälfte der Flüssigkeit würde beim Aufwachen getrunken werden, um ihr Bewußtsein mit der Erinnerung an den Traum in Verbindung zu bringen. Dann würde sie sich seiner besser entsinnen und Anleitung darin finden.

In ihrem Traum sah sie ein kleines Kind, das auf einer Schildkröte ritt. Es schien ein Junge zu sein, aber sie war sich nicht sicher. Zuerst saß er geduldig da und ritt auf der Schildkröte. Dann begann er zu weinen. Er bat die Schildkröte, schneller zu laufen, doch sie behielt dieselbe langsame Gangart bei.

Am Morgen, als die Gruppe ihr half, den Traum zu deuten, wurde sie gefragt: »Was hast du für das Kind empfunden?«

»Ich hatte ein Gefühl, als sei es meins. Ich liebte es, als gehörte es zu mir.«

»Und welches Gefühl hattets du bei der Schildkröte?«

»Ich empfand sie als schüchtern, zurückgezogen, jemand, der langsam und stetig seinen Weg geht. Kein Tier, das man anfeuern oder peitschen könnte, damit es sich schneller bewegt. Es war keine von unseren Schildkröten, keine Wasserschildkröte, sondern eine Landschildkröte.«

»Was empfindest du dabei?«

»Ich fühle mich wohl mit meiner Verwandtschaft zu Schildkröten. Offen gesagt, ich habe bewußt noch keinen Augenblick an Landschildkröten gedacht. Dies war mit Sicherheit eine ausländische Art, aus Amerika, würde ich sagen. Aber ich sehe keinen Zusammenhang mit dem Gegenstand am Himmel. Der Traum könnte bedeuten, daß jenes Kind für mich noch weit entfernt ist. Es nähert sich nur sehr langsam.« Dann fügte sie lachend hinzu: »Das stimmt ganz sicher; ich bin vierundfünfzig Jahre alt.«

Die Gruppe der Frauen wandte sich einem anderen

Mitglied zu und fragte nach Mapiyals Traum. Diese Frau meinte, er deute darauf hin, daß ein Stammesmitglied die »Veränderten« besuchen müsse, um aus erster Hand eine Antwort zu erhalten. Eine andere meinte, ihr Traum sage aus, wie sich die ganze Welt verändere; zuerst sei es nur die Erde gewesen, nun auch der Himmel.

Seit Mapiyal das Stadtleben verlassen und sich dem Stamm angeschlossen hatte, waren vierunddreißig Jahre vergangen. Sie hatte den Wechsel niemals bereut und nichts aus ihrer früheren Existenz vermißt. Sie war älter geworden, das konnte sie sehen, wenn sie ihren Körper betrachtete, aber sie hatte keine Möglichkeit, ihr eigenes Gesicht zu sehen. Sie waren nie an eine Wasserfläche gekommen, die klar oder unbewegt genug gewesen wäre, um sie deutlich widerzuspiegeln. Sie hatte schon so lange nicht mehr an so etwas gedacht, daß sie erstaunt war, daß es ihr jetzt einfiel. Es kümmerte sie nicht, wie sie aussah. Wichtig war ihr, wie die anderen sie betrachteten, und mit deren Reaktion konnte sie in Frieden leben.

Wenn Benala auf die Reise ging, waren die Berichte bei ihrer Rückkehr ungünstig im Hinblick auf eine Wiederherstellung der Lebensweise der Aborigines. Vielleicht war es an der Zeit, daß sie ginge. Nicht aus Neugier, sondern weil sie jetzt das Gefühl hatte, ihrem Volk vielleicht etwas geben zu können. Sie würde die Bewahrerin der Antworten zu Rate ziehen und dann ihre Entscheidung treffen.

Später an diesem Tag verließ sie mit der Bewahrerin die anderen. Als sie sich weit genug entfernt hatten, versetzte sich Mapiyal in einen tiefen, ruhigen Gemütszustand. Sie griff in den Beutel, der die Anleitungen für die Frauen enthielt, und wählte eine runde Lederscheibe mit einem Symbol, das für die sieben Richtungen stand: Nord, Süd, Ost, West, Oben, Unten und Innen. Es besagte, daß Mapiyal nun sorgfältig die Richtung studieren müßte, aus der sie kam, und auch die, der sie sich zuwandte. In der Vergangenheit war sie sich dessen bewußt gewesen, welchen Weg sie gingen, aber sie war nicht daran beteiligt gewesen, irgendeinen Kurs festzulegen. Im Laufe der Jahre waren sie in alle vier Himmelsrichtungen gewandert. Sie dachte an die drei anderen Richtungen: den Himmel oben, die Erde unten und das innere Selbst. Sie vertraute ihrer eigenen inneren Stimme und konnte mühelos die obere Geistwelt und die niedrigere Tierwelt zu Rate ziehen. Das Symbol schien sie anzuleiten, sorgfältig in eine der vier Windrichtungen zu schauen. Es war ihre ganz persönliche Entscheidung, ob sie weiter mit den anderen oder in die Städte gehen wollte. Intuitiv erspürte sie ihren nächsten Schritt.

An diesem Abend verkündete sie allen, sie werde gehen. Sie werde zur nächstgelegenen Ortschaft gehen, von der bekannt war, daß es dort eine Siedlung der Aborigines gäbe. Wenn die Dinge sich nicht radikal verändert hatten, war sie zuversichtlich, daß sie Verbündete finden würde, die ihr Kleidung, Obdach, Nahrung und Freundschaft geben würden. Jahrhunderte des Teilens und der gegenseitigen Hilfe schienen sich dem Wesen der Aborigines tief eingeprägt zu haben. Es war ihnen fremd, einem Mitreisenden den Rücken zu kehren.

Am folgenden Morgen kroch die Sonne nur langsam hervor, als wolle sie Mapiyal die Chance geben, noch einmal über ihre Entscheidung nachzudenken. Aber sie hatte sich entschlossen. Jetzt war die richtige Zeit; es diente dem höchsten Wohl, jetzt zu gehen.

Sie verabschiedete sich von allen und äußerte den Wunsch, eines Tages zurückzukehren. Sie hatten geschätzt, daß die Entfernung zur nächsten Aborigine-Gruppe sieben bis acht Tagesmärsche mäße. Mapiyal brauchte neun Tage. Als sie ankam, saß sie in der Abenddämmerung im Buschland und hielt aus einiger Entfernung Ausschau. Sie sah fünf Behelfsunterkünfte, die wirkten, als befänden sie sich im Zustand des Auf- oder Abbaus. Genau konnte sie es nicht sagen. Drei hatten hölzerne Stufen vor den Haustüren, zwei nicht. Nur ein Haus hatte Scheiben in allen Fenstern, aber die waren hochgeschoben, damit die Luft zirkulieren konnte. Obwohl einige Leute die Unterkünfte betraten oder verließen, schienen die meisten im Freien zu sitzen oder zu stehen. Die Gebäude standen zwischen hohen grünen Bäumen. Sie sah eine ältere Frau mit Doppelkinn und einem kleinen vorstehenden Bauch, die aussah, als sei sie ungefähr in ihrem Alter. Die Frau bewegte sich zwischen den anderen und briet dann etwas auf einem Grill im Hof. Sie schien am besten geeignet zu sein, um sie anzusprechen.

Mapiyal wartete auf eine Gelegenheit dazu. Sie hoffte, später am Abend werde die Frau allein sein. Die Menschen zogen sich nicht früh zurück. Sie saßen lange zusammen und redeten bis in die frühen Morgenstunden miteinander. Mapiyal nickte ein, konnte aber nicht lange schlafen. Unmittelbar vor Sonnenaufgang kam die Frau aus ihrem Haus, setzte sich auf die Stufe vor der Tür und trank eine Tasse Tee. Mapiyal stand auf und ging auf sie zu. Sie klopfte sich den Staub von dem Lederschurz, den sie angefertigt hatte, um sich zu bedecken. Als sie näher kam, blickte die Frau auf.

»Es ist heute«, sagte sie, da sie ganz vergessen hatte, welchen Gruß die Leute benutzten.

»Tag«, antwortete die Frau und sah Mapiyal mit ihren schwarzen Augen verwirrt an. Sie fragte: »Woher kommst du?«

»Ich gehöre zum Stamm der Karoon. Ich bin hierhergekommen, weil ich euch um Hilfe bitten möchte. Es ist viele Jahre her, daß ich die Stadt verlassen habe. Ich brauche etwas anzuziehen, und ich muß mir eine Landkarte ansehen, um eine Vorstellung davon zu bekommen, wo ich bin.«

Die Frau machte einen sanftmütigen Eindruck. Sie nickte zustimmend und sagte: »Zum Anziehen kann ich dir etwas geben. Du siehst aus, als hättest du ungefähr meine Größe, und alles, was ich habe, hat Gummizug in der Taille. Aber eine Landkarte habe ich nicht, ich habe auch noch nie eine gesehen. Aber trotzdem, mach dir keine Sorgen, wir können sicher finden, was du brauchst. Komm rein, ich mache dir auch eine Tasse Tee.« Sie stand auf, um ins Haus zu gehen, und sprach dabei weiter. »Ich hatte keine Ahnung, daß es im Busch noch Menschen gibt. Man hat uns gesagt, alle wären fort. Ich möchte alles über dein Leben dort hören.«

Zuerst bereitete die Frau eine Tasse Tee. Nachdem sie diese ihrem Gast gereicht hatte, ging sie in ein anderes Zimmer und kam mit zwei Kleidern zurück. Das eine war blau, das andere mit einem Muster bedruckt. Beide hatten kurze Ärmel, waren vorn bis zur Taille geknöpft und hatten einen Gummizug in der Taille. Sie waren nach demselben Schnittmuster selbst genäht. »Hier, die kannst du anprobieren. Ich hoffe, eines wird dir passen. Ich heiße Sally. Wie heißt du?«

»Ich bin Bea.« Mapiyal hatte keine Ahnung, warum sie das sagte. Sie war seit Jahren nicht mehr Beatrice. Aber nun hatte sie es ausgesprochen, und folglich würde es gehen müssen. Wenn sie bei ihrer Familie wäre, würde diese Veränderung der Interessen sicher Grund für einen Namenswechsel sein, aber sie war nicht bei ihrer Familie. Für Bea war es in Ordnung. Sie würde dabei innerlich an »Bee« denken, die Biene, das kleine Geschöpf, das so geschäftig Pollen von Ort zu Ort trägt und den Blumen zu leben hilft. Bienen bauen für ihresgleichen ein Gemeinwesen auf. Sie leben friedvoll, aber da ist immer der Stachel für Notfälle. Bea hoffte, daß sie gelernt hätte, niemals einen Stachel zu benutzen.

In den nächsten paar Stunden redeten sie miteinander. Bea hatte ihre Arbeitsstelle 1956 verlassen; nun schrieb man 1990, und nichts war unverändert geblieben. Sally erzählte ihr vom Fernsehen, von kabellosen Telefonen, Computern, Satelliten und Raumschiffen. Sie besaß keinerlei Luxusgegenstände, aber sie wußte alles darüber und hatte Freunde, denen welche gehörten. Das Objekt am Himmel konnte sie nicht erklären. »Aber die Amerikaner und die Russen machen sich da draußen zu schaffen.« Bea ihrerseits erzählte Sally vom Leben bei den »Wahren Menschen«. Bald war es später Vormittag geworden. Inzwischen wußte jeder in der Gemeinde, daß Sally eine Wüstenbewohnerin zu Gast hätte. Einer nach dem anderen kamen sie in die Küche, schauten, stellten sich vor, fragten und ließen sich befragen. Dann war Essenszeit. Bea merkte, daß sie ganz vergessen hatte, daß es Bohnen in Dosen und weißes Brot in Plastikverpackung gab. Sie war dankbar für die Gastfreundschaft, aber sie aß nur wenig, da sie sich nicht sicher war, ob ihr Magen schon wieder für diese Art der Nahrung bereit wäre.

Am Abend versammelte sich eine Gruppe unter den Bäumen, und Bea saß dabei und hörte zu, wie jeder seine Meinung über das äußerte, was mit den Aborigines in Australien geschah. Neunzig Prozent waren arbeitslos. Das Sozialhilfesystem war unzureichend, um ihre Bedürfnisse zu erfüllen. Die jungen Leute erhielten eine gute Schulbildung, aber der Anreiz für eine weiterführende Ausbildung fehlte, weil es keine Jobs gab. Es gab Alibi-Aborigines in der Regierung und bei Zeitungen und anderen Medien, aber die meisten von ihnen waren hellhäutiger. Ein Mann meinte, die dunkle Hautfarbe sei ein absolut negativer Faktor geblieben. Die Gesundheit der Menschen wäre ein großes Problem. Diabetes und

Alkoholabhängigkeit forderten einen so hohen Tribut, daß nur selten jemand achtzig Jahre alt würde.

Doch das Schwerwiegendste für ihre Kultur seien die bestehenden Bodenrechte. Es gebe niemanden in der Regierung, der das verstand oder sich dafür einsetzte, geheiligte Orte zu schützen. Die Menschen hätten etwas Land erhalten, das nur für die Aborigines bestimmt war, aber einige Bergbaugesellschaften hätten die Erlaubnis erhalten, sogar dort die Erde zu zerstören. Jeder schöne Platz auf dem Kontinent wäre jetzt ein Nationalpark, aber selbst dieses Land wäre nicht frei von Bergbau und Ausbeutung.

Den Leuten fehle es an Stolz, sagten sie. Sie hätten nichts mehr, worauf sie stolz sein konnten. Sie hätten den Kontakt zu ihrem Erbe verloren.

Später machte Sally für Bea ein Bett auf ihrem Sofa, aber Bea konnte nur schwer einschlafen, weil sie es nicht mehr gewöhnt war, auf einer Matratze zu schlafen. Schließlich ging sie nach draußen, wo mehrere andere schliefen, und fand eine bequeme Stelle im dichten Gras. Sie nahm ein Laken und legte es unter sich, weil man sie vor winzigen Insekten gewarnt hatte, die sich unter die Haut fräßen.

Als sie zu den Gestirnen am Himmel aufblickte, konnte sie nur schwer begreifen, wie zwei so verschiedene Lebensweisen – geographisch gar nicht so weit voneinander entfernt – unter derselben Milchstraße existieren könnten.

Ich weiß nicht, ob ich für das Objekt am Himmel eine Antwort finden werde, aber vielleicht hat die Göttliche Einheit diese Frage dafür benutzt, um mich hierherzubringen, dachte sie. Ich spüre jetzt, daß ich nicht hergerufen wurde, um Informationen zu erhalten und zurückzubringen, sondern um Informationen zu vermitteln. Irgendwie fühle ich mich gedrängt, dabei zu helfen, unser Volk an sein Erbe zu erinnern und ihm wieder Stolz und Würde zu geben. Vielleicht ist die Zeit gekommen, daß wir die ›Veränderten‹ beeinflussen, anstatt uns ihrer Macht und ihren Forderungen zu unterwerfen.

Vögel zwitscherten und Kinder kicherten, als Bea aufwachte. Sally hatte mit einem Nachbarn gesprochen und vereinbart, daß Bea mit ihm von der Siedlung in die Stadt fahren würde. Dort gab es eine Bibliothek und auch ein Rathaus, wo Bea sicher eine Landkarte finden könnte. Nach einem Frühstück aus Tee und Kuchen umarmte Sally sie mit feuchten Augen und sagte: »Ich hoffe, du wirst wiederkommen, aber irgendwie habe ich das Gefühl, das wird nicht geschehen. Ich wünsche dir Erfolg, und ich möchte helfen. Das ist für dich.« Sie gab Bea etwas Papiergeld, das sie fest zusammengerollt in der Faust gehabt hatte.

In der Nähe stand ein Auto, dessen Motor im Leerlauf schnurrte, und der dünne junge Fahrer, ein Aborigine in Blue jeans und T-Shirt, wartete. Als Bea auf den Wagen zuging, stieg der junge Mann neben einer Beifahrerin ins Auto und sah so aus, als wolle er sofort losfahren. Bea hatte sowohl die Frau auf dem Beifahrersitz als auch einen Mann, der auf dem Rücksitz saß, kennengelernt. Sie stieg hinten ein. Der Mann wollte zum Arzt, die Frau wollte Freunde besuchen. Sie redeten auf dem ganzen Weg miteinander, und Bea fühlte sich immer weniger als Außenseiterin.

Im Rathaus holte ein hilfsbereiter Mann mehrere Landkarten hervor und breitete sie auf einem Tisch aus. In Schullehrermanier zeigte er aus der Eingangstür hinaus und erläuterte seiner neuen Schülerin, was in welcher Richtung liege. Er erzählte ihr von Büros für Aborigine-Angelegenheiten und Aborigine-Herbergen. Sie fragte ihn nach den Objekten am Himmel vor zwei Wochen, aber davon wußte er nichts.

Sie erfuhr, daß die Regierung fast in jeder kleinen Stadt ein Einzimmerbüro für Aborigine-Angelegenheiten unterhielte. Dort traf sie selten jemanden an, aber gewöhnlich konnte man ihr in der Nähe sagen, wo der örtliche Leiter zu finden wäre. Dieses Amt wurde als Prestigeposten betrachtet, aber nur sehr gering bezahlt. Die Regierung schien ehrliche Absichten zu haben. Die weiße Oberherrschaft hatte sich ihr Volk vor zweihundert Jahren unterworfen, aber was hielt es weiterhin am Boden? Sie bemerkte keinen Rassenhaß mehr. Wenn überhaupt etwas, dann waren die Weißen den Schwarzen gegenüber gleichgültig. In den Läden, die sie betrat, redeten die Verkäufer mit ihr genauso wie mit weißen Kunden. In jeder Stadt fand sie einen Platz zum Schlafen, konnte ihr Kleid waschen und wechseln und preiswerte Mahlzeiten essen.

Nach dreißig Tagen fand sie sich an der Westküste wieder. Sie saß auf einer Bank vor dem Büro für Aborigine-Angelegenheiten, als eine Frau auf sie zukam und sie hineinrief.

»Setzen Sie sich dort hin«, sagte die junge Frau, die Bea über ihre Brille hinweg ansah. »Wir müssen einige Papiere ausfüllen. Wie heißen Sie?«

»Bea.«

»Familienname?«

Bea saß reglos da. Sie hatte keinen Familiennamen. Im Waisenhaus hatte man ihr keinen zugeteilt. Mrs. Crowley hatte nicht danach gefragt und Mildred in der Milchbar auch nicht, aber das war vierunddreißig Jahre her. Jetzt war anscheinend die Zeit dafür gekommen.

»Wie heißen Sie mit Nachnamen?« fragte die Frau noch einmal, etwas lauter für den Fall, daß Bea schwerhörig wäre. Was in der Wüste mit Muße und großer Entschlossenheit getan worden wäre, mußte jetzt im Tempo des modernen Lebens angegangen werden. Rasch überprüfte Bea ihr Gefühl, wo sie im Leben stände und wie das wiederzugeben wäre. Sie erinnerte sich an den Satz: »Wir steigen und sinken als Volksgruppe genau wie das Wasser in einem See.«

Das englische Wort für See war Lake. »Lake«, antwortete Bea. »Mein Name ist Lake.«

»Wie lautet Ihre Steuernummer?«

Bea schluckte. »Ich habe keine.«

»Schon wieder jemand ohne Steuernummer! Nun ja, wir werden auch dafür die Papiere ausfüllen. Sie können nicht arbeiten, ohne Steuern zu zahlen.«

»Arbeiten?« fragte Bea.

»Ja, Sie haben Glück, meine Liebe«, sagte die Frau, nahm sich einen Ohrring ab und rieb sich das schmerzende Ohrläppchen, während sie weiterschrieb. »Eine sehr nette Familie hat heute die Stellung eines Kindermädchens zu besetzen. Sie stellen ein Zimmer, alle Mahlzeiten und einen Lohn. Es ist nur ein Kind zu betreuen, ein Junge. Wie ist Ihre Adresse?«

»Also, eigentlich habe ich keine.«

»Dann nehme ich die Adresse der Herberge. Dort können Sie für ein paar Tage bleiben, und ich kann Sie dort gut erreichen. Nun, Sie können doch Kinder betreuen, oder?«

»Na ja, ich liebe Kinder, aber ich …«

»Ach, du liebe Güte«, unterbrach die Blonde sie, als sie auf ihre Uhr schaute. »Ich muß für die Mittagszeit schließen, und Sie müssen sich schnell auf den Weg machen, um den Bus zu erwischen. Hier ist die Wegbeschreibung, wie Sie zum Haus der Carpenters kommen. Nehmen Sie den Bus Nummer 44, und steigen Sie dann in Nummer 16 um. Es ist nur sechs Blocks von dieser Haltestelle entfernt. Hier ist meine Telefonnummer. Rufen Sie mich an, nachdem Sie sich vorgestellt haben. Hier sind Adresse und Telefonnummer der Herberge. Wenn Sie dort nicht bleiben, sagen Sie denen auf jeden Fall, wo ich Sie erreichen kann, wenn Mrs. Carpenter sich für Sie entscheidet. Offen gesagt, ich denke, Sie sind bisher die beste Bewerberin, aber ich bin ja nicht diejenige, die Sie einstellt, oder?«

Damit stand die Frau auf, zog sich den kurzen Rock herunter, der hochgerutscht war, und stakste auf Pfennigabsätzen durch den Raum. Sie öffnete die Tür und deutete damit an, daß ihre neue Klientin gehen sollte.

Alles war so schnell gegangen, daß Bea nicht wußte, was sie denken sollte. Als sie sich umdrehte, hörte sie, wie der Schlüssel in der Bürotür gedreht wurde. Sie sah, wie das weiße Plastikschild, das hinter dem Glaseinsatz hing, umgedreht wurde. Jetzt stand »Geschlossen« darauf.

Draußen über der Bank hingen zwei Schilder. »Büro für Aborigine-Angelegenheiten« war das obere, darunter stand: »Arbeitsvermittlung Baker«. Sie schüttelte den Kopf und lachte vor sich hin, während sie dachte, wie seltsam das Universum doch funktionierte. Das Aborigine-Büro war noch geschlossen. Je mehr sie darüber nachdachte, desto verlockender wurde der Gedanke an die Stellung als Kindermädchen. Sie könnte die moderne Welt besser kennenlernen. Es war ein Job, den sie jederzeit verlassen könnte. Sie ging zur Straßenecke und las auf einem Schild, daß hier eine Haltestelle der Buslinie 44 sei, der in Kürze käme. Sie hatte keine Schwierigkeiten, das Haus der Carpenters zu finden. Sie folgte einfach den Anweisungen auf dem Zettel der Arbeitsvermittlerin.

Das Haus lag in einem wohlhabenden Viertel und sah aus, als sei es neu gebaut. Bea drückte einmal auf den Klingelknopf und wartete. Durch die geriffelte Glastür konnte sie die schattenhaften Umrisse einer Gestalt sehen. Der Griff drehte sich, und Bea stand vor einer Asiatin.

»Guten Tag«, sagte Bea zu dem lächelnden Gesicht der winzigen Frau. »Ich komme von der Stellenvermittlung.«

»Ja, bitte kommen Sie herein. Ich werde Mrs. Carpenter Bescheid sagen. Sie können dort hineingehen und warten«, sagte sie und wies auf ein hübsches großes Wohnzimmer mit hohen Fenstern, die auf einen seitlich gelegenen Garten hinausgingen. Der Raum war sehr hell, Wände und Decke weiß, dazu ein Fußboden aus hellem beigefarbenem Marmor, auf dem weiße Teppiche zwischen pastellfarbenen Polstermöbeln angeordnet waren. Hier und da glänzte Gold an Kerzenleuchtern und Fotorahmen. Die Sonne, die durch die makellos sauberen Fenster schien, spiegelte sich in einer riesigen Kristallschale auf dem Tisch in der Mitte des Zimmers, in der eine weiße Rose in blau gefärbtem Wasser schwamm.

Bea ging um einen Flügel in einer Ecke herum und sah sich die Fotos an, die wie aufmarschierte Soldaten in einer geraden, ordentlichen Reihe an der Wand hingen. Sie blinzelte und schaute noch einmal hin. Ein kleiner Junge mit lockigem Haar, genau wie das Kind, das sie in ihrem Traum gesehen hatte, sah sie an. Der einzige Unterschied bestand darin, daß der Junge in ihrem Traum ein Aborigine gewesen war. Dieses Kind hatte eine weiße Hautfarbe.

»Guten Tag«, sagte eine sanfte Stimme hinter ihr. »Ich bin Natalie Carpenter. Wer sind Sie?«

»Mein Name ist Bea«, sagte sie und betrachtete zum ersten Mal die Gestalterin dieses prachtvollen Raums und Mutter des liebenswert aussehenden Kindes. »Die Stellenvermittlung schickt mich.«

Natalie Carpenter war perfekt aufgemacht. Sie trug hellrosa Hosen und ein passendes Oberteil dazu; eine Goldkette schmückte ihren Hals, und Ohrringe aus Gold und Perlen baumelten unter ihrem frischgebürsteten hellbraunen Haar. Sie hätte sofort als Model in einer Modenschau auftreten können. Sie war freundlich, quirlig, und Bea mochte sie auf Anhieb. Obwohl der kleine Junge,

David, gerade sein Mittagsschläfchen hielt, wurde Bea nach oben geführt, damit sie einen Blick in sein Kinderzimmer werfen könnte. Natalie zeigte ihr das Zimmer für das Kindermädchen. Sie erklärte ihr, Kuno, die Japanerin, sei ihre Köchin und Haushälterin. Als Bea ging, sagte Natalie, sie werden die Stellenvermittlung anrufen und dieser ihre Entscheidung mitteilen. Bea war sich der Macht des Universums zu sehr bewußt, um nicht zu glauben, daß der Göttliche Geist ihr diese Tür geöffnet hätte. Sie verbrachte die Nacht in der Herberge. Am folgenden Tag erhielt sie den Anruf, durch den sie erfuhr, die Carpenters hätten sie als Davids neue Gefährtin ausgewählt.

David war ein intelligenter Vierjähriger mit guten Manieren. Bea wußte, daß sie gut miteinander auskommen würden, als er an ihrem ersten gemeinsamen Tag darauf bestand, daß sie zusammen mit ihm als Nachmittagsimbiß eine Schale Eiscreme genießen sollte. Er mochte ihr gern Geschichten vorlesen, und sie wußte den Auffrischungskurs in geschriebener Sprache zu schätzen. Er ging gern in den Park und lief im Freien herum. Endlich hatte er ein Kindermädchen, das sich in der Natur genauso wohl fühlte wie er! Bea hatte jeden Abend frei, nachdem sie David um sieben zu Bett gebracht hatte, und so interessierte sie sich für die örtliche Aborigine-Politik und ging zu abendlichen Versammlungen.

Sie war zwei Monate bei den Carpenters, als sie erfuhr, daß Natalies Vater zum Dinner käme. Kuno fragte, ob Bea und David in den Supermarkt gehen und die Einkäufe erledigen könnten. Sie wollte eine Nachspeise zubereiten, die der Ehrengast besonders gern hatte.

An diesem Abend wurde Bea nach dem Dinner ins Wohnzimmer gerufen, um David zu holen und ins Bett zu bringen. Ein großer, stattlicher weißhaariger Mann kam gerade aus dem Garten herein. Natalie sagte zu

Bea: »Ich möchte Ihnen meinen Vater vorstellen, Andrew Simunsen. Dad, das ist unser Kindermädchen Bea.«

»Freut mich, Sie kennenzulernen«, sagte Andrew. »Mein Enkel hat Sie sehr liebgewonnen. Das ist schön zu hören.«

Bea hätte Andrew überall wiedererkannt. Er hatte sich nicht sehr verändert. Er war noch immer schlank und athletisch und hatte leicht abstehende Ohren. Das weiße Haar unterstrich sein vornehmes Aussehen. »Schön, Sie wiederzusehen«, sagte Bea. »Es ist lange her.«

»Ich kann mich leider nicht an Sie erinnern«, erwiderte der Mann und ließ das leere Cocktailglas kreisen, das er in der Hand hielt.

»Mrs. Crowleys Pension. Ich bin nach dem Feuer fortgegangen.«

»Ja, natürlich, Beatrice. Solch eine Überraschung! Sie sehen gut aus. Ich bin froh, daß es Ihnen gutgeht. Also wirklich, solch ein Zufall!«

Bea brachte David nach oben, nachdem er allen gute Nacht gesagt hatte. Als er eingeschlafen war, ging sie nach draußen und setzte sich in den Garten. Als sie zu den Sternen aufblickte, von denen hier viel weniger zu sehen waren als in der Wüste, fragte sie sich, welche Tür sich wohl heute nacht öffnete. Kurz darauf tauchten Andrew und die Carpenters auf, jeder mit einem vollen Weinglas. »So, Bea, nun erzählen Sie mir von sich«, sagte ihr alter Bekannter und trank einen großen Schluck Wein.

»Oh, da gibt es nicht viel zu erzählen, aber Sie scheinen ein interessantes Leben geführt zu haben. Ich würde gern Ihre Geschichte hören.«

»Ha, ha«, kicherte er fröhlich. »Meine Geschichte, sagen Sie. Nun ja, es ist mir gut ergangen. Bergbau, wissen Sie. Da hatte ich Erfolg. Ihre Leute waren anfangs eine große Hilfe. Eines Tages hörte ich einen Mann über diesen besonderen Ort reden, einen Ort mit besonderer

Kraft, und da fragte ich mich, ob es so etwas wirklich gibt. Und wenn ja, warum? Vielleicht war die Stelle reich an Mineralien und hatte deshalb Wasser mit hohem Mineralgehalt. Also brachte ich ihn dazu, mir zu erzählen, wo sich der Ort befände. Dann ließ ich Analysen anfertigen und beantragte sofort die Abbaurechte. Ich kann Ihnen gar nicht sagen, wieviel Eisen, Uran und sogar Gold ich gefunden habe, indem ich die Aborigines nach ihren Kraftorten fragte. Natürlich bezahlen wir jetzt für die Bergbaurechte. Und das schon seit einer ganzen Weile. Es gibt von Zeit zu Zeit noch immer kleine juristische Auseinandersetzungen, aber nichts Bedeutsames. Ihr Volk hat einen weiten Weg zurückgelegt. Man braucht Sie nur anzuschauen, Bea. Es ist wunderbar, daß Sie so wohl aussehen.« Sein Brillantring funkelte im Mondschein, als er das Glas an die Lippen führte und leerte.

Als sie in dieser Nacht bei offenem Fenster im Bett lag, lauschte Bea den nächtlichen Stadtgeräuschen und dachte: Andrew Simunsen denkt also, daß wir einen weiten Weg zurückgelegt haben. Für mich riecht und schmeckt das nicht so. Ohne über jemanden zu urteilen, muß ich mir anschauen, wo wir stehen, und meine Energie zum höchsten Wohl meines Volkes einsetzen.

47

Judy war eine fünfunddreißigjährige Aborigine, die Bea bei einigen der politischen Versammlungen gesehen hatte. Sie wirkte gebildet und konnte ihre Meinung sehr gewandt ausdrücken. Bea hatte das Gefühl, sie würde eine gute Informationsquelle sein. Am folgenden Abend fand eine kurze Zusammenkunft von neun Personen statt. Es ging um eine Müllkippe, die die Verwaltung am Stadtrand in der Nähe einer Siedlung errichten wollte. Bea fragte Judy, ob sie noch bleiben könne, um miteinander zu reden. Bea erfuhr, daß Judy Lehrerin sei und sich sehr um die jungen Leute sorgte, vor allem um die Teenager, die tranken und Leim schnüffelten, um high zu werden. Sie erzählte Bea von der großen Anzahl der Schwarzen, die in Gefängnissen säßen, und erklärte, sie sei darum bemüht, sich für sie einzusetzen.

»Ich weiß, daß unsere Leute nicht generell schlecht sind; wir hatten kaum Verbrechen, bevor die Europäer an unsere Küsten kamen. Tatsächlich waren sie die Kriminellen, denn sie kamen in Ketten. Weshalb ist die Kriminalität nun unter unserem Volk viel höher als unter den Weißen – prozentual gesehen? Ich habe Straftäter gefragt, und die sagten mir, daß sie Geld stehlen, weil die Sozialhilfe nicht ausreicht. Manche von ihnen haben irgendwann versucht, eine Arbeit zu finden, aber fast alle haben es wieder aufgegeben. Die meisten Straftaten passieren, wenn der Betreffende unter dem Einfluß von Alkohol steht. Die jungen Leute sagen, daß sie trinken, weil es sonst nichts zu tun gibt. Es ist ein Abenteuer. Es fühlt sich gut an und macht ihnen Spaß. Und wenn ich sie nach ihrer Zukunft frage, sagen sie: ›Welche Zukunft?‹«

»Wie stellst du dir denn die Zukunft der Aborigines vor?« fragte Bea.

»Ich möchte gern, daß wir unsere eigenen Geschäfte hätten. Wenn wir Möbel herstellen und nur bei unseren Leuten kaufen würden, dann könnten wir uns mit der Zeit so verbessern, daß Menschen aller Hautfarben unseren Stil, unsere Farben, unsere Modelle bevorzugen würden. Vielleicht könnten wir sie eines Tages sogar exportieren. Möbel sind nur ein Beispiel. Wir haben wunderbare Künstler, aber sie werden für ihre Arbeit nicht bezahlt. Wir brauchen eigene Galerien und müssen selbst für uns werben. Wir brauchen Kleider- und Schuhfabriken, Kosmetikfirmen, Blumengeschäfte, Lebensmittelläden. Ich kenne kein einziges Aborigine-Restaurant. Schau dir die Ausländer an, die hierherkommen und eine Firma gründen und sehr gut zurechtkommen. Wir sind schon hier. Warum können wir das nicht auch?

Ich habe auch viel über die Bräuche unserer Vorfahren nachgedacht und darüber, daß unsere Kultur anscheinend zwischen den Welten steht. Es ist eine Tatsache, daß wir Probleme haben, unsere Steuern zu bezahlen. Wenn ein Arbeiter Geld bekommt, fällt es ihm schwer, für die zukünftigen Steuern etwas beiseite zu legen. Außerdem sind viele unserer Männer alkoholabhängig, und man kann sich nicht darauf verlassen, daß sie verantwortungsvoll mit dem Familieneinkommen umgehen. Ich würde vorschlagen, daß wir professionelle Buchhaltungsfirmen gründen, die sich um die Finanzen der kleinen Geschäftsleute kümmern, und daß wir jede berufstätige Familie aufnehmen und die Großmutter zur Verantwortlichen erklären. Sie würde das Geld verwalten und bestimmen, wie es ausgegeben wird. Ich weiß, daß das funktionieren würde!

Es ist möglich, eine erfolgreiche moderne Aborigine-Gesellschaft zu schaffen. Eine würdevolle, ehrliche und stolze Gesellschaft. Das bedeutet nicht, daß wir Teppiche auf die Böden unserer Häuser legen, wenn wir keine haben möchten, aber wir können die besten Teppiche im Land herstellen und an diejenigen verkaufen, die welche haben wollen. Wir können die Geister des Holzes ehren, wenn wir unsere Gebäude errichten, und vielleicht sogar einen Weg finden, sie haltbar zu machen, aber auch Material zu benutzen, das zur Erde zurückkehrt, wenn die Häuser verlassen werden.

Im Jahr 2000 werden viele Leute zu den Olympischen Spielen kommen. Sie könnten ein stolzes Volk sehen, dem es gutgeht, wenn wir uns bis dahin organisieren würden.

Ich mache mir auch Sorgen, weil es in fremden Ländern Aborigines gibt, die in Gefängnissen leben, weil sie nicht in diese Gesellschaft paßten und daher ein Verbrechen begingen. Manche haben nie eine Chance bekommen. Sie hatten nichts zu sagen, als man sie als Kinder in fremde Länder schaffte. Sie wissen nicht einmal, was es heißt, ein Aborigine zu sein. Wir müssen etwas unternehmen. Wir können uns nicht von ihnen abwenden und so tun, als existierten sie nicht. Sie sind unsere Brüder und Schwestern. Wir müssen sie finden und nach Hause holen.«

»Du hast sehr ehrgeizige Pläne«, sagte Bea zu Judy, die die ganze Zeit atemlos zu ihr gesprochen hatte.

»Dazu hat man uns Emotionen und Ehrgeiz gegeben. Nicht für uns selbst, sondern zum Wohl aller. Wirst du mir helfen? Kann ich auf dich zählen?«

»Ja«, antwortete Bea. »Ich will alles tun, was in meinen Kräften steht.«

Die beiden Frauen blieben noch eine Stunde zusammen und redeten miteinander. Als Bea endlich in das Haus der Carpenters zurückkehrte, gingen ihr viele Fragen und mögliche Antworten durch den Kopf.

Die erste Person auf ihrer Liste war Andrew Simunsen. Ein Besuch in seinem Büro wäre der beste Beginn. Sie wartete auf eine Gelegenheit, die sich am folgenden Dienstag ergab. Natalie und David gingen zusammen aus, so daß Bea den Nachmittag freihatte.

Sie zog das hübscheste Kleid an, das sie besaß, und nahm den Bus ins Zentrum des Finanzviertels. Als die Türen sich öffneten und sie ausstieg, sah sie die Welt, die Andrew sich geschaffen hatte. Das Gebäude bestand aus glattem Beton mit glänzenden silbernen Säulen, und weit mehr als die Hälfte davon schien fleckenlos reines Glas zu sein. Eine schwere riesige Glastür bildete den Eingang. Sie las Andrews Firmennamen und Büronummer in weißen Plastikbuchstaben auf schwarzem Grund auf einem Schild an der Wand und fuhr mit dem Aufzug in den vierten Stock hoch.

Sein Büro nahm die ganze Etage ein. Eine junge Frau mit kurzen braunen Haaren, die auf beiden Seiten von hübschen Goldkämmen gehalten wurden, saß hinter einem Schreibtisch in der Mitte eines halbkreisförmigen Empfangsraums.

»Kann ich Ihnen helfen?« fragte sie.

»Ja, ich würde gern Andrew Simunsen sehen.«

»Haben Sie einen Termin?«

»Nein, aber ich bin eine Freundin. Bitte sagen Sie ihm, daß Bea hier ist, Beatrice.«

»Es tut mir leid«, sagte die Empfangsdame. »Aber Sie brauchen einen Termin. Ich kann Ihnen einen geben.«

»Bitte sagen Sie ihm einfach, daß ich hier bin.«

»Das geht im Moment nicht. Er ist in einer Konferenz. Lassen Sie sich einen anderen Termin geben.«

»Nein«, sagte Bea und schüttelte den Kopf. »Ich werde

einfach warten.« Sie ging zu einer Sitzgruppe, die mit ge-
blümtem Stoff bezogen war, und machte es sich bequem.
Sie war entschlossen zu bleiben. Eine Stunde später öffnete sich die Aufzugstür, und Andrew und ein weiterer
Mann stiegen aus.

»Mr. Simunsen«, rief die Empfangsdame, als Andrew
zu einer Tür auf der linken Seite gehen wollte. »Hier ist
eine Frau, die Sie ohne Termin sprechen möchte.«

Bea stand auf. Andrew erkannte sie von weitem. Er
machte kehrt und kam in ihre Richtung. »Bea, ist etwas
nicht in Ordnung? Ist David etwas passiert, oder Natalie?
Ist alles in Ordnung?«

»Ja, ja«, antwortete Beatrice. »Bei den Carpenters ist
alles bestens. Es gibt etwas anderes, das ich mit Ihnen besprechen muß. Etwas sehr Wichtiges!«

»Sicher, okay, gut, in Ordnung«, erwiderte er und
nahm sich Zeit, um seine Gedanken zu ordnen. »Cindy,
führen Sie Beatrice in unseren Konferenzraum, und bringen Sie ihr eine Tasse Tee. Ich komme gleich nach.« Das
Mädchen winkte Bea, ihr zu folgen, und die beiden Männer gingen durch die andere Tür.

Der Konferenzraum war ein langes schmales Zimmer,
dessen eine Wand ganz aus Glas bestand und auf einen
Parkplatz hinausging, wo in der schwarzen Asphalt-
fläche kleine Quadrate Erde mit Bäumen bepflanzt
waren. Ein langer Tisch dominierte den Raum. Zu beiden
Seiten standen passende Ledersessel auf Rollen mit
hohen Rückenlehnen.

»Setzen Sie sich. Ich bringe Ihnen Tee«, sagte das
Mädchen über die Schulter. Kurz nach dem Tee erschien
auch Andrew und ging zu einem Platz gegenüber von
Beatrice. Als er sich hinsetzte, schien der große offene
Raum plötzlich auf Küchentischformat zu schrumpfen.

»Also, worum geht es?«

Bea erzählte ihm von ihrer Zeit im Outback und davon,

was die Aborigines für Menschen seien. Sie erzählte ihm, welche Ungleichheit sie in der heutigen Gesellschaft beobachtete. Sie teilte ihm Judys Ideen zur Finanzierung und Förderung der Selbsterhaltung durch private Firmen mit und berichtete von ihrer Sorge um diejenigen Menschen, die in fremden Ländern im Gefängnis saßen. Schließlich bat sie um seine Hilfe sowohl bei der Organisation als auch bei der Finanzierung. Sie bat ihn, diese Hilfe, die er jetzt geben könnte, als eine Art Vergütung dafür anzusehen, daß unschuldige, vertrauensvolle Menschen ihn zu geheiligten Kraftorten geführt hatten, ohne zu wissen, was sie damit aufgaben.

Andrew schien tatsächlich erleichtert. Irgendwie hatte er gefürchtet, sie würde mit ihm etwas besprechen wollen, das ihn persönlich betraf. »Ihrem Volk helfen? Ja, ich kann Ihnen helfen, Ihrem Volk zu helfen.«

Sie verbrachten weitere dreißig Minuten miteinander. Als Bea ging, hatte Andrew eingewilligt, Judy zu treffen. Die Begegnung fand in der folgenden Woche statt.

Bea stellte fest, daß sie bei all den Projekten und Sorgen, um die es sich zu kümmern galt, das größte Interesse dafür empfand, alle Aborigines, die in ausländischen Haftanstalten saßen, nach Hause zurückzuholen.

Tagsüber kümmerte sie sich weiterhin um David. Die Carpenters brachten ihr das Autofahren bei, damit sie mehr Möglichkeiten hätte, Ausflüge mit dem Kind zu unternehmen, und sie ging sogar zur Führerscheinstelle, wo sie die Prüfung bestand und einen gültigen Führerschein erhielt. Als sie den in der Hand hatte, stieß Bea ein lautes »Wow!« aus. In dieser Gesellschaft bedeutete er, daß sie es geschafft hatte. Sie war stolz darauf, ein »Wahrer Mensch« zu sein.

Abends und an den Wochenenden schrieb Bea Briefe und sammelte Informationen. Das größte Hindernis, auf das sie stieß, bestand darin, daß viele Länder kein Zentralregister hatten. Jede Institution führte eigene Akten, und die meisten hatten keine besondere Klassifikation für Häftlinge, die Aborigines waren. Sie stellte fest, daß Amerika nur Schwarze, Latinos, Asiaten, Weiße und Indianer registrierte. Ihre Landsleute liefen unter der Rubrik »Andere«. Und so schrieb sie im Laufe der Monate jeden der fünfzig amerikanischen Bundesstaaten an und fragte nach allen Männern und Frauen in der Spalte »Andere« ihrer Computerlisten. Am Schluß schrieb sie persönlich an einige der aufgezählten und mit Nummern versehenen Personen, die man ihr genannt hatte.

Dann, im Juni, erhielt sie aus den Vereinigten Staaten ein Dokument mit der Identifizierung eines einzelnen Aborigine-Mannes. Dessen Urteil lautete auf lebenslänglich ohne Bewährung. Er hatte bereits dreißig Jahre abgesessen. Sie bekam die Erlaubnis, direkt an Jeff Marsh, Häftlingsnummer 804781, zu schreiben, und auch einige Anweisungen, die sie zu beachten hätte.

Lieber Jeff,

ich möchte mich vorstellen. Mein Name ist Bea Lake. Ich bin eine Aborigine-Frau von sechsundfünfzig Jahren und arbeite an einem Projekt, Verbindung mit allen Brüdern und Schwestern aufzunehmen, die irgendwo auf der Welt in Haft sind. Wie ich höre, bist du ein Aborigine. Ich würde gern von dir hören, dich kennenlernen und deine Freundin sein. Ich lege einen adressierten Rückumschlag für deine Antwort bei. Ich hoffe, bald von dir zu hören.

Herzliche Grüße,
Bea

Liebe Bea,

*danke für deinen Brief. Persönliche Korrespondenz ist
selten für mich. Gelegentlich bekomme ich einen Dank
von jemandem, der eine meiner künstlerischen Arbeiten
erworben hat, die ich bei einer jährlichen Gefängnisver-
anstaltung verkaufe. Ja, ich bin ein Aborigine. Ich
wurde in Australien geboren und bin ebenfalls sechsundfünfzig Jahre alt. Ich habe in Australien gelebt, bis
ich im Alter von sieben Jahren adoptiert wurde. Ich weiß
nicht mehr viele Einzelheiten, aber ich erinnere mich
sehr gut an das Gefühl völliger Freiheit und Sorglosig-
keit. Meine Hölle begann, als ich Australien verließ.
Ich würde dir gern schreiben, aber die Kosten für Brief-
marken könnten ein Problem sein. Im Augenblick be-
sitze ich etwas Geld, weil ich fünf Prozent von den Einnahmen aus den Kunstobjekten bekomme, die jedes Jahr
verkauft werden. Ich habe noch nicht alles verbraucht.
Ich kenne den Preis für einen Brief nach Übersee nicht;
wenn es also teuer ist, werde ich nicht oft schreiben.
Worüber sollen wir reden?*

*Herzliche Grüße,
Jeff Marsh*

In den folgenden zwei Jahren wechselten Bea und Jeff
Briefe miteinander, bis jeder die Lebensgeschichte des anderen kannte. Bea berichtete, daß sie ihren Namen geändert hätte, und Jeff erklärte, er habe dasselbe getan. Sie
waren erstaunt, daß ihre Geburtsdaten so nahe beieinan-
derlagen. Aus den offiziellen Unterlagen ging hervor,
daß sie an zwei aufeinanderfolgenden Tagen geboren
worden waren. Als Geburtsort war bei Bea die Stadt an-
geführt, in der das Waisenhaus lag, und als Geoffs Geburtsort wurde Sydney angegeben. Bea arbeitete außer-

dem daran, ein Komitee zu bilden, das sich auch um internationale Angelegenheiten kümmerte. Endlich wurde ihr von der Regierung eine Anhörung zugesagt, und sie schlug ein Programm zum Häftlingsaustausch vor. Das langfristige Ziel der Aborigines Australiens sei, so legte Bea dar, die Selbstverwaltung. Wenn die Aborigines die Macht hätten, Menschen ihres eigenen Volkes zu bestrafen, zu inhaftieren und zu rehabilitieren, würden sie auch ihren Einfluß geltend machen und die Jugend daran hindern können, Verbrechen zu begehen.

Acht Monate später erhielt Bea eine Antwort. Die australische Regierung wollte in Erwägung ziehen, den Aborigine mit amerikanischer Staatsangehörigkeit aufzunehmen, aber viele Fragen und Details wären noch zu regeln: Entspräche er den Austauschbedingungen? Welche konkreten Details wären für den Umgang mit diesem Häftling vorgesehen, wenn die Aborigines wirklich nach ihren eigenen Maßstäben strafen und rehabilitieren wollten? Wie könnten sie die Gesellschaft davor bewahren, daß dieser schon verurteilte Kriminelle weitere Straftaten beginge?

Bea rief ihren alten Freund Andrew zu Hilfe, der immer noch ein treuer Helfer war. Sie erzählte ihm von der Regierungsanhörung und fragte ihn um Rat. »Nun, ich denke, Sie müssen diesen Jeff besuchen und fragen, was er von einer Rückkehr nach Australien hält. Sie müssen hingehen und sich einen Eindruck von ihm verschaffen. Stellen Sie fest, was er für ein Typ ist. Ich weiß, Sie sind sehr optimistisch, aber vielleicht ist er nicht zu retten. Ich werde Ihr Flugticket bezahlen und alle sonstigen Kosten übernehmen.«

48

Bea mietete sich bei einem Autoverleih einen Wagen. Der junge uniformierte Angestellte händigte ihr die Papiere und einen einzelnen Autoschlüssel mit einem Anhänger aus, auf dem stand, daß der Wagen in der Parkbucht 33 abgestellt sei. Außerdem erhielt sie eine Straßenkarte von der Gegend, auf der sie mit einem orangefarbenen Filzstift den Highway und die Lage einer nahen Stadt markierte. Sie folgte den Schildern, die zu einer Parkgarage in der Nähe führten, fand die Parkbucht 33 und öffnete mit dem Schlüssel die Tür eines weißen Ford, der so neu war, daß er laut Tacho erst siebzig Kilometer zurückgelegt hatte. Sie setzte sich hinters Steuer und fühlte sich auf der linken Seite des Wagens ziemlich unbehaglich; ungeschickt hantierte sie an Hebeln und Knöpfen herum, bis sie die Fensteröffner und Scheibenwischer gefunden und den Sitz nach vorn geschoben hatte, um die Pedale besser erreichen zu können. Zum Schluß schaltete sie die Scheinwerfer ein, weil der Wagen in einer Tiefgarage stand. Sie mußte drei Ebenen nach oben fahren, bis sie die Ausfahrt erreichte, wo sie ohne Fragen von einem Angestellten durchgewinkt wurde, der ein starkriechendes Thunfischsandwich aß. Als sie nach draußen in den hellen Sonnenschein kam, blinzelte sie einen Moment, bis sich ihre Augen daran gewöhnt hatten.

Die ländliche Gegend auf dem Weg zum Gefängnis war derjenigen sehr ähnlich, die ihr aus ihrem eigenen

Land vertraut war. Auch hier war es das ganze Jahr über warm, und die Häuser hatten Veranden, offene Fenster und holperige Schotterwege, die als Zufahrt dienten. Gelegentlich stand in einem Hof ein nicht mehr funktionierendes Fahrzeug herum, schon lange aufgegeben und vergessen, von hohem Unkraut umgeben. Sie schaltete das Radio ein, fand aber nichts, was ihr gefiel. Nach etwa sechzig Kilometern erspähte sie ein hölzernes Schild mit abblätterndem Anstrich und verblichener Schrift: die Überreste eines Wegweisers zu der Straße, die zu dem Hochsicherheitsgefängnis führte.

Bea fuhr eine gepflasterte Einfahrt hinauf, umrundete einen Platz mit einem hohen Wachturm und erreichte eine Fläche, die mit »Besucher« gekennzeichnet war. Sie parkte den Wagen und ging zu der kleinen Gruppe von Menschen, die auf der gegenüberliegenden Straßenseite vor dem Gefängniseingang stand, und zwar unter einem weiteren hohen verglasten Wachturm, aus dem ein Polizist herunterschaute. Als sie gerade der Frau neben sich eine Frage stellen wollte, brüllte ein Lautsprecher los: »Die nächsten drei. Die nächsten drei eintreten.« Die drei Frauen, die dem Eingang am nächsten standen, lösten sich aus der Gruppe und gingen über die Straße auf den Eingang zu. Bea reihte sich ein und wartete darauf, aufgerufen zu werden. Unter den Besuchern sah sie keine Männer. Es schienen nur Frauen und ein paar Kinder zu sein. Die meisten der Frauen waren Schwarze. In Abständen von ungefähr zwanzig Minuten ertönte die Stimme wieder mit »Die nächsten drei eintreten«. Und die Herde schob sich vorwärts. Endlich kam Bea an die Reihe. In der Mitte eines eindrucksvollen, fünf Meter hohen Drahtzauns, der oben mit Stacheldraht versehen war, befand sich ein elektronisch funktionierendes Tor. Wenn der Besucher dieses durchschritten hatte, erreichte er einen weiteren Zaun mit Tor. Die Lücke zwischen den beiden Zäunen war rechts und links vollständig mit Rollen messerscharfen Drahts ausgefüllt, der über einem Zementboden mit schmalen Wasserrinnen glänzte. Diese Rinnen sollten offenbar die elektrische Leitfähigkeit des Drahts verstärken. Das Gebäude, das vor Bea lag, war in blassem Apfelgrün gestrichen.

Im Inneren des Gebäudes wurde sie um ihren Paß gebeten und mußte sich anhand des Fotos identifizieren lassen. Sie trug sich in das Besucherverzeichnis ein und reichte dem Diensthabenden den Erlaubnisschein, den sie per Post erhalten hatte. Als sie das Papier aus der Tasche nahm, bemerkte sie den Stempel in der linken Ecke: »Todestrakt«. Der Wachmann starrte auf das Foto und dann auf Beas Gesicht, ehe er sie endlich einließ. »Wieso steht hier ›Todestrakt‹?« fragte Bea den Mann hinter dem Schalter. »Weil das sein Urteil war, Lady. Vielleicht ist er durch irgendeinen Zufall noch am Leben, aber eigentlich sollte er das nicht sein.« Mit dem gleichen nüchternen Gesicht wies er sie an, ihm ihre Handtasche zu geben, Gürtel und Schuhe abzulegen und ihre Fußsohlen zu zeigen. Dann mußte sie alles aus den Taschen ihres Kleides herausnehmen und sämtliche Metallgegenstände abgeben, die sie bei sich trug. Schließlich wurde sie noch von einem schwitzenden Wachmann mit strengem Gesicht, der mehr als dreihundert Pfund wog, mit flachen Händen abgetastet. Der Mann konnte sich kaum vorbeugen, weshalb die Suche nicht sehr gründlich war. Dann wies man sie an, alle ihre Habseligkeiten in einen Spind einzuschließen und den Schlüssel und ihre Schuhe in den nächsten Raum zu bringen. Nachdem sie die Türen durchschritten hatte, betrat sie einen langen Gang, der auf halbem Weg zum Ausgang einen Drahtkäfig aufwies. Es handelte sich um einen Metalldetektor, den sie passieren mußte. Danach durfte sie ihre Schuhe wieder anziehen.

Als die Ausgangstür aufgesperrt worden war, kam sie in einen weiteren langen Gang und folgte einem neuen Wachmann um mehrere Ecken, bis sie schließlich einen Raum mit einer Trennwand in der Mitte erreichten. Diese Trennwand bestand oben aus Plexiglas, unten aus stabilem Metall. In Abständen von etwas mehr als eineinhalb Meter gab es jeweils eine Ablage, davor stand ein Stuhl; auf der anderen Seite der Trennwand stand ebenfalls ein Stuhl. Auf der Ablage stand ein Telefon. Man konnte also von Angesicht zu Angesicht mit den Häftlingen sprechen, aber nur per Telefon.

»Vier«, murmelte der Wachmann, und Bea ging zu dem vierten Stuhl. Sie hatte sich gerade hingesetzt, als sich auf der anderen Seite des Raums eine Tür öffnete und Geoff Marshall eintrat, an Händen und Füßen mit Ketten gefesselt.

Der Raum war grau, der Boden aus Zement, die Wände aus Stein, die Decke schmutzig. Von den Fassungen der Glühbirnen blätterte die Farbe ab. Geoff hatte diesen Raum vor dreißig Jahren zum letzten Mal gesehen; seither hatte niemand mehr versucht, den Gefangenen Nr. 804781 zu sprechen.

Bea saß bereits, als sich die Tür öffnete. Geoffs erstes Gefühl war Enttäuschung. Er hätte es lieber gehabt, wenn sie gestanden hätte. Es war so lange her, daß er eine Frau gesehen hatte, daß er sich danach sehnte, sie mit einem langen Blick von Kopf bis Fuß mustern zu können. Sie wirkte schwer. Ihr rundes, pausbäckiges Gesicht und ihre breite, flache Nase sowie die schwarzen Augen sahen ganz ähnlich aus wie das, was er erblickte, wenn er gelegentlich in einen Spiegel schaute. Sie war aus Australien gekommen, und sie gehörte derselben Rasse an wie er, also nahm er an, daß sie in Ordnung wäre. Was hatte er erwartet? Ein langbeiniges, schlankes, knappbekleidetes Fotomodell? Ja, davon hatte er geträumt.

Er hatte jahrelang davon geträumt, Besuch zu bekommen, und als man ihm sagte, daß Bea eine Besuchserlaubnis beantragt habe, hatte er sich in Gedanken die Frau seiner Träume vorgestellt und sich über zwei Monate auf diesen Augenblick gefreut. Die Tatsache, daß sie in einem ihrer Briefe geschrieben hatte, sie sei genauso alt wie er, hatte er verdrängt. Es war viel angenehmer, sich eine junge, schöne Besucherin vorzustellen.

In dem Moment, in dem sie ihn sah, lächelte sie und stand auf. »Hallo«, sagte sie und nickte immer wieder mit dem Kopf.

Die Figur eines Fotomodells hatte sie nicht.

Der Wachmann nahm Geoff die Handschellen ab, und er schlurfte mit gefesselten Füßen zu Stuhl Nummer vier.

»Du bist nicht, was ich erwartet hatte«, sagte er, nachdem er den Telefonhörer abgenommen hatte.

»Wieso, was hattest du denn erwartet?« fragte sie.

»Weiß ich nicht. Schon gut. Ich dachte einfach, du würdest anders sein.«

Bea lächelte und fragte: »Weißt du, warum ich hier bin?«

»Klar«, antwortete Geoff. »Irgend jemand hatte den verrückten Traum, du könntest mich vielleicht aus diesem Höllenloch rausholen, bevor ich so alt werde, daß ich in meiner Zelle sterbe.«

»Bei den Vereinten Nationen wird ernsthaft darüber verhandelt, daß ausländische Staatsbürger ihre Haft in ihren Heimatländern verbüßen sollen. Dabei werden Leute wie du, die von Ausländern adoptiert worden waren, ohne selbst ein Mitspracherecht zu haben, besonders berücksichtigt. Man nimmt an, ihr Leben hätte sehr viel anders verlaufen können, wenn sie von ihrem eigenen Volk großgezogen worden wären. Genaue Vorschriften für die Rehabilitation gibt es noch nicht, aber sie hat jedenfalls Vorrang vor der Strafe. Wir verlangen, daß du unseren Stammesführern übergeben wirst. Du wärest der erste, also können sie sich keinen Fehlschlag leisten. Du mußt unbedingt wissen, daß es keine Haftentlassung bedeutet, wenn man dich von hier fortgehen läßt. Deine Situation war der Anlaß, daß wir uns mit den sehr zersplitterten Beziehungen zwischen den Übriggebliebenen der verschiedenen Stämme beschäftigt haben. Auf eine sehr positive Weise hat deine Lage uns zur Einigkeit gezwungen. Wo früher Hunderte von Stämmen existierten, bemühen wir uns jetzt, als einheitliches Volk aufzutreten. Du würdest einer Gruppe von Männern übergeben werden, die wahrscheinlich aus acht bis zehn Personen besteht. Die Männer kümmern sich um Männerangelegenheiten, die Frauen um die ihrigen. Sie würden dich auffordern, ihnen deine Lebensgeschichte zu erzählen und auch alle Einzelheiten deines Verbrechens. Und sie würden alles über dein Leben hinter Gittern bis zum Tag deiner Auslieferung wissen wollen.

Ich kann dir nicht sagen, was passieren würde. Früher wurden Männer isoliert, gemieden oder sogar mit einem Speerstich ins Bein bestraft, wenn sie eines Vergehens für schuldig befunden wurden. Jeder Stamm handelte als eigenständiger Staat. Heute hat sich das natürlich alles verändert. Wir hoffen, daß wir keine Polizei brauchen werden, wenn man uns das Recht gibt, über uns selbst zu bestimmen. Falls doch, würden wir für ein System eintreten, das fair ist und jeden Fall offen diskutiert. Bevor ich weitere Schritte unternehmen kann, Geoff, muß ich wissen, ob du bereit bist, dich gegen einen Amerikaner austauschen zu lassen, der in Australien inhaftiert ist.«

»Bea, darauf kann ich dir im Augenblick keine Antwort geben«, sagte Geoff und sah sie über den Hörer des schwarzen Telefons hinweg an. »Es wäre ein Traum, aus diesen Mauern herauszukommen, aber fairerweise kann ich nicht sagen, daß ich das tun würde, ohne eine gewisse

Vorstellung davon zu haben, was auf der anderen Seite mit mir passiert. Hier habe ich keine Freiheit. Mir wird vorgeschrieben, was ich anziehen und was ich essen soll, wann ich zu duschen habe und wann ich mich körperlich bewegen darf, sogar, wann ich zu sprechen habe. Alles wird geregelt. Ich bin machtlos. Aber es ist so lange her, daß ich für mich selbst verantwortlich war, daß ich bei dem Gedanken daran, mit meinen begrenzten Fähigkeiten zu überleben, wirklich Angst bekomme. Und vielleicht haben diese Stammesführer irgendeine übertriebene Strafe im Sinn. Ich weiß nicht genug darüber, was es heißt, Aborigine zu sein. Ich habe versucht, ein paar Bücher zu lesen, aber die sagten mir eigentlich nicht viel. Kannst du mir dabei helfen? Wo soll ich anfangen?«

Bea hörte dem Mann auf der anderen Seite der durchsichtigen Wand aufmerksam zu. Sie verstand, was er sagte, und hoffte, daß sie auch begriff, was er fühlte. »Ich will dir helfen, Geoff. Ich werde für dich die Philosophie des Stammes der ›Wahren Menschen‹ aufschreiben, wie man sie mir erklärt hat. Ich denke, wenn du das liest, was ich geschrieben habe, wirst du merken, daß deinem Leben nicht alle Elemente gefehlt haben, die sie für wichtig halten.

Unsere Beziehung zur Göttlichen Einheit lag immer in der Art und Weise, wie wir unser tägliches Leben führen. Wir sind mit der gesamten Natur und der ganzen Menschheit verbunden. Unser Volk betrachtet das Leben vor der Geburt und nach dem Tod als das Ewige. Es gibt eine Botschaft aus dem Ewigen. So wie die Christen eine Liste von ›Du sollst nicht‹-Regeln haben, die ihr Verhalten bestimmen, haben auch wir unsere Vorschriften.« Sie lachte und fuhr fort: »Bei uns heißt es allerdings weniger ›Du sollst nicht‹ als vielmehr ›Du sollst‹. Wie mir in der Wüste erklärt wurde, gilt das, was die Seelen mit der Erfahrung des Menschseins tun sollen, für jeden Menschen überall und zu allen Zeiten der Geschichte. So unglaublich das auch klingen mag, es gilt auch für dich an diesem Ort. Und es wird auch gelten, wenn du von hier fortgehst und nach Australien zurückkehrst oder aber entscheidest, daß du hierbleiben möchtest.

Es tut mir leid, daß wir jetzt so wenig Zeit füreinander haben, aber ich bin froh, daß ich kommen und dich besuchen konnte. Ich habe das Gefühl, daß wir mehr sind als Bekannte, daß wir wirkliche Freunde sind, eine echte Beziehung zueinander haben. Ich hoffe, du fühlst das genauso.«

Geoff nickte verständnisvoll mit seinem grauen Kopf. Mit einem verwirrten Ausdruck auf seinem pausbäckigen Gesicht sagte er: »In einem deiner Briefe hast du geschrieben, daß du auch eine Waise seist. Wir könnten miteinander verwandt sein.«

Bea lächelte. Auch sie hatte daran schon gedacht. »Meine Stammesleute würden sagen, daß das keine Rolle spielt. Wir sollen jeden, dem wir begegnen, mit gleicher Achtung und Ehrerbietung behandeln. Wenn sich dann später herausstellen sollte, daß die Person ein neuentdeckter Verwandter ist, wäre die Freude nur um so größer.«

»Hmm«, murmelte er und dachte über ihre Antwort nach. »Ich muß wohl noch eine Menge lernen.«

Über Lautsprecher kam die Ansage: »Nummer vier, die Zeit ist um.« Als Bea aufstand, um zu gehen, sagte sie: »Ich unterstütze dich auf deiner Reise und freue mich darauf, wieder von dir zu hören.«

»Ja, ich auch«, antwortete Geoff und stand ebenfalls auf. Seine Schultern waren nach vorn gebeugt. Er schlurfte zum Ausgang, wo der Wachmann ihm wieder die Handschellen anlegte. Bea ging traurig hinaus.

Der Tag endete damit, daß zwei Menschen vereint waren, ein Kreis sich geschlossen hatte und ein anderer vielleicht bereit war, sich zu öffnen. Bea konnte sich vorstellen, daß alle Aborigines durch den Einfluß dieses einen Mannes zu Würde und Achtung zurückfinden würden. Sie hoffte, ihn eines Tages mit erhobenem Kopf zu sehen, stolz auf das, was er war; daß er sein wahres Erbe begriff und danach lebte.

Mit diesem Gedanken im Herzen kehrte sie in das Motel zurück, in dem sie übernachtete, und setzte sich an den kleinen hölzernen Schreibtisch am Fenster. Sie begann zu schreiben.

Am nächsten Morgen, als sie auf dem Weg zum Flughafen war, um nach Australien zurückzukehren, gab sie den Brief auf.

Zwei Tage später reichte der Gefängniswärter, der die Post verteilte, Geoff einen dicken Umschlag. Darin befanden sich ein mehrseitiges Dokument, an einer Ecke zusammengeheftet, und ein Brief:

Lieber Geoff,

wie du wuchs ich ohne jegliche Kenntnis meines Erbes auf. Zum Glück fand ich den Wüstenstamm der ›Wahren Menschen‹. Indem ich mit ihnen lebte, lernte ich die Werte kennen, die im Leben am wichtigsten sind. Ihre Überzeugungen sind schon alt, aber heute noch genauso richtig. Sie gelten für dich und mich. Sie gelten für jeden Menschen.

Wenn du in das Land deiner Geburt zurückkehrst, kann ich nicht für das garantieren, was mit dir geschehen wird. Aber ich kann dir anbieten, was unser Volk mir angeboten hat – ein Verständnis für unsere Verbundenheit mit der Göttlichen Einheit und uns selbst als Geister des Ewigen.

Ich habe aufgeschrieben, was sie mich gelehrt haben, und ich nenne es »Botschaft aus dem Ewigen«.

Die Entscheidung, nach so vielen Jahren nach Austra-
lien zurückzukehren, mußt du allein treffen. Ich werde
jeden Entschluß, den du faßt, respektieren.
Aber du sollst wissen, Jeff, daß du auf deiner Reise ge-
liebt und unterstützt wirst – von mir, vom Stamm der
›Wahren Menschen‹ und vom ganzen Universum.

Herzlichst
Bea (Biene)

Botschaft aus dem Ewigen

aufgeschrieben von Bea Lake

Die folgende Botschaft gilt für jede Seele überall auf der Welt. Sie war immer gültig, von der Zeit der Höhlenmenschen an bis heute. Die Aufgabe ist nicht der weltliche Erfolg, sondern die Orientierung am Spirituellen.

Dieser Maßstab galt bei meinem Volk im Outback seit Anbeginn der Zeiten. Sie waren niemals Bauern, Kaufleute oder Hirten. Sie waren immer Sammler, Musiker, Künstler und Dichter; sie lebten in Eintracht mit ihresgleichen, der Erde, all ihren Geschöpfen.

Dies ist einer ihrer rituellen Gesänge:

Ewige Einheit
Die in Stille für uns singt,
Die uns voneinander lernen läßt,
Leite meine Schritte mit Kraft und Weisheit.
Möge ich die Lehren verstehen, wenn ich gehe,
Möge ich den Zweck aller Dinge ehren.
Hilf mir, alles mit Achtung zu berühren,
Immer von dem zu sprechen, was hinter meinen Augen
  liegt
Laß mich beobachten, nicht urteilen.
Möge ich keinen Schaden verursachen
Und Musik und Schönheit zurücklassen, wenn ich gehe.
Und wenn ich in das Ewige zurückkehre,
Möge sich der Kreis schließen
Und die Spirale breiter sein.

Du bist ein spirituelles Wesen, das hier auf der Erde eine menschliche Erfahrung macht. Du hast dich dafür entschieden zu kommen. Es war weder ein Unfall noch ein Zufall, daß du aus den zwei Menschen geboren wurdest, die biologisch deine Eltern sind. Du warst dir dessen bewußt, wer sie waren, unter welchen Umständen du empfangen wurdest und welches genetische Muster beiden innewohnten. Du hast ›Ja!‹ gesagt.

Du bist ein spirituelles Wesen, das sich zur Erleuchtung entwickelt. Die Erde ist ein Klassenzimmer, wo dir Lehren und praktischer Unterricht angeboten werden. Sie ist ein einzigartiger Planet mit einzigartigen Lebensformen. Sie ist der einzige Ort im Universum, wo sechs Sinne – Sehen, Hören, Schmecken, Fühlen, Riechen und Intuition – mit dem als Gefühle bezeichneten Energiefeld dazu dienen, einen sichtbaren Körper mit dem unsichtbaren Geist zu verbinden.

Jedes physische Ding auf dem Planeten Erde kommt aus der Einen Göttlichen Quelle, und alle sind aus identischen Energieteilen entstanden. Wir sind eins mit der ganzen Schöpfung.

Vermutlich bist du vertraut mit den Zehn Geboten oder ›Du sollst nicht‹-Gesetzen. Sie stehen der Menschheit seit Tausenden von Jahren zur Verfügung.

Es gibt auch die Gesetze des ›Du sollst‹, und die gibt es noch viel länger. Wenn die ›Du sollst‹-Gesetze befolgt worden wären, dann hätte es der Zehn Gebote gar nicht mehr bedurft.

Dein Hiersein ist freiwillig, selbstgewählt und lange erwartet. Dein ewiges Fortschreiten wird diese menschliche Reise widerspiegeln.

Hier sind die ›Du sollst‹-Gesetze für alle Menschen:

1. Du sollst deiner eigenen Kreativität Ausdruck verleihen.

Jedes Individuum sieht Dinge aus seinen eigenen Umständen heraus und kann dies der Welt gegenüber auf eine einzigartige Weise ausdrücken. Kreativität schließt die Künste ein, ist aber nicht auf diese beschränkt, und Malen, Komponieren oder Schreiben sind in keiner Weise bedeutender als die kreativen Schritte, die man unternimmt, um jemanden zu trösten, der Kummer hat, um Ordnung ins Chaos oder in Konflikte zu bringen oder um einem Kind eine schöne Geschichte zu erzählen.

Wenn manche Menschen glauben, sie hätten kein kreatives Talent oder irgendeine Situation im Leben verhindere dessen Ausdruck, dann nutzen sie die Gelegenheit nicht, ihre Seele zu bereichern. In Wirklichkeit ist das Gegenteil der Fall. Wer sich gegen Widerstände erhebt und darum bemüht ist, sein kreatives Bewußtsein freizusetzen, erwirbt sich große Verdienste.

Die Gesellschaft ist so beschaffen, daß nicht alle Menschen Gelegenheit haben, Anführer zu sein. Weil es viel mehr von uns gibt, die nur Anhänger sind, ist es um so wichtiger, jeden Impuls an Kreativität in die Tat umzusetzen. Die Kreativität sollte eigentlich immer etwas Positives sein, aber wir haben einen freien Willen. Darum ist es möglich, sie in einer Weise zu nutzen, die sich als negativ für uns und die Welt herausstellt. Wir können uns ausdrücken in der Art, wie wir unser Haar kämmen, unsere Kleider auswählen, unsere Wohnung einrichten oder auch nur etwas reparieren. Der Schlüssel scheint zu sein, daß wir unser Handeln zum Ausdruck unserer selbst machen und daran arbeiten, es zu etwas zu machen, worauf wir stolz sind.

2. Erkenne, daß du Verantwortung trägst.

Du bist ein Gast auf diesem Planeten und als solcher dafür verantwortlich, ihn so zu hinterlassen, wie du ihn vorgefunden hast – oder in einem besseren Zustand. Du bist verantwortlich für die Art, wie du für andere Lebensformen Sorge trägst, die nicht für sich selbst sprechen oder sich selbst helfen können. Du bist verantwortlich für Versprechungen, die du gemacht hast, Vereinbarungen, die du getroffen hast, und für die Konsequenzen all deiner Handlungen.

Es ist wichtig zu erklären, daß die spirituelle Entwicklung weder Anfang noch Ende hat. Es ist nicht so, als drehe man einen Wasserhahn auf oder zu. Wenn ein Mensch stirbt, entsteht nur eine Pause in einem interessanten Prozeß, während die physischen Überreste beseitigt werden. Tatsächlich ist es unmöglich, jemanden zu töten. Menschen sind Wesen des Ewigen, wenn auch der Tod den physisch sichtbaren Ausdruck beendet. Du bist Rechenschaft schuldig für deine Gedankenlosigkeit wie auch für allen Schmerz und alles Leid, die du jemandem zugefügt hast, und dafür, was das für diejenigen bedeutet, die mit dem Geschädigten verbunden sind. Der verstorbene Mensch hat keinen bösen Willen mehr – den hat die Gesellschaft.

Damit du Anteil daran hast, daß die Waagschalen im Gleichgewicht sind, mußt du Verantwortung übernehmen für alles, was du sagst und tust. Du mußt lernen, das Leben zu ehren und zu hegen und zu seiner Erhaltung beizutragen.

Du bist verantwortlich für deinen Körper. Er ist eine Gabe, die du dir von jenen Kräften ausgeliehen hast, die dein Bewußtsein zu formen und zu beleben halfen. Ihn zu vernachlässigen oder zu mißbrauchen ist verantwortungslos.

Jeder Mensch ist für seine sexuellen Handlungen verantwortlich.

Du bist verantwortlich dafür, die Seele jedes empfangenen Kindes anzuleiten, seinen Körper zu beschützen und ihm positive emotionale Beispiele zu geben.

Diese Regel geht Hand in Hand mit der Kreativität. Du bist verantwortlich für das, was du schaffst und mit der Welt teilst, für den Schutz anderer und dafür, dem Leben keinen Schaden zuzufügen.

3. Vor deiner Geburt hast du eingewilligt, anderen zu helfen.

Der Mensch ist nicht dazu gedacht, seine Lebensreise allein zurückzulegen. Wir sind dazu geschaffen, einander zu unterstützen und zu hüten. Alles, was wir tun, sollte von dem Gedanken begleitet sein: »Was dient dem höchsten Wohl allen Lebens?«

Dienst am Nächsten bedeutet, daß wir Hilfe leisten, Wissen teilen und dem Leben eines anderen Menschen Positives hinzufügen. Alle Menschen werden mit dem Recht geboren, mit Achtung und Würde behandelt zu werden. Hilfreich zu sein bedeutet, den Alten, den Kindern, den Kranken und den Sterbenden die Hand zu reichen. Dienen ist das Gegenteil von einem Verhalten, bei dem man nur sich selbst im Auge hat oder das auf Ruhm oder wirtschaftlichen Vorteil ausgerichtet ist. Es bedeutet, sich zu vergegenwärtigen, daß wir Teil einer Gemeinschaft sind, der Gemeinschaft menschlichen Bewußtseins. Das Schicksal des Planeten Erde steht und fällt mit gemeinschaftlichem Handeln.

4. Du sollst emotionale Reife erlangen.

Wir alle verleihen sämtlichen Gefühlsregungen Ausdruck, als da sind Wut, Enttäuschung, Depression, Hoffnungslosigkeit, Schuld, Gier, Traurigkeit und Sorge, ebenso Freude, Glück, Hoffnung, Friede, Liebe und so weiter. Während du reifst und Einsicht in das erwirbst, was es bedeutet, menschlich zu sein, besteht das Ziel darin, deine Gefühle wachsen zu lassen, sie zu disziplinieren und auszuwählen. Wie ein berühmter Mensch einmal sagte: »Du bist so glücklich, wie du es zuläßt.«

Beziehungen und Geschehnisse sind Kreise. Sie beginnen, setzen sich fort und enden an irgendeinem Punkt. Wenn du emotional reifst, ist es nicht schwer, jeden Kreis zu schließen und keine offenen Enden, keine negativen Gefühle, zurückzulassen.

Es ist zu hoffen, daß du die Erfahrung der Wut als Kind – also früh im Leben – gemacht hast. Du kannst erkennen, wie es sich physisch anfühlt, wenn dein Körper voller Wut ist, und es mit dem Gefühl bei Verständnis, Nachgiebigkeit und innerem Frieden vergleichen. Der einzige Weg, wie deine Seele mit deinem Bewußtsein in Verbindung treten kann, führt über die Gefühle. Wenn dich beispielsweise dein Rücken schmerzt, solltest du dich fragen, warum. Wofür steht der Schmerz? Was kannst du tun, um etwas daran zu ändern? Was kannst du daraus lernen? Dann kümmere dich darum, was rein physisch getan werden muß, um deinen Körper in Ordnung zu bringen, aber versäume es auch nicht, darüber nachzudenken und die spirituellen Lehren daraus zu ziehen.

Auch die Ehrfurcht vor deinen Gefühlen hat ihren Platz, besonders Freude und Kummer. Eines von beiden zu unterdrücken, kann dazu führen, daß physische Krankheiten auftreten.

Eine der wichtigsten Ausdrucksformen für die Gesundheit jedes einzelnen und für die Gesundheit unseres Planeten ist das Lachen. Als Mensch hast du Bewußtsein, die Gabe des Humors und die Fähigkeit, diesen zu äußern. Durch Lachen und Heiterkeit kann der Körper gesund bleiben und können gesundheitliche Probleme korrigiert werden. Der Humor beseitigt Schwierigkeiten; er stärkt Beziehungen und bringt anderen Freude. Die Dinge, die wir lustig finden und über die wir lachen, müssen genau analysiert werden. Wichtig dabei ist, daß wir vermeiden, in irgendeiner Weise destruktiv zu sein. Der Humor ist so wichtig für unser Wohlbefinden, daß du nie die Augen zur Nachtruhe schließen solltest, bevor du nicht während des Tages irgendwann gelacht oder Freude empfunden hast. Falls nicht, steh wieder auf und suche etwas, worüber du glücklich sein kannst.

Clowns sind besondere Menschen, die man in jeder Kultur findet. In jedem von uns steckt ein Clown, und es gibt eine Zeit in unserem Leben, wo es passend ist, diesen Aspekt auszuleben. Wir werden niemals zu alt, um daran noch Freude zu haben.

Aber Aufrichtigkeit ist der Schlüssel zu allem. Du kannst nicht die Wahrheit darüber suchen, wer du bist, warum du hier bist und wie gut dir das gelingt, wenn du nicht ausschließlich die Wahrheit sprichst. Immer.

5. Du sollst unterhaltsam sein.

Ja, ein Teil deiner irdischen Aufgabe besteht darin, andere Menschen – und auch dich selbst – abzulenken und den Blick auf etwas anderes zu richten. Unterhaltung geschieht willentlich und ist dazu gedacht, die Erschöpften aufzuheitern, die Enttäuschten zu besänftigen, die Kranken zu trösten; sie ist ein Ventil für kreativen Ausdruck. Dich selbst zu unterhalten kann dazu beitragen, deine Selbstdisziplin zu stärken und emotional zu reifen. Die Herausforderung besteht darin, nur an positiver Unterhaltung teilzunehmen und nicht immer in der Rolle dessen zu verharren, der unterhalten wird. Unterhaltung kann ein äußerst starker Einfluß sein, aber auch sie hat mit Verantwortlichkeit zu tun.

6. Du sollst ein guter Verwalter deiner Energie sein.

Der Mensch kann Energie weder schaffen noch zerstören. Wir können sie nur nutzen, verändern und umstrukturieren. Alle Energie, die existiert, wurde zum selben Zeitpunkt geschaffen. Jedes Wort, jede Handlung, jeder Gedanke, auf den du dich konzentrierst, trägt Energie in sich. Alles in unserer Welt, das Sichtbare und das Unsichtbare, ist ein Bestandteil dieses Stoffes namens Energie. Unsere Welt besteht aus nichts anderem.

Warum ist es zu dieser bestimmten Zeit in der Geschichte so wichtig, alle Menschen daran zu erinnern, daß sie die Aufgabe haben, gute Verwalter ihrer eigenen Energie zu sein? Weil es eine Gesamtenergie ist, die das hervorbringt, was wir sehen, und auch die unsichtbaren Bewußtseinsebenen, die Menschen und Orte umgeben. Alles in unserer Welt befindet sich im Prozeß des Aufbaus oder des Verfalls, je nach Energiepegel. Jedes Wort, das du äußerst, ist freigesetzt und geht hinaus in die Atmosphäre. Unsere Worte können wir niemals zurückholen, niemals korrigieren, niemals ungeschehen machen. Sie werden ein Teil der Schicht, die den Planeten umgibt. Mit der Zeit ist diese Schicht so angefüllt mit den Schreien von Opfern, mit Gewalttaten, mit egoistischen, begrenzten Gedanken, daß sich jetzt eine Schicht von Opferbewußtsein gebildet hat. Die Menschen auf der Erde finden es einfacher, diese Negativität anzuzapfen, als sie zu durchstoßen und darüber hinauszugelangen. Mehr als die Hälfte der Seelen, die heute die Erde besuchen, befindet sich im Bewußtseinszustand von Opfern. Den haben wir geschaffen, und wir müssen ihn beseitigen. Das kann erreicht werden, wenn jeder von uns seine

Energie bewußt verwaltet und ein Beispiel setzt. Worauf auch immer du dein Hauptaugenmerk richtest, das wird wachsen. Sich als Opfer zu fühlen, anderen die Schuld zu geben und in Selbstmitleid zu schwelgen, verstärkt die negative Schwingung. Du mußt deine Einstellung ändern, vergeben und vergessen, optimistischer werden, das Positive sehen. Verrichte die anderen Du-sollst-Aufgaben aus vollem Herzen, und durchtrenne alle Bindungen an Opferbeziehungen.

7. Du sollst die Musik genießen.

Eines der großen Geschenke an die Menschen ist die Fähigkeit, mit unserer Stimme ein breiteres Spektrum an Tönen hervorzubringen als jede andere Lebensform, und die Fähigkeit, Instrumente herzustellen, die ebenfalls musikalische Töne erzeugen. Kreativer Ausdruck und Unterhaltung können auch die Musik umfassen, aber sie ist so wichtig, daß sie eine unabhängige und eigene Aufgabe darstellt. Die Musik beeinflußt die ganze Menschheit, und die Energie der Musik kann tatsächlich heilsam sowohl für den Körper als auch für den Planeten sein. Friedliche Musik zu hören, die in ihrem Rhythmus dem des menschlichen Puls entspricht, kann einen zutiefst positiven Einfluß auf unsere Nerven und unseren Gemütszustand ausüben. Jeder ist musikalisch und wird von der Musik beeinflußt. Musik ist die Sprache deiner Seele. Sie ist die Stimme unseres Planeten, die die Verbindung zum Universum schafft.

8. Du sollst nach Weisheit streben.

Weisheit ist etwas ganz anderes als Wissen. Wissen ist das Erlernte, das sich aus vielen Quellen speisen kann: aus Büchern, Schulen, den Medien, der Erfahrung. Darauf basiert der eigentliche Intelligenzquotient. Jemand kann äußerst intelligent sein und doch kein Gramm Weisheit besitzen. Weisheit ist die Art, wie ein Mensch sein Wissen nutzt. Sie ist der willentliche, gewählte Entschluß, auf eine bestimmte Art und Weise zu handeln oder gar nicht zu handeln, und zwar im Hinblick auf das Wohlergehen aller Betroffenen.

Du mußt nach weisem Handeln streben und stets im Sinn behalten, daß alle Seelen dieselbe menschliche Erfahrung machen, daß alle Besucher und Gäste auf Mutter Erde sind. Alle sind eins mit dem Schöpfer. Alle Schöpfung kam aus derselben Einen Quelle. Es zeugt von Weisheit, den Zweck aller Dinge zu ehren und zu tun, was dem höchsten Wohl allen Lebens überall dient.

9. Du sollst Selbstdisziplin lernen.

Es ist nicht die Pflicht eines anderen, dafür zu sorgen, daß wir uns so zu handeln entschließen, wie es mit einem friedlichen, produktiven, fröhlichen Leben auf diesem Planeten vereinbar ist. Leider wurden Gesetze für notwendig gehalten, weil die Menschen nicht danach lebten.

Es ist möglich, sich zuviel zu gönnen. Es ist möglich, süchtig, nachlässig oder gierig zu werden. Es ist möglich, grausam und destruktiv zu sein. Die Selbstdiziplin hält diese Dinge in Schach und ist hilfreich bei der Aufgabe, Weisheit zu erlangen.

Die Selbstdisziplin kann dir helfen, deinen Körper gesund zu erhalten. Der Zustand der menschlichen Gesundheit ist ein Barometer, das uns den Gesundheitszustand der Erde anzeigt. Es ist notwendig, Selbstdiziplin zu entwickeln, um eine innere Verbindung zwischen Körper und Seele zu erfahren. Wenn du auf dein Herz hörst, wirst du wissen, wann etwas genug ist. Lerne den Unterschied herauszuhören zwischen dem, was dein

Kopf dir sagt, und der Botschaft deines Herzens. Die Botschaft des Kopfes ist ein Produkt der Gesellschaft. Das, was das Herz sagt, kommt aus dem Ewigen.

10. Du sollst beobachten, ohne zu urteilen.

Beobachten, ohne zu urteilen, wird manchmal »bedingungslose Liebe« genannt. Alle Menschen sind spirituelle Seelen. Alle wurden im selben Augenblick geschaffen. Niemand ist älter, klüger oder in einer besseren Lage als irgendein anderer. Jeder bekam dasselbe Geschenk, die Gabe des freien Willens, die Freiheit, auswählen zu können. Die Quelle ist vollkommen, und alles, was die Quelle geschaffen hat, ist vollkommen. Wir wurden spirituell vollkommen geschaffen und sind so geblieben, aber unsere Gabe läßt uns anderes glauben und anders handeln. Wir erlauben uns, uns selbst und andere als nicht ganz so vollkommen anzusehen, und erleben das Abenteuer, nicht auf dem Höhepunkt unseres potentiell friedlichen Selbst zu handeln.

In den Begriffen des Ewigen gibt es keine Fehler. Du kannst keinen Fehler machen, weil es deine Gabe ist, und du probierst sie aus. Du kannst beobachten, was stattfindet, und – ohne es als falsch zu beurteilen – entscheiden, daß es für deinen Weg intuitiv nicht gut riecht, schmeckt oder sich anfühlt. Dann segnest du es und gehst weiter. So kannst du die Forderung erfüllen, jeden zu lieben. Es bedeutet nicht, dessen Handeln oder Verhalten zu mögen. Aber du fällst nicht das Urteil, daß diese Person unrecht hat. Ihre Art gehört einfach nicht zu deinem Weg. Du sendest keine Energie in diese Richtung. Keine Worte, keine Handlungen, keine Gedanken.

Wenn du urteilst, mußt du auch lernen zu vergeben: anderen zu vergeben, Situationen zu vergeben, dir selbst zu vergeben.

Wenn du beobachtest, ohne zu urteilen, ist keine Vergebung nötig. Beobachten hat mit Verstehen zu tun, mit der Kenntnis jener Wahrheit, daß alles in vollkommener Göttlicher Ordnung ist, daß nur wir Menschen es sind, die sich dafür entscheiden, ihre Vollkommenheit nicht auszuleben. Wir können dem uns innewohnenden Potential von Tag zu Tag näher kommen, und entsprechend wird auch die Welt ein göttlicherer Ort werden. Am Ende werden wir Zeugen dessen sein, wie sich ein schöner goldener Kreis schließt.

Geoff saß auf der Pritsche in seiner Gefängniszelle und hielt Beas Brief und das Dokument, das sie mitgeschickt hatte, in der Hand. Er dachte an das ferne Land seiner Geburt. Zum ersten Mal seit Jahren dachte er an sein erstes Zuhause und seine ersten Erinnerungen an die Schafsfarm der Willetts. Er erinnerte sich an die Insekten auf der Farm, die Fliegen, die Grashüpfer und die Spinnen, an seine Lieblingsverstecke in der Scheune und auf einem Baum, wo er stundenlang ganz still dasitzen und die Vögel beobachten konnte, die auf den nahen Ästen landeten, als dächten sie, auch er sei ein Vogel. Von seinem Versteck im Baum aus konnte er die anderen unten arbeiten sehen und wußte, daß er unsichtbar war.

Das war so lange her, daß es ein anderes Leben zu sein schien. Er hatte vergessen, wie es war, ein ganzer Mensch zu sein. Jetzt sah er seine Jahre in Australien als die einzige Zeit, in der er sich in Harmonie und im Gleichgewicht mit der Welt um sich herum befunden hatte, mit allen Lebensformen und Wesen. An jenem Ort war er draußen im Freien gewesen, hatte gewußt, daß er dorthin gehörte, hatte dort denken und fühlen können, anstatt in einem Gebäude zu sein oder eingesperrt wie hier im Gefängnis, wo er zu denken aufgehört hatte.

Seit Jahren hatte er sich nicht mehr an seine Jugend erinnert und die Vorstellung aufgegeben, jemals wieder in Freiheit zu sein. Schon vor Jahren hatte er sich mit seinem eigenen Volk, den Aborigines, beschäftigt. Aber eigentlich mehr mit ihrer Kunst, der er dennoch nie irgendeinen Sinn abgewinnen konnte. Er erkannte, daß er zwar sein ganzes Leben unter Amerikanern verbracht hatte, daß aber immer eine Leere in ihm gewesen war, die sich danach gesehnt hatte, mit dem Geist seiner Ahnen in Verbindung zu treten.

Was er nicht wissen konnte, war, daß er beim Eintritt ins Gefängnisleben genau dasselbe getan hatte wie seine Mutter an jenem Tag, als ihr ihre Babys fortgenommen wurden. Sie hatte gesagt: »Was immer dem höchsten Wohl dient, sind meine Babys und ich zu erfahren bereit. Was geschehen ist, verstehe ich nicht, aber ich akzeptiere es in Traurigkeit.«

Er betrachtete Beas »Botschaft aus dem Ewigen«, die die zehn wichtigsten Dinge für das Leben eines Menschen umriß. Und er dachte über sein eigenes Leben nach. Er war kreativ gewesen. Er hatte durch sein Kunstprogramm anderen Häftlingen geholfen. Er hatte seinen Zorn überwunden und war emotional gereift. Er besaß Selbstdisziplin und unterhielt sich selbst. Er schätzte die Musik und genoß es, gelegentlich zu singen. Aber er mußte noch Verantwortung übernehmen und jeden Schaden ausgleichen, den er womöglich verursacht hatte. Seine Energie gut zu verwalten war für ihn ein neuer Begriff, ebenso wie das Beobachten, ohne zu urteilen. Am Ende, hoffte er, würde die Weisheit kommen. Ja, dachte er, ich habe nur fünfzig Prozent erreicht. Aber ich kann die verlorene Zeit aufholen. Ich kann den Planeten Erde mit hundert Prozent verlassen. Die Frage ist jetzt, wo und wie ich diese Prinzipien erlernen und danach leben kann.

Geoff wußte nicht, was er von dem Stammesrat zu erwarten hätte, falls er in das Land seiner Ahnen zurückkehren würde. Alles, was er wußte, während er da auf seiner Pritsche saß, die Papiere in der Hand hielt und seinen Zellengenossen schnarchen hörte, war, daß er jetzt die vielleicht wichtigste Entscheidung seines Lebens zu treffen hatte. Fast alle größeren Entscheidungen in der Vergangenheit waren von anderen getroffen worden – den Willetts, den Marshalls, dem Richter, den Wachmännern. Jetzt mußte er selbst über sein Leben entscheiden, und das machte ihm angst.

Er las noch einmal die Seiten, die Bea ihm geschickt hatte. Sie hatte gesagt, auch sie sei in der weißen Welt verloren gewesen, bis sie die »Wahren Menschen« und deren Lebensweise kennenlernte. Leise, um den Mann auf der Pritsche über sich nicht zu wecken, begann Geoff das Lied nachzusprechen, das sie für ihn aufgeschrieben hatte: »Ewige Einheit, die in Stille für uns singt, die uns voneinander lernen läßt, leite meine Schritte mit Kraft und Weisheit ...« Er spürte, wie sich etwas in ihm rührte, als erwache etwas, das lange geschlafen hatte.

Er griff unter sein Bett und nahm einen Zeichenblock und einen Stift heraus. Nachdem er eine Zeitlang dagesessen und ins Leere gestarrt hatte, begann seine Hand sich zu bewegen. Er zeichnete, was er vor seinem geistigen Auge sah – einen hellen Himmel voller Sterne, die weite, kahle, sandige Erde darunter, einen Kreis singender Menschen um ein kleines Feuer.

Jetzt begriff er die Kunst der Aborigines. Sie war nicht dazu bestimmt, an eine Wand gehängt zu werden. Sie sollte von oben gesehen werden. Eine Szene wurde so gezeichnet, als sähe man sie vom Himmel aus, so wie das Auge der Göttlichen Einheit die Schöpfung betrachtete.

Als er die Zeichnung fertiggestellt hatte, saß er da und betrachtete sie, unsicher, was ihn dazu veranlaßt hatte, Beas Frage auf diese Weise zu beantworten. Er nahm einen Umschlag, schrieb ihren Namen und die Adresse darauf und steckte die Zeichnung hinein. Dann legte er sich auf seine Pritsche und schloß die Augen. Er dachte an die Reise, die vor ihm lag – die wichtigste Reise seines Lebens –, und an den tapferen Mann, der er würde werden müssen, um zu einem Volk zurückzukehren, das er nicht kannte, um sich dessen Urteil zu stellen. Er war nicht mehr Geoff oder Jeff. Er würde seinen Namen ändern, damit er diesen neuen Mann widerspiegelte – wie Bea ihren Namen geändert hatte, als sie selbst sich gewandelt hatte.

In Australien, dem Land, das »Down Under« genannt wird, auf der anderen Seite der Erde, setzte Bea ihre Arbeit für ein besseres Leben für ihr Volk fort und schmiedete Pläne, in die Wüste zurückzukehren. Sie träumte davon, daß die moderne Welt irgendwann offen genug sein würde, um die alte Weisheit zu empfangen, die bereits da war und darauf wartete, mitgeteilt zu werden. Eine Welt, die – wie Geoff – bereit wäre, ihre »Botschaft aus dem Ewigen« zu lesen.

BILL BRYSON

Humorvoll, selbstironisch und mit
einem scharfen Blick für die Marotten von
Menschen und Bären!

»Bill Bryson ist ein Naturwunder!«
Sunday Times

44395

GOLDMANN

GOLDMANN

*Das Gesamtverzeichnis aller lieferbaren Titel erhalten Sie
im Buchhandel oder direkt beim Verlag.
Nähere Informationen über unser Programm erhalten Sie auch im Internet unter:*
www.goldmann-verlag.de

★

Taschenbuch-Bestseller zu Taschenbuchpreisen
– Monat für Monat interessante und fesselnde Titel –

★

Literatur deutschsprachiger und internationaler Autoren

★

Unterhaltung, Kriminalromane, Thriller
und Historische Romane

★

Aktuelle Sachbücher, Ratgeber, Handbücher und
Nachschlagewerke

★

Bücher zu Politik, Gesellschaft, Naturwissenschaft und Umwelt

★

Das Neueste aus den Bereichen
Esoterik, Persönliches Wachstum und Ganzheitliches Heilen

★

Klassiker mit Anmerkungen, Anthologien und Lesebücher

★

Kalender und Popbiographien

★

Die ganze Welt des Taschenbuchs

★

Goldmann Verlag • Neumarkter Str. 18 • 81673 München

Bitte senden Sie mir das neue kostenlose Gesamtverzeichnis

Name: _____

Straße: _____

PLZ / Ort: _____

Danksagung

Danken möchte ich meiner Lektorin Diane Reverand, meinen Agentinnen Candice Fuhrman und Linda Michaels und zwei ganz besonderen Menschen, die mich beim Schreiben und Redigieren begleitet haben: Jeanette Grimme und Elsa Dixon sowie Rose Carrano und Cate Cummings.

Zu danken habe ich weiter Russell Thomas Moore.

Diese Geschichte ist auch für Sean, Michael, Karlee, Derrell und Abby.

MARLO MORGAN

»Ein überwältigendes Buch.
Eine wunderbare Geschichte über die
mystische Reise einer Frau.«

Maria_____

Marlo
Morgan
Traum-
fänger

GOLDMANN

43740

GOLDMANN